ISALTINA F. MARTINS
JOÃO S. SOARES
Professores do Ensino Secundário

LATIM 3

LÍNGUA – HISTÓRIA LITERÁRIA – CULTURA

ALMEDINA

TÍTULO: LATIM 3 – LÍNGUA HISTÓRIA LITERÁRIA – CULTURA

AUTORES: ISALTINA F. MARTINS
JOÃO S. SOARES

CAPA: FRESCO DE POMPEIOS

COLABORAÇÃO ARTÍSTICA: JOSÉ CARLOS FERREIRA

EDITOR: LIVRARIA ALMEDINA – COIMBRA
www.almedina.net

LIVRARIAS: LIVRARIA ALMEDINA
ARCO DE ALMEDINA, 15
TELEF. 239 851900
FAX 239 851901
3004-509 COIMBRA – PORTUGAL

LIVRARIA ALMEDINA – PORTO
R. DE CEUTA, 79
TELEF. 22 2059773
FAX 22 2039497
4050-191 PORTO – PORTUGAL

EDIÇÕES GLOBO, LDA.
R. S. FILIPE NERY, 37-A (AO RATO)
TELEF. 21 3857619
FAX 21 3844661
1250-225 LISBOA – PORTUGAL

LIVRARIA ALMEDINA
ATRIUM SALDANHA
LOJA 31
PRAÇA DUQUE DE SALDANHA, 1
TELEF. 213712690
atrium@almedina.net

LIVRARIA ALMEDINA – BRAGA
CAMPOS DE GUALTAR
UNIVERSIDADE DO MINHO
4700-320 BRAGA
TELEF. 25 3678822
braga@almedina.net

EXECUÇÃO GRÁFICA: G.C. – GRÁFICA DE COIMBRA, LDA.
PALHEIRA – ASSAFARGE
3001-453 COIMBRA
E-mail: producao@graficadecoimbra.pt

SETEMBRO, 2001

DEPÓSITO LEGAL: 92320/95

Introdução

Na sequência de *Latim 1* e *Latim 2*, surge a lume *Latim 3, Língua, História Literária e Cultura.*

Latim 3 foi concebido como o remate de um ciclo constituído pelas linhas de força seguintes:

1. A iniciação à língua latina e à história e civilização de Roma (*Latim 1*);
2. O acesso ao texto dos autores latinos e o aprofundamento dos conhecimentos de história e civilização romanas (*Latim 2*);
3. O domínio da língua latina e o acesso à sua história literária e à cultura romana (*Latim 3*).

No presente manual, a ordem do subtítulo sugere a prioridade dada, como nos anteriores, à língua latina. As outras rubricas (história, civilização/cultura, história literária), sendo importantes, têm apenas uma função subsidiária da apreensão e domínio do(s) sentido(s) do texto latino.

Sendo o grande objectivo do estudo da disciplina a leitura do texto latino, tornam-se manifestas duas das características deste manual: por um lado, a oferta abundante de textos, por outro, o apoio gramatical indispensável à respectiva leitura. Na articulação destes dois items, o segundo foi mais intensivo em Plauto e Cícero e este último autor foi quase sempre o modelo de quem foram extraídos os exemplos do paradigma da prosa latina. A acrescentar a isto, considerámos que a abordagem do texto poético de Virgílio e Horácio não deveria ser "perturbada" por questões de ordem gramatical que, de algum modo, pudessem empanar a fruição possível e desejável da estética do texto poético, embora na apresentação de Cícero não tenhamos descuidado a literariedade dos seus textos.

Como para o enriquecimento do exercício da leitura contribui em larga medida a reflexão e a prática da língua, propusemos muitos e diversificados exercícios, nomeadamente a produção de texto em latim.

Quanto à história literária, considerámos que, depois de os alunos, nos dois anos anteriores, terem adquirido uma perspectiva global da história e civilização romanas, deveriam, ao longo do 12.º ano, formar uma perspectiva da mesma natureza sobre a literatura latina. Por tal razão, optámos pela apresentação dos autores do programa na linha diacrónica, na convicção de que esta metodologia permitirá aos discentes uma mais consistente consciencialização dos traços arcaicos da língua de Plauto, do equilíbrio e maturidade da língua de Cícero, Virgílio e Horácio, das alterações semânticas e sintácticas da língua de Santo Agostinho. Insistimos, porém, em que este foi o método que nos pareceu o mais viável. O professor e a(s) sua(s) turma(s) farão as opções que lhes parecerem mais adequadas.

Para enriquecer o universo informativo dos alunos, fizemos referência a autores e obras da época literária em que se integra cada autor em estudo e, para evitar hiato entre Horácio e Santo Agostinho, carreámos dados breves sobre a literatura dos séculos I-III d.C.. Com idêntica intencionalidade, não hesitámos em apresentar textos de obras ou autores não indicados explicitamente no programa, sempre que isso nos pareceu oportuno.

Passando à cultura, os temas foram intencionalmente "arrumados" na parte final do manual por serem uma sistematização do que foi sendo visto, parcelarmente, nos textos de Cícero, Virgílio e Horácio (e não só). É por isso que, ao longo do manual, se fazem frequentes remissões para essas páginas que, no nosso entender, servirão apenas de elementos de consulta e, finalmente, de sistematização dos diferentes dados colhidos sobre cada tema.

Tal como em *Latim 2*, o presente manual pode parecer algo ambicioso, na medida em que extravasa do mero âmbito da língua latina e cultura romana e da sua abordagem tradicional. A razão do nosso procedimento baseia-se em dois princípios:

1. O enquadramento da disciplina no espírito da Lei de Bases do Sistema Educativo e da consequente Reforma Curricular. Por isso, no domínio das atitudes e valores (formação para a cidadania) propusemos trabalhos de grupo, trabalhos de projecto, debates ...

2. A oferta tão rica e diversificada quanto possível de textos, conscientes como estamos de que em muitas escolas do País ainda não há os materiais de apoio suficientes e necessários para um ensino/aprendizagem da disciplina de acordo com as exigências da modernidade.

Quanto ao enriquecimento do vocabulário, mantivemos a rubrica "Enriqueça o seu vocabulário" oferecendo alguns contributos nos campos da etimologia e da semântica, que pretendemos sejam apenas uma sugestão para muitos outros trabalhos em que professor e alunos poderão dar livre curso à sua criatividade.

Como em *Latim 2*, a matéria gramatical vem em índice específico a fim de ser mais facilmente encontrada.

A concluir esta introdução, repetimos o que escrevemos em *Latim 2*: oxalá o nosso contributo vá de encontro às expectativas de professores e alunos.

Coimbra, Setembro de 1995
Os autores.

A *sophia*, a que chamam *sabedoria*, ninguém a viu em sonhos, antes de começar a aprendê-la.

Énio, *Anais*

A Língua Latina

"Entre todos os milagres que contribuíram para fazer de Roma o que ela foi, o mais surpreendente talvez tenha sido aquele que permitiu que a língua dos camponeses latinos se tornasse, em poucos séculos, um dos instrumentos de pensamento mais eficazes e mais duradouros que a humanidade jamais conheceu.

Sabemos hoje que a língua latina, tal como a escreviam Cícero e Virgílio, é o resultado de uma longa evolução iniciada há milénios no próprio seio da comunidade indo-europeia, mas que se viu bruscamente acelerada entre o século VI e o século II a.C., quando a fala do rústico Lácio, onde se tinham misturado elementos de diversas origens, itálicos, etruscos, e talvez outros mais, recebeu a incumbência de exprimir as concepções de toda a espécie que lentamente tinham surgido no interior da cidade romana. Também sabemos que a língua escrita, a dos autores que, para nós, se tornaram clássicos, não é idêntica à que os Romanos falavam todos os dias: as regras e a própria estética do latim literário resultam de uma escolha consciente, de um trabalho voluntário que recusou mil facilidades oferecidas pela língua falada, que esta por vezes conservou e que surgem novamente nos textos tardios, quando as disciplinas se tornam menos estritas."

Pierre Grimal, *A Civilização Romana*, Lisboa, Edições 70, 1988

1

Civilização / Cultura:

- Línguas faladas na Península Itálica. Seu contributo ao latim.
- História do latim.
- Os mais antigos textos latinos.
- Marcas do latim primitivo.
- Evolução do latim.
- O *sermo uulgaris* e as línguas românicas.

1. Línguas faladas na Península Itálica – seu contributo ao Latim.

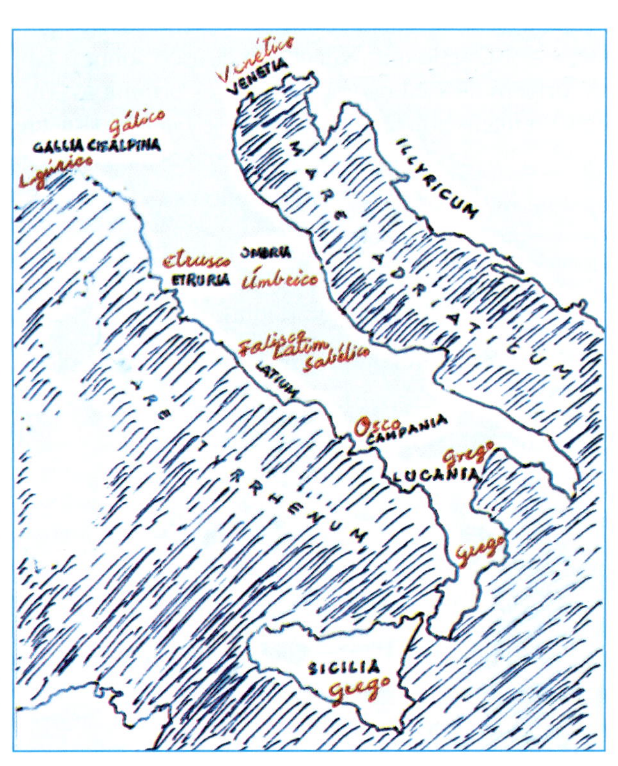

Línguas faladas na Itália Antiga

A Norte da Península falavam-se o *gálico* ou *gaulês*, que perdurou no vale do Pó até ao século III a.C., o *ligúrico* e o *venético*. Ao centro, as línguas faladas eram o *etrusco*, o *úmbrico*, o *latim*, o *falisco* e o *osco*. No Sul, a língua dominante era o *grego*.

O *gálico*, língua dos Gauleses, pertencia ao ramo *céltico* do indo-europeu. Da língua dos

Gauleses receberam os Romanos vários vocábulos, nomeadamente os relacionados com os campos semânticos:

a) da guerra: *carrus* (carro de quatro rodas); *carpentum* (carro de duas rodas); *lancea* (lança);

b) do vestuário: *sagum* (saio, espécie de manto); *braca* (calças, bragas); *camisia* (camisa).

Do ligúrico e do venético restam algumas inscrições.

Os etruscos que, como foi visto no 10.º ano, se estenderam da região do vale do Pó à Campânia, eram portadores duma civilização bastante superior à dos Romanos.

Serviram, a partir do século VII a.C., de veículo da civilização grega das cidades do Sul da Itália e de alguns elementos das civilizações orientais.

Do *etrusco* herdaram os Romanos o alfabeto que por sua vez o tinham recebido das cidades da Magna Grécia. Nesse alfabeto foram escritos os documentos mais antigos não só na Etrúria mas também na zona do Lácio.

Da importância da civilização etrusca dá conta Tito Lívio. Segundo ele, a cultura etrusca exercia, pelo século IV a.C., uma influência semelhante à que mais tarde vai exercer a Grécia:

Habeo auctore uulgo tum Romanos pueros, sicut nunc Graecis ita Etruscis littĕris erudiri solĭtos.

Ab Vrbe Condita, IX, 36, 3.

Foi grande a influência do etrusco sobre o latim. Pensa-se que são de origem etrusca os nomes das três primitivas tribos romanas: *Ramnes* (ou Ramnenses), *Tities* (Ticienses) e *Luceres* (Lúceres). De origem etrusca são também vocábulos do domínio dos jogos e representações cénicas:

– *lanista* (mestre de gladiadores);

– *persona* (máscara);

– *histrio* (actor);

– *subŭlo* (tocador de flauta).

Devem também provir do etrusco vocábulos como:

– *populus* (povo);

– *spurius* (bastardo, espúrio);

– *seruus* (escravo).

O etrusco serviu ainda de veículo de palavras gregas para o latim:

– *sporta* (cesto);

– *groma* (instrumento de agrimensura).

Do falisco (falado na cidade de Falérios) praticamente nada resta.

Do sabélico receberam os Romanos vocábulos como:

– *bos* (boi);

– *lupus* (lobo);

– *lingua* (língua);
– *consul* (cônsul);
– *Tarpeia* (Rocha Tarpeia).

Do grupo do osco e úmbrico possuímos muito poucos testemunhos. O osco era falado na região da Campânia. Na cidade osca de Atella terá nascido a *fabula atellana*, um tipo de comédia ou entremez jocoso e satírico.

No que respeita ao grego, foi enorme a sua influência sobre o latim, primeiro através dos contactos de mercadores e negociantes e, mais tarde, por via aristocrática. Podemos afirmar que todos os vocábulos em que entram os dígrafos *ph, ch, th* bem como o *y* (upsilon) são de origem grega.

Exemplos: *philosophia*; *chorus*; *theatrum*; *nympha*.

2. História do Latim

O Latim, como o grego, ascende ao indo-europeu, língua hipotética falada pelas populações que habitavam as regiões entre a Europa Central e as estepes siberianas.

A partir de 5 000 a.C., sucessivas migrações na direcção do Oriente (até à Índia e Ceilão) e do Ocidente (até à Grã-Bretanha e Península Ibérica) originaram a criação de línguas que se foram diferenciando progressivamente.

Do indo-europeu derivaram também dois ramos extintos: o hitítico e o tocárico.

Os primeiros indo-europeus a fixarem-se na Península Itálica devem tê-lo feito cerca do ano 2 000 a.C.. Os seus falares constituíam o ramo itálico.

Itálico
- sabélico
- falisco
- osco-úmbrico
- latim

3. Os mais antigos textos latinos

Os mais antigos textos latinos hoje conhecidos são:

a) Uma inscrição, datada do século VI a.C., oriunda de Preneste, próximo de Roma, gravada numa fíbula (objecto de adorno), em caracteres gregos. Está gravada da direita para a esquerda e diz:

Fíbula de Preneste

MANIOS MED PHEPHAKED NVMASIOI

Em latim clássico: Manius me fecit Numerio: Mânio fez-me para Numério.

b) A inscrição do *lapis niger,* "pedra negra" do Forum, possivelmente da 2.ª metade do século V a.C. .

c) Uma inscrição gravada num vaso, impropriamente designado "vaso de Duenos", talvez do século IV a.C..

4. Marcas do Latim primitivo

A língua latina primitiva reflecte o carácter agrícola e pastoril dos primórdios da civilização romana. Muitos vocábulos remetem para essas actividades e só mais tarde sofrem evolução semântica.

Exemplos:

- *laetus*, "alegre", era o *campo bem lavrado*;
- *felix,* "feliz", "abastado", era o *terreno fecundo*, *produtivo*;
- *sincerus*, "puro", era *o que estava isento de misturas*, por exemplo o mel sem cera;
- *egregius,* "distinto", era o *animal tresmalhado do rebanho*;
- *Cicero,* "Cícero", derivava de *cicer-eris*, "chícharo", "grão-de-bico";
- *Fabius*, "Fábio", derivava de *faba*, "fava";
- *Asinius*, "Asínio", derivava de *asinus,* "asno";
- *Vitellius*, "Vitélio", derivava de *uitulus,* "novilho", "vitelo".

A partir do século V a.C., sacudido o domínio etrusco, os Romanos vão dominando os povos vizinhos (Équos, Volscos, Hérnicos, Samnitas) e no século III estão já em contacto com as cidades da Magna Grécia. A língua latina vai-se impondo pelas faixas conquistadas e dominando os falares locais. Todavia, os Romanos souberam sempre acolher e adaptar ao seu génio o que nos outros povos reconheciam de superior.

5. A evolução do latim

Em virtude do contacto com as civilizações etrusca e grega, o latim evolui de língua simples de pastores e lavradores para uma língua capaz de exprimir a esfera dos sentimentos e das ideias. Surge então a língua literária.

Na evolução do latim costuma distinguir-se o *latim arcaico* do *latim clássico* e *latim imperial.*

O *latim arcaico* vai até ao século II a.C.. É a fase de elaboração da língua que, passando pelas obras de Lívio Andronico e Névio, culmina nas de Plauto, Énio e Terêncio. Após algumas transformações fonéticas, a língua ganha precisão, plasticidade e alguma normalização.

Na fase seguinte, a do *latim clássico*, acentua-se a influência da língua grega. O latim enriquece-se com terminologia intelectual e filosófico-científica. Enquanto no período anterior havia uma oposição entre a língua de Roma e os dialectos (falisco, osco-úmbrico), neste período a oposição é entre a correcção (*urbanitas*) e a imperfeição (*rusticitas*).

O *latim imperial* corresponde à fase da plena expansão de Roma (séculos I a.C. – século II d.C.). Inicia-se o período de transigências na língua. O distanciamento entre a língua literária (*sermo eruditus*) e a língua coloquial e popular (*sermo uulgaris*) torna-se maior. Enquanto a língua erudita, culta, literária (*sermo eruditus, nobilis, urbanus*) é essencialmente a mesma nos vários recantos do império, ao contrário, a língua vulgar, popular (*sermo uulgaris, rusticus*) ganha diferenciação no espaço e no tempo e de classe para classe, dando origem a variedades linguísticas que se irão acentuando cada vez mais.

Entre o *sermo urbanus,* escrito, e o *sermo uulgaris*, falado, situava-se outro nível de língua, o *sermo quotidianus,* que era o latim falado na vida quotidiana pelos bons escritores e pessoas cultas. Tratava-se, pois, duma língua menos castigada do que o *sermo eruditus.*

6. O *sermo uulgaris* e as línguas românicas

O *sermo uulgaris*, que está na base das línguas novilatinas ou românicas, é-nos muito mal conhecido, quase sempre indirectamente, através dos textos de Plauto (principalmente nos diálogos que contêm

Grafitti em Pompeios

A inscrição refere o combate entre os *mirmillones* (gladiadores) Iulianus e Aurelius

palavras da linguagam coloquial, familiar e popular), de Petrónio (vocábulos e expressões de pessoas pertencentes às camadas baixas) e de inscrições, nomeadamente os *grafitti* de Pompeios.

Na época imperial, ao tempo da invasão dos Bárbaros (séc. IV-V d.C.), o *sermo uulgaris* dá origem a latins locais. Assim, a Romània, isto é, a área em que se falava o latim, vai sofrendo a desagregação linguística. A Oriente, o latim não chegara a impor-se devido sobretudo ao prestígio do grego; a Ocidente, a língua vulgar dá origem às línguas em romance (línguas faladas à maneira de Roma).

7.

1.
   a) Cite as línguas faladas na Península Itálica até à extensão do latim a toda a península;
   b) Refira os contributos trazidos ao latim pelo etrusco, gálico e grego.
2. Situe o latim no quadro das línguas indo-europeias.
3. Cite as mais antigas inscrições latinas.
4. Esclareça em que medida a língua latina traduz os traços primitivos da civilização romana.
5. Precise os conceitos de *sermo urbanus*, *sermo quotidianus* e *sermo uulgaris* .
6. Caracterize, situando-os na respectiva época, o latim arcaico, o latim clássico e o latim imperial.
7. Explicite o conceito de Romània tendo em linha de conta a história e a geografia.
8. Caracterize o processo de formação das línguas românicas.

2

História literária:

- A literatura latina nos períodos das Origens e da Formação.
- Plauto e a sua época.
- A obra de Plauto.
- Início da leitura de " Anfitrião ".

A Língua Latina:

- Casos de apofonia: evolução de *o* breve em sílaba final.
- O nome **Iuppiter**.

1. Introdução

Até ao século III a.C. a Itália foi dominada culturalmente por povos vindos de fora: os Etruscos e os Gregos da Magna Grécia. Roma só começou a afirmar-se após o recuo dos Etruscos na Itália Meridional provocado pelos Gregos. Estes, mais civilizados, transmitiram aos Etruscos os elementos que fizeram evoluir a civilização etrusca, a qual, por sua vez, se transmitiu ao ambiente itálico, adaptando-se a ele. Assim, o alfabeto etrusco foi adaptado do alfabeto grego de Cumas, as artes da cerâmica e da estatuária foram influenciadas pelas artes gregas, a religião e a organização militar etruscas tiveram afinidades com as dos Gregos.

Mas é certo também que a origem comum indo-europeia determinou relações aproximativas entre Latinos e Gregos em diversos domínios:

a) na religião: a existência de divindades latinas correspondentes a divindades veneradas na Grécia – Ceres e Prosérpina correspondem a Deméter e Perséfone; a importância do *paterfamilias* como o primeiro sacerdote é outro traço aproximativo;

b) na política: passagem do regime monárquico ao regime aristocrático;

c) no direito: de acordo com a tradição, a Lei das Doze Tábuas foi inspirada na legislação de Sólon.

2. A Literatura Latina: períodos das Origens e da Formação

2.1. Período das Origens (até 240 a.C.).

Os textos desta época não têm ainda carácter literário. Trata-se de manifestações paraliterárias, primeiro em verso e depois em prosa, de raiz popular, e relacionadas principalmente com a religião. Assim, surgiram esboços de poesia e de prosa.

Sálios: Sacerdotes de Marte

Arvais: Sacerdotes de Ceres

POESIA

- **religiosa**
  - *Carmen Saliorum* (Canto dos Sálios)
  - *Carmen Fratrum Arualium* (Canto dos irmãos Arvais)

  Como se vê, as divindades estão ligadas à guerra e à agricultura, primeiras grandes actividades dos romanos.

- **épica**
  - **Nénias** (Cantos fúnebres)
  - *Carmina Conuiualia* (elogio dos antepassados, cantados nos banquetes)
  - **Inscrições triunfais**
  - **Inscrições funerárias**

- **satírica: cantos fesceninos** (de Fescénia, cidade da Etrúria), constituídos por coplas grosseiras, cantadas nas festas públicas.

- **dramática**
  - *Satura:* mistura de diálogo, canto e dança, oriunda talvez da Etrúria, onde era interpretada pelos *histriones* (actores).
  - *Atellanae* (de Atella, cidade osca da Campânia): diálogos burlescos.

PROSA

- **direito**: **Lei das Doze Tábuas**, do séc. V a.C. Textos jurídicos relacionados com a religião e o direito público e privado.

- **historiografia**: **Anais** (tábuas de registo de nomes de magistrados, empresas guerreiras, prodígios, que eram expostas anualmente).

- **oratória:** O orador mais importante foi Ápio Cláudio Cego (séc.IV-III a.C.) de quem ficou conhecido um discurso contra Pirro (*De Pyrro*)

2.2. Período de Formação (240-80 a.C.)

Uma literatura greco-romana

É neste período que se inicia a influência da literatura grega.

Como já foi assinalado, os contactos com a civilização grega tinham começado cerca de dois séculos antes, no Sul da Itália, quer directamente, pelos mercadores, quer indirectamente, por via etrusca.

No século II a.C., após a intervenção militar nos reinos da Macedónia e da Síria e a conquista da Grécia (146 a.C.), os contactos com a Grécia e a Ásia Helenística tornaram-se decisivos para a evolução cultural e artística de Roma.

Graecia capta ferum uictorem cepit et artes intulit agresti Latio...

Horácio, *Epist.*, II, 1, 156-7.

Vindos do mundo helenístico, chegam a Roma homens de cultura que aí vão exercer o seu magistério. Começa, propriamente, a helenização de Roma, assunto já tratado em *Latim 2*, páginas 74-75, cujo conteúdo é útil reler.

- **Poesia Épica**

Lívio Andronico

Escravo grego, Lívio Andronico foi levado de Tarento para Roma, talvez em 272 a.C.. Em Roma foi preceptor dos filhos dum senador da *gens Liuia*, o que lhe valeu passar à condição de liberto. Abriu uma escola de língua grega a que acorriam os filhos das melhores famílias.

Traduziu a *Odisseia* em verso satúrnio, obra que ainda era lida nas escolas ao tempo de Horácio (séc. I a.C.). O sentido estético de Andronico, a avaliar por testemunhos de autores antigos, não era muito apurado. Cícero compara a *Odisseia* a uma obra rude de Dédalo:

Odyssia Latina est sic tamquam opus aliquod Daedali.

Satúrnio: esquema métrico que se fazia remontar ao reino lendário de Saturno na Itália.

Dédalo: artífice ateniense autor do labirinto de Creta onde foi encerrado o Minotauro. Com o mesmo nome houve em Creta, pelo século IX a.C., um escultor.

Névio

Natural da Campânia, foi soldado na primeira guerra púnica. De índole mordaz e língua solta, atacou pessoas ilustres, nomeadamente a família dos Metelos, no dito sarcástico:

Fato Metelli Romae fiunt consules

Esta e outras ousadias levaram-no à prisão.

Escreveu um poema em verso satúrnio sobre a primeira guerra púnica, o *Bellum Poenicum*, o que lhe mereceu ser considerado o criador da epopeia nacional. Nesta obra tenta combinar a mitologia com a história: tópicos como a fuga de Eneias de Tróia e a sua permanência em Cartago, a paixão de Dido, etc., acompanham a matéria histórica, que resultou bastante árida.

A obra de Névio foi lida e apreciada até bastante tarde. Énio e Virgílio imitaram-no. Cícero elogia-o e Horácio confirma que era bastante lido. Restam dela alguns fragmentos.

Énio

Nasceu em Rúdias, na Calábria, em 239 a.C., donde foi trazido para Roma por Catão, que o protegeu. Em Roma deu lições de Grego, aprendeu o Latim e gozou da amizade dos melhores romanos como Cipião Africano (Nasica). Em 184 obteve a cidadania romana como recompensa por ter educado vários jovens e ter escrito um poema de elogio a Roma, os *Annales*.

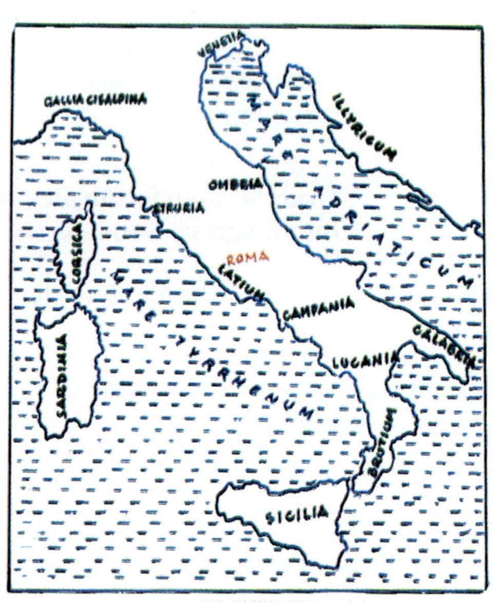

Como o mapa mostra, nenhum dos grandes autores do Período de Formação é natural de Roma

Após a morte, em 169, o seu busto foi colocado no túmulo dos Cipiões, que ele tanto havia enaltecido. A este respeito, diz Cícero:

Carus fuit Africano superiori noster Ennius; itaque etiam in sepulcro Scipionum putatur is esse constitutus e marmore.

Cícero, *Pro Archia*, IX, 22.

Dos *Annales*, obra em 18 livros, restam-nos cerca de 600 versos. O metro usado, o hexâmetro dactílico, medida imitada da literatura grega, que adiante será estudado a propósito da *Eneida*, adequava-se mais ao ritmo da poesia épica do que o verso satúrnio.

Na opinião dos estudiosos, o poema, composto de acordo com a ordem cronológica, tratava da vinda de Eneias para o Lácio, da sua filha, Ilia, que teve dois filhos de Marte: Rómulo e Remo; cantava depois a fundação de Roma, a morte de Remo, o reinado de Rómulo, o rapto das Sabinas, os reis seguintes, a expansão de Roma na Itália. Deixava de parte, por deferência para com Névio, a primeira guerra púnica, narrava a segunda, as guerras macedónicas, o consulado de Catão, a guerra contra a Etólia e a guerra ístrica.

Os autores posteriores, nomeadamente Cícero, Lucrécio e Virgílio tiveram Énio em grande consideração. Cícero chama-lhe "sumo poeta épico" e **"ille pater noster Ennius"**; Lucrécio afirma que ele foi o primeiro grande poeta de Roma; Virgílio fez seus muitos dos versos de Énio e imitou outros.

Énio foi o primeiro poeta latino a ter consciência da imortalidade alcançada pela poesia e, portanto, do valor do poeta na sociedade. No epitáfio gravado no pedestal da sua estátua sobre o túmulo dos Cipiões podem ler-se estes versos que a tradição atribui ao próprio poeta:

Nemo me lacrumis[1] decoret neque funera fletu
faxit[2]. Cur ? Volito uiuus per ora uirum[3].

Notas:

[1] = lacrimis;
[2] = faciat;
[3] = uirorum.

- **Poesia dramática**

Tragédia

Os autores atrás referidos foram também autores de tragédias. Foi com Lívio Andronico que foi introduzido em Roma o costume de representar nas festas públicas uma comédia e uma tragédia. Cícero também não nutria grande apreço pela sua produção dramática:

Liuianae fabulae non satis dignae quae iterum legantur.

Quase todas as peças destes autores são decalcadas sobre os modelos gregos. No entanto em algumas foi tratada temática romana como foi o caso de *Sabinae*, da autoria de Énio, sobre o rapto das Sabinas.

Comédia

Lívio Andronico, Névio e Énio foram igualmente autores de comédias. O mais apreciado e que se sentia mais à vontade na comédia foi Névio cujas peças denotam influência das Atelanas da região osca, sua naturalidade. Conhecemos vagamente o enredo de uma das suas comédias a *Tarentilla* (A Rapariga de Tarento), uma " coquette" com quem se divertem dois jovens.

A comédia alcança o seu ponto mais alto de popularidade nesta época com as obras de Plauto, o maior comediógrafo latino. Outro comediógrafo de valor, embora menos popular do que Plauto, foi Terêncio.

Terêncio (Públio Terêncio Afer) nasceu na Líbia cerca do ano 195 a.C.. Foi para Roma ainda jovem, como escravo de Terêncio Lucano que pouco depois o libertou. Participou do Círculo dos Cipiões onde pontificavam Cipião Emiliano, Gaio Lélio e o historiador Políbio. Possuímos seis comédias de sua autoria. As mais conhecidas são:

a) Andria (A Rapariga de Andros);
b) Hecyra (A Sogra);
c) Heautontimorúmenos (O Homem Castigador de Si Próprio);
d) Os Adelfos (Os Irmãos).

Os autores contemporâneos e posteriores não apreciaram as comédias de Terêncio, a não ser Varrão e Cícero. Varrão afirma que na caracterização das personagens ele leva a palma:

"in ethesin poscit palmam Terentius"

César, ao contrário, comparando-o embora a Menandro na delicadeza da língua, considera-o bastante frouxo na força cómica, chamando-lhe "dimidiate Menander" (meio Menandro).

• Poesia satírica

O autor mais fecundo neste género foi Lucílio, natural, como Névio, da Campânia, onde terá nascido cerca do ano 150 a.C..

Oriundo de família poderosa, cedo foi para Roma, onde gozou da amizade de Cipião Emiliano que acompanhou na expedição contra os celtiberos de Numância, em 134 a.C..

Lucílio era por temperamento um crítico severo. Foi autor dum vastíssimo número de sátiras de que chegaram até nós vários fragmentos. Nelas criticou indistintamente ricos e pobres, nobres e plebeus. Horácio louvou o seu desassombro mas criticou o seu descuido na linguagem.

PROSA

A prosa tornou-se literária somente no século II a.C.. Os géneros cultivados neste período foram a oratória e a historiografia.

Oratória

Os oradores mais conhecidos foram os irmãos Tibério e Gaio Graco, mas antes deles houve oradores de algum prestígio. Cícero numa obra sobre a oratória em Roma, cita os nomes de Quinto Fábio Máximo, Licínio Crasso, Públio Cornélio Cipião Africano, Lúcio Emílio Paulo, Sérvio Galba, Gaio Lélio, Cipião Emiliano, Cecílio Metelo.

Os discursos dos Gracos versaram sobre questões de natureza político-social, ou seja, a defesa da concessão de terras do *ager publicus* aos camponeses arruinados (Cf. *Latim 2*, p.148).

Do mais novo, Gaio Graco, Cícero traça o seguinte retrato:

> "Eis-nos finalmente perante um homem de grande talento e de sólida cultura, que exerceu assiduamente a sua actividade desde rapaz: Caio Graco. Roma e a literatura latina sofreram grave prejuízo com a sua morte prematura."

in E. Marmorale, *História da Literatura Latina*, I, Lisboa, Estúdios Cor, p.102-103.

Historiografia

O autor mais importante foi Marco Pórcio Catão que seguiu o *Cursus Honorum* em Roma e ficou célebre pela sua luta contra o luxo, pela sua oposição ao helenismo (Cf. *Latim 2*, p.74) e pela defesa da destruição de Cartago.

Ao contrário dos analistas predecessores, que empregaram o grego, Catão escreveu sempre em latim. Para além de autor de vários discursos e de obras de carácter pragmático e moralista (*Ad Marcum Filium*; *Carmen de Moribus*; *De Agri Cultura*) dedicadas ao filho, compôs, já na velhice, a obra que o tornou mais conhecido e que é considerada o primeiro monumento da história de Roma: **Origines,** em 7 livros, desde o início da Monarquia até ao seu tempo.

Com Catão a prosa latina ascende com propriedade ao nível da literariedade.

QUADRO SINÓPTICO

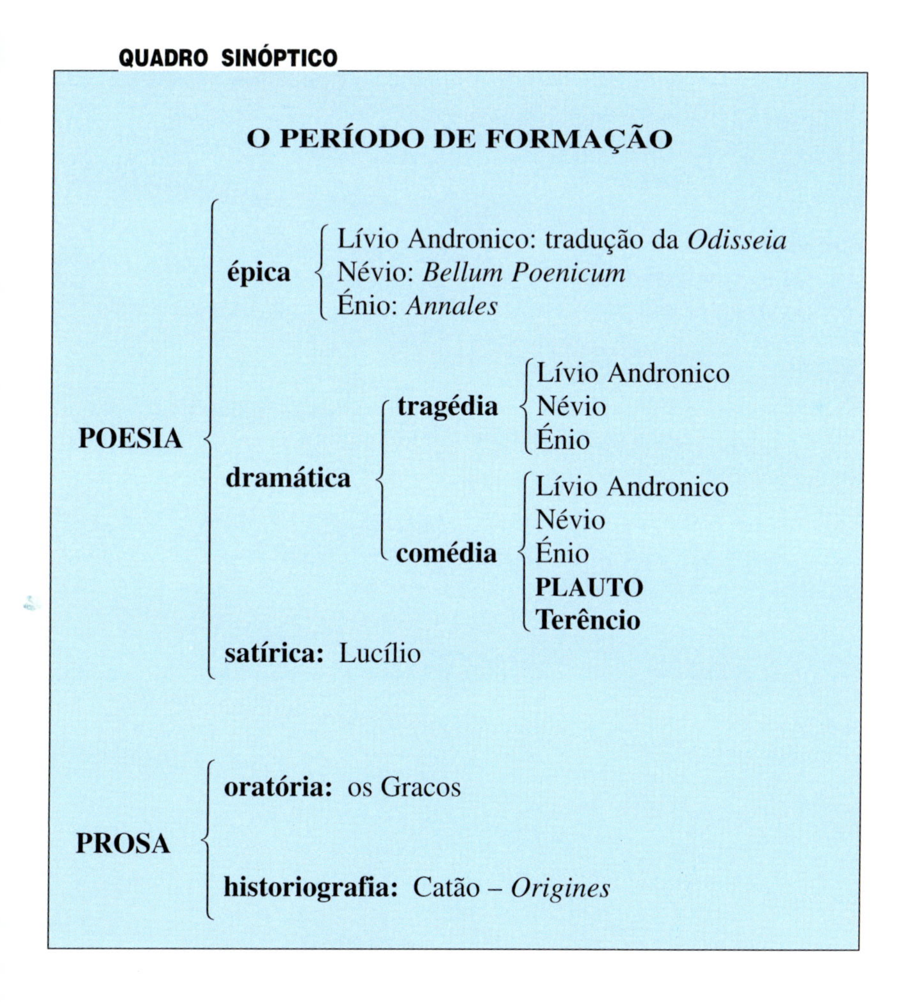

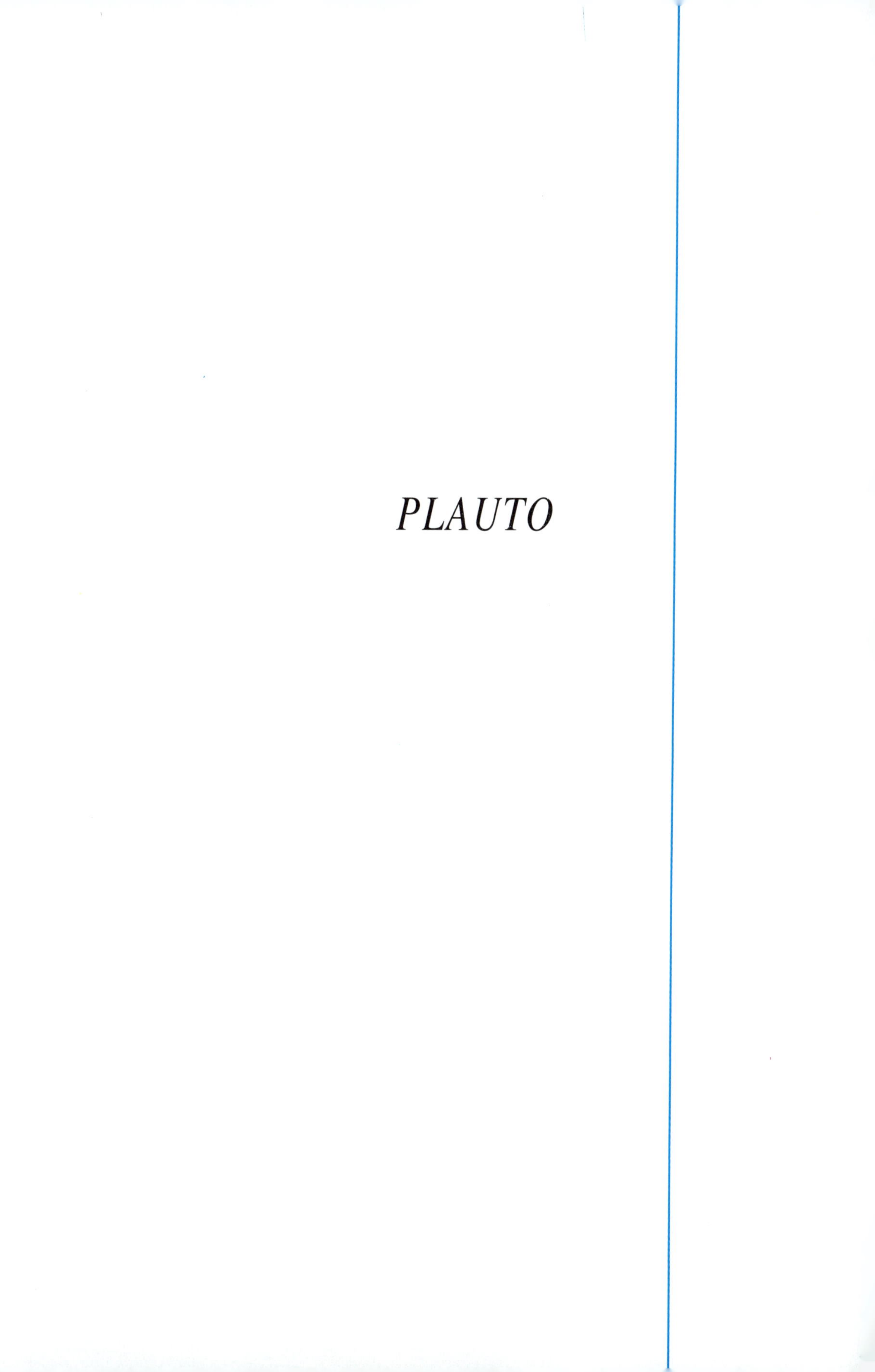

PLAUTO

“Depois que Plauto morreu, a comédia chora, o palco está abandonado; e, por conseguinte, o riso, o jogo, a troça, e os ritmos inumeráveis, todos eles choraram.”

3. Plauto e a sua época

M. Accius Plautus segundo uns, ou T. Maccius Plautus segundo outros, nasceu em Sársina, na Úmbria, talvez por volta do ano 254 a.C.. O cognome "Plauto" derivaria do facto de ele ter o pé chato.

A sua vida decorreu no período de ouro da República. Segundo Aulo Gélio, Plauto teria sido actor cómico na sua juventude. Tendo desbaratado o pecúlio conseguido, teria sido forçado depois a prestar serviço de escravo num moinho para sobreviver e nos intervalos desse penoso trabalho teria escrito algumas das suas peças. Essas peças ter-lhe-iam granjeado fama e marcado o início da sua prosperidade e foram escritas no período entre a segunda guerra púnica e o ano 185 a.C..

QUADRO SINÓPTICO

- Primeira Guerra Púnica (264-241).
- Névio compõe o *Bellum Poenicum* .
- Nasce Plauto na Úmbria.
- Ocupação da Sicília.
- Representação da primeira tragédia em latim, da autoria de Lívio Andronico (241).
- Nascimento de Énio (239).
- Início do movimento de helenização.
- Representação da 1ª peça de Névio (235).
- Catão escreve obras de carácter histórico (*De Originibus*) e pragmático (*De Agri Cultura*).
- Círculo Cultural dos Cipiões.
- Início da Segunda Guerra Púnica (219-202).
- Representação das peças de Plauto.
- Énio escreve os *Annales*.
- A Hispânia torna-se província romana.
- Representação das últimas peças de Plauto.
- Nascimento de Terêncio (c. 185).
- Nascimento de Lucílio.

4. A obra de Plauto

Com a obra de Plauto, a comédia surge como um dos géneros mais fecundos da literatura latina. O prestígio de Plauto foi tal que, após a sua morte, circulavam com o seu nome cerca de 130 peças. Desse número o gramático Varrão, do século I a.C., considera seguramente plautinas apenas 21.

As comédias de Plauto são *fabulae palliatae*, isto é, comédias de assunto grego cujas personagens usavam um manto designado por *pallium* . Plauto imita os autores da Comédia Nova: Dífilo, Filémon e, em menor medida, Menandro. Os actores, à imitação dos actores gregos, usavam máscara. Todavia, embora as personagens tenham nomes gregos e os locais de cena sejam igualmente gregos, aparecem também em Plauto nomes romanos e referências a costumes romanos.

Contaminatio: combinação da matéria de duas ou mais peças.

Plauto procedeu a uma imitação bastante livre alterando por vezes a intriga da peça-modelo e introduzindo extractos de outra peça. A este procedimento chamaram os estudiosos *"contaminatio"*.

Mais de metade das peças de Plauto são precedidas de um prólogo em que o autor, através de uma personagem, solicita a benevolência do público (*captatio beneuolentiae*) e apresenta a intriga da peça.

O *coro* praticamente desaparece. As partes recitadas (*diuerbia*) alternam com partes cantadas com acompanhamento musical (*cantica*). Os actores plautinos recitam e cantam numa variedade rítmica notável. Tal variedade tê-la-á assimilado Plauto no teatro popular cómico-musical etrusco.

Ao tempo de Plauto ainda não havia teatros em Roma. As comédias eram representadas ao ar livre em instalações provisórias em que sobressaíam um estrado (*pulpitum*) e a *scaena*, o fundo. (O primeiro teatro de pedra foi construído em 55 a.C. por Pompeu).

A comicidade das peças plautinas resulta sobretudo da linguagem que é duma vivacidade espantosa. Vejamos um exemplo:

Na comédia *Pseudolus*, o escravo Psêudolo e o seu patrão Calidoro injuriam Balião que faltara à palavra dada:

"Calidoro	: Diz-me cá, ó mais perjuro de quantos assentam os pés na terra: não tinhas jurado não a[1] vender a mais ninguém senão a mim?
Balião	: Confesso que sim!
Cal.	: Em termos formais?
Bal.	: Sim, e também pesados!
Cal.	: Então faltaste ao teu juramento, celerado!
Bal.	: Mas meti dinheiro no bolso. Sou celerado, está bem, mas agora posso contar o dinheiro em casa, e tu, que és homem de palavra e de boa família, não possuis um cêntimo.
Cal.	: Psêudolo, põe-te do outro lado e carrega-o de injúrias!
Psêudolo	: De boa vontade. Não correria mais depressa ao pretor para ser libertado.
Cal.	: Não poupes as injúrias!
Psêud.	: Vou-te desfazer com os meus insultos. Infame!
Bal.	: É isso mesmo!
Cal.	: Patife!

[1] Trata-se da jovem Fenício, amada por Calidoro, escrava de Balião. Violando o pacto feito, Balião tinha-a vendido a um soldado macedónio por vinte minas.

Bal. : É verdade!
Psêud. : Canalha!
Bal. : Porque não?
Cal. : Profanador de sepulcros!
Bal. : É o que sou!
Psêud. : Parricida!
Bal. : Continua!
Cal. : Sacrílego!
Bal. : Confesso que sim!
Psêud. : Perjuro!
Bal. : Isso é cantiga velha!
Cal. : Violador das leis!
Bal. : Exacto!
Psêud. : Corruptor da juventude!
Bal. : Muito bem!
Cal. : Ladrão!
Bal. : Bravo!
Psêud. : Escravo fugitivo!
Bal. : Isso, isso!
Cal. : Trafulha!
Bal. : Sem dúvida!
Psêud. : Intrujão!
Cal. : Porcalhão!
Psêud. : Monturo!
Bal. : Que belo coro!
Cal. : Deste paulada em teu pai e tua mãe!
Bal. : Mais que isso: matei-os, para não ter que lhes dar de comer. Não fiz bem? "

Apud E. Paratore, *História da Literatura Latina*, p. 53-54.

Devido sobretudo à comicidade da linguagem, a popularidade de Plauto foi extraordinária. Varrão transmitiu-nos o pretenso auto-epitáfio do comediógrafo:

"Depois que Plauto morreu, a comédia chora, o palco
está abandonado; e, por conseguinte, o riso, o jogo, a troça,
e os ritmos inumeráveis, todos eles choraram."

5. Início da leitura de "Anfitrião": argumentos e prólogo

A comédia "Anfitrião" é diferente de todas as obras de Plauto porque é a única que trata dum assunto de carácter mitológico: os amores de Júpiter e Alcmena. Júpiter, para gozar dos favores amorosos de Alcmena, esposa de Anfitrião, toma a forma deste e Mercúrio disfarça-se de Sósia, escravo de Anfitrião.

O tema do **Anfitrião** faz parte do ciclo das lendas tebanas ligadas ao nascimento de Hércules. Despojada do seu carácter sobrenatural, a aventura de Anfitrião não podia deixar de aparecer a uma luz cómica.

Não temos nenhuma informação sobre se Plauto seguiu, para o desenvolvimento do tema, alguma peça grega. A peça é a única em que divindades (Júpiter e Mercúrio) são personagens essenciais na intriga.

Uma lacuna de cerca de 300 versos fez desaparecer quase todo o 4.º acto, o que, todavia, não prejudica a compreensão da intriga.

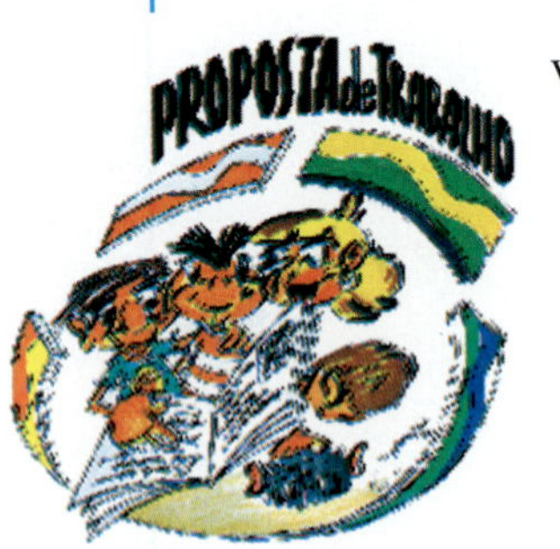

Leia o texto do **Amphitruo** em tradução[1] até ao verso 130 e trate depois os pontos seguintes:

1. Confronte o Argumento I com o argumento II. Ao nível da informação, que diferença nota entre ambos?
2. Qual é o cenário da peça?
3. Que funções se atribui a si próprio Mercúrio, no prólogo?
4. Retire do texto as frases que sugerem uma "captatio beneuolentiae".
5. Esclareça em que sentido é que Mercúrio classifica a peça como uma tragicomédia.
6. Em que parte do texto o autor faz alusão à actualidade política? Que juízos de valor subentende essa alusão?
7. Com que fins é que Júpiter e Mercúrio se "mascaram"?

TEXTO

6. Júpiter finge de Anfitrião e Mercúrio de Sósia

Mer. Pater[1] nunc intus suo animo[2] morem gerit. 131
Cubat complexus, cuius[3] cupiens maxime est.
Quae illi[4] ad legionem facta sunt, memŏrat pater
Meus Alcumenae. Illa illum censet uirum
Suum esse, quae cum moecho[5] est. Ibi nunc meus pater 135
Memorat legiones hostium ut[6] fugauĕrit,
Quo pacto sit[7] donis donatus plurimis.
Ea dona, quae illic Amphitruoni sunt data,
Abstulimus[8]: facile meus pater quod uult facit.
Nunc hodie Amphitruo ueniet huc ab exercitu 140
Et seruos[9], cuius ego hanc fero imaginem.
Nunc internosse[10] ut[11] nos possitis facilius,
Ego has habebo usque in petaso pinnulas;
Tum meo patri autem torulus[12] inĕrit aureus
Sub petaso; id signum Amphitruoni non erit. 145

---

[1] As citações de frases, páginas e de outro tipo bem como a transcrição de extractos, que surgirão ao longo da leitura de *Anfitrião*, reportam-se a *Anfitrião*, Plauto, textos clássicos-1, INIC, Coimbra, 1978, tradução de Carlos A. Louro Fonseca, recentemente desaparecido do nosso convívio. Aqui lhe deixamos expressa a nossa homenagem.

Ea signa nemo horum familiarium
Videre potĕrit, uerum uos uidebitis.
Sed Amphitruonis illic est seruus Sosia;
A portu illic nunc cum lanterna aduĕnit.
Abĭgam iam ego illunc[13] aduenientem ab aedibus. 150
Adeste[14]: erit operae pretium hic spectantibus
Iouem et Mercurium facere histrioniam.

Notas:

1 Júpiter (pai de Mercúrio);
2 *suo animo*: a seu belprazer;
3 *cuius cupiens... est:* todo entregue à sua paixão;
4 = *ab illo*;
5 amante;
6 = *quomŏdo*;
7 = *sit donatus*;
8 vide *aufĕro*;
9 = *seruus*;
10 = *internouisse*; vide *internosco*;
11 = *quo ... facilius*;
12 cordão;
13 = *illum*;
14 prestai atenção!

1. Classifique a oração dependente de *censet* (v. 134).
2. A que nome se refere o pronome *quae* (v.135)?
3. Sublinhe e classifique as orações dependentes de *memorat* (v.136).
4. Refira os nomes que são o sujeito de *abstulimus* (v.138).
5. Classifique a oração introduzida por *ut* (v.142).
6. Indique, justificando, se *usque* (v.142) no contexto é advérbio ou preposição.
7. Justifique o caso de *meo patri* (v.144) e *Amphitruoni* (v.145).
8. Identifique as formas *abigam* (v.150) e *hic* (v.151).

7.

7.1. Casos de apofonia: evolução de *o* breve em sílaba final.
7.2. O nome *Iuppiter.*

7.1. Apofonia de ŏ em sílaba final

Em sílaba final fechada, o **ŏ** (breve) passava a **u**:

seruos > seruus, nom. singular
filios > filius, » »
uirom > uirum, acus. singular
opos > opus, nom. e acus. singular
consentiont > consentiunt, 3.ª pessoa do plural do pres. do ind. de *consentio*

A evolução de **o** a **u** deve ter ocorrido na 2.ª metade do século III a.C., sendo, portanto, um pouco anterior ao tempo em que Plauto escreveu a sua obra. O *Senatusconsultum* das Bacanais, de 186 a.C., já só emprega as formas em **-us** e **-um:** *Marcius, Postumius, socium, scriptum* est.

O gramático Vélio Longo escreve:

"a plerisque superiorum *primitiuus* et *adoptiuus* et *nominatiuus* per **u** et **o** scripta sunt..., apparetque eos hoc genus nominum aliter scripsisse, aliter enuntiasse":
"a maior parte dos antigos escrevia *primitiuus* e *adoptiuus* e *nominatiuus* com **u** e **o** ..., e é manifesto que empregavam, em palavras deste género, uma ortografia não conforme à pronúncia."

in M. Niedermann, *Phonétique Historique du Latin*, Klincksieck, Paris, 1959, p.41-42.

7.2. Flexão do nome *Iuppiter*

O substantivo *Iuppiter* é uma forma aglutinada de * **Iou + pater**. O primeiro elemento provém de * **dieu,** da família de *dies* "dia, luz". Significa etimologicamente " o pai dia " e por isso lhe é atribuído o domínio do firmamento.

Iuppiter é a forma do nominativo e do vocativo. Nos outros casos, a partir do tema **Iou-** formaram-se:

Acusativo : Iou – em
Genitivo : Iou – is
Dativo : Iou – i
Ablativo : Iou – e

1. Sendo a peça de assunto grego, identifique elementos da civilização romana no extracto seguinte:

"Ora, voltem já para cá todos a atenção, para isto que vou dizer. Que a nossa vontade seja a vossa: temo-nos portado bem, eu e meu pai, para convosco e para com o Estado. Eu cá tenho visto, nas tragédias, os outros deuses – Neptuno, a Virtude, a Vitória, Marte, Belona – a relatarem o bem que a vocês têm feito; "

Prólogo, vv. 38-44.

2. Leia atentamente a tradução do passo seguinte confrontando-a com o original:

Latim

50 Nunc quam rem oratum huc ueni, primum proloquar;
Post argumentum huius eloquar tragoediae.
Quid contraxistis frontem? quia tragoediam
Dixi futuram hanc? deus sum, commutauero.
Eandem hanc, si uultis, faciam ex tragoedia
55 Comoedia ut sit omnibus isdem uorsibus.
Vtrum sit an non uoltis? sed ego stultior,
Quasi nesciam uos uelle, qui diuus siem.
Teneo quid animi uostri super hac re siet.
Faciam ut commixta sit tragico comoedia;
60 Nam me perpetuo facere ut sit comoedia,
Reges quo ueniant et di, non par arbitror.

Português

Ora o pedido que aqui me traz, é o que primeiro vou declarar; depois exporei o argumento desta tragédia.
Mas porque é que franziram a testa? Por ter falado de tragédia?...Sou um deus: posso dar-lhe uma reviravolta.
Se quiserem, transformo-a de tragédia em comédia, sem mudar um único verso.

Então querem ou não querem?... Mas que grande parvo! Como se eu não soubesse muito bem os vossos desejos, eu que sou um deus!

Sei bem o vosso pensar a este respeito! Vou mas é fazer com que seja uma comédia com uma pitada de trágico, pois não creio que seja justo fazer uma comédia de fio a pavio, quando nela intervêm reis e deuses.

2.1. Sublinhe ou retire do texto as frases que foram traduzidas por:

a) Mas porque é que franziram a testa?;
b) ... transformo-a de tragédia em comédia, sem mudar um único verso;
c) Vou mas é fazer com que seja uma comédia;
d) ... fazer uma comédia de fio a pavio.

1. Do verbo a que pertence a forma *complexus* escreva:

a) o presente do conjuntivo;
b) o imperativo presente e futuro;
c) o particípio futuro;
d) o pretérito mais-que-perfeito do conjuntivo;
e) o futuro imperfeito;
f) o supino.

2. Partindo da etimologia, tente explicar a evolução semântica da palavra portuguesa *complexo* .
3. Enuncie o verbo a que pertence *facta sunt* .
4. A propósito da oração "illum ... uirum suum esse ", recorde os tipos de verbos que podem ter como complemento uma oração infinitiva.
5. Sublinhe todas as orações interrogativas indirectas do texto.
6. Transcreva as formas do texto que pertencem a verbos derivados de *sum* .
7. Complete o quadro de advérbios, seguindo o modelo referido na alínea a):

a)	illic : ali	; illuc : para ali	; illinc : dali	; illac : por ali
b)	hic : aqui	; huc :	; .... : daqui	; hac : ....
c)	istic : aí	; istuc :	; .... :	; ...... : por aí

8. Escreva palavras da nossa língua etimologicamente relacionadas com:
   a) cubat;
   b) plurimis;
   c) signum;
   d) aedibus.

9. Escreva em Latim:

   Mercúrio narra aos espectadores que o seu pai, Júpiter, está na cama com Alcmena, contando-lhe como pusera em fuga o exército inimigo. Por ele ser parecidíssimo com Anfitrião, Alcmena pensa que ele é de facto o seu marido.

3

Leitura de "Anfitrião" (cont.):

- leitura extensiva dos versos 151-434.
- leitura metódica dos versos 435-449:
  - sintaxe dos adjectivos que exprimem semelhança;
  - verbos com complemento em dativo.
- leitura extensiva dos versos 450-825.
- leitura metódica dos versos 825-844:
  - expressões verbais impessoais.

1. Leitura extensiva dos versos 151-434

1.1. Que considerações tece Sósia sobre a sua condição social?

1.2.1. Retire da fala de Sósia (vv. 186-263) elementos que comprovem tratar-se duma *fabula palliata.*

1.2.2. Sublinhe nos mesmos versos os traços com que Sósia se autocaracteriza.

1.3. Nesta cena, as falas tanto de Mercúrio como de Sósia são em à-parte até ao verso 340. Qual lhe parece ser a função desses à-partes?

1.4. Sobre que assunto se trava a discussão entre Mercúrio e Sósia?

1.5. Qual foi o argumento decisivo com que Mercúrio convenceu Sósia de que não era o próprio Sósia?

2. TEXTO

Mercúrio confunde Sósia

So.	Per Iouem iuro med [1] esse neque me falsum dicere.	435
Me.	At ego per Mercurium iuro tibi Iouem non credere:	

Nam iniurato, scio, plus credet mihi quam iurato tibi.
So. Quis ego sum saltem, si non sum Sosia? te interrogo.
Me. Vbi[2] ego Sosia nolim esse, tu esto sane Sosia.
Nunc quando[3] ego sum, uapulabis, ni[4] hinc abis,
ignobilis[5]. 440
So. Certe, edepol, quom[6] illum contemplo et formam
cognosco meam,
Quem ad modum[7] ego sum – saepe in speculum inspexi
– nimis similest mei.
Itidem habet petasum ac uestitum; tam[8] consimilest atque ego.
Sura, pes, statura, tonsus, oculi, nasum uel labra,
Malae, mentum, barba, collus, totus. Quid uerbis
opust?[9] 445
Si tergum cicatricosum[10], nihil hoc similist similius[11].
Sed quom[12] cogito, equidem certo idem sum qui semper fui.
Noui erum, noui aedes nostras; sane sapio et sentio.
Non ego illi obtempero quod loquitur; pultabo foris[13].

Notas:

[1] = *me*;
[2] valor temporal;
[3] valor cau al;
[4] = *nisi*;
[5] *ignobilis* tem aqui sentido etimológico (*in*, *gnobilis*): sem nome;
[6] = *cum*;
[7] = *quemadmŏdum* (adv.): como, do mesmo modo que;
[8] *tam ... atque ego*: é tal e qual a minha pessoa;
[9] = *opus est*;
[10] = *cicatricosum habuĕrit*; cf. *Latim 2*, p. 152;
[11] não haverá semelhança mais semelhante (lit.: não há nada de mais parecido do que este é parecido);
[12] vide nota 6;
[13] = *fores*.

1.
   a) Transcreva as formas que nos versos 436-437 servem de complemento a *credere* e *credet*, respectivamente;
   b) Indique o adjectivo que qualifica cada uma dessas formas.
2. Justifique o valor modal de *nolim* (v.439).
3. Identifique a forma *abis* e precise o modo da oração de que faz parte.
4. Em que caso vem expresso o complemento de *similest* (v.442)?
5. Que forma de predicado é preciso subentender na frase introduzida por *sura* ?

3.

3.1. Sintaxe dos adjectivos que exprimem "semelhança"
3.2. Complemento de verbos em dativo.

3.1. Sintaxe dos adjectivos que exprimem semelhança (ou diferença)

Os adjectivos que têm a ideia de semelhança (ou sua contrária) podem ter o seu complemento em **genitivo** ou **dativo**:

Nimis similis est **mei** ou **mihi**: é muitíssimo parecido comigo.

3.2. Complemento de verbos em dativo

Como o texto mostra, o verbo **credo** "creio em, acredito em" tem o seu complemento em dativo:

... plus credet **mihi** quam **tibi**: acreditará mais em mim do que em ti.

Idêntica construção é própria dos verbos:

auxilior: auxilio;
benedico: digo bem de;
maledico: digo mal de;
blandior: afago;
noceo: prejudico;
faueo: favoreço;
gratulor: felicito;
ignosco: perdoo;
studeo: dedico-me a;
inuideo: invejo;
irascor: irrito-me;
pareo: obedeço;
fido: confio em;
satisfacio: satisfaço;
minor: ameaço.

Exemplos:

Tibi non possum **auxiliari**: não posso ajudar-te.

Mihi nihil ab istis **noceri** potest (Cic., Cat., 3,12): Estes nada podem prejudicar-me.

4. Vocabulário da família de *ignobilis*, *cognosco* e *ignosco:*

nosco-is-ĕre, noui, notum: conhecer, examinar;
nobilis-e: conhecido, nobre, excelente;
notio-onis (f.): noção, conhecimento;
notitia-ae (f.): notoriedade, conhecimento;
notus-a-um: conhecido, notório;
ignotus-a-um: desconhecido, ignorado;
agnosco-is-ĕre, agnoui, agnĭtum (ad, gnosco): reconhecer;
cognitio-onis (f.): conhecimento, investigação judicial;
nomen-inis (n.): nome, fama;
nomino-as-are-aui-atum: nomear, chamar;
cognomino-as-are-aui-atum: nomear, apelidar;
pronomen-inis (n.): pronome;
praenomen-inis (n.): prenome;
ignominia-ae (f.): afronta, perda do bom nome;
cognomen-inis (n.): cognome, apelido;
gnarus-a-um: conhecido, versado;
ignarus-a-um: ignorante, desconhecido;
ignoro-as-are-aui-atum: ignorar, desconhecer.

4.

4.1. Comente, do ponto de vista da literariedade, as frases seguintes do tradutor:

a) ...“fere o ferro; despedaçam-se as lanças; ressoa o céu com o fragor da peleja; (vv.232-233).

Latim: ... fero ferit; tela frangunt; boat caelum fremitu uirum...

b) Ao melhor dos deuses é melhor que emprestes o melhor do teu auxílio (v.278).

Latim: Optumo optume optumam operam das,...

c) “Mercúrio (à parte)
Cheira-me a homem; pior para ele!
Sósia (à parte)
Ai de mim! Teria eu largado algum cheiro?” (vv.321-322)

Latim: Me.: Olet homo quidam malo suo.
So.: Ei, numnam ego obolui?

4.2. Leia atentamente a tradução do passo seguinte confrontando-a com o original:

Latim	**Português**
291 So. Ibo ut erus quod imperauit Alcumenae nuntiem. Sed quis hic est homo, quem ante aedis uideo hoc noctis? non placet.	Sósia Vou mas é dar parte a Alcmena das ordens do meu patrão. Mas ... quem será este melro, que eu vejo diante de casa a estas horas da noite? Isto cheira-me a esturro!
Me. Nullust hoc metuculosus aeque.	Mercúrio (à parte) Não há outro medricas como este.
So. Mi in mentem uenit: Illic homo < hodie> hoc denuo uolt pallium detexere.	Sósia (à parte) Já estou a perceber: ele quer mas é assentar-me de novo as costuras.
295 Me. Timet homo: deludam ego illum.	Mercúrio (à parte) O fulano está a cortá-las: que gozo ele me vai dar!
So. Perii, dentes pruriunt; Certe aduenientem hic me hospitio pugne<o> accepturus est.	Sósia (à parte) Estou bem arranjado: até já me mordem as costas. Por certo, este aqui, quando eu chegar, vai hospedar-me na pensão do..."Punho & Soco"!

4.2.1. Como foram traduzidas as expressões/frases:

a) Ibo ut ... Alcumenae nuntiem?

b) ... quis hic est homo ?

c) non placet?

d) ... pallium detexere?

e) ... deludam ego illum?

f) ... aduenientem ... me ?

g) ... hospitio pugne <o> ?

Escreva em latim:

Sósia acreditou de tal maneira em Mercúrio que não sabia se podia confiar mais nele do que em si próprio pois o julgava muito parecido consigo. Além disso, Mercúrio ameaçou-o. Sósia já não sabia o que havia de dizer.

Cena duma comédia *palliata*

6. Leitura extensiva dos versos 450-550.

6.1. No final da Cena I, Sósia faz alusão a uma parte do ritual da obtenção da condição de liberto. Em que consistia?

6.2. Mostre que a Cena II assume a função dum segundo prólogo proferido por Mercúrio.

6.3. Releia a Cena III:

6.3.1. Caracterize as personagens de Alcmena e de Júpiter.

6.3.2. Em qual das personagens a caracterização é mais indirecta? Dê exemplos.

6.3.3. Qual lhe parece ser a função de Mercúrio em relação às personagens de Alcmena e Júpiter?

PROPOSTA de TRABALHO

7.

1. Leia atentamente a tradução do excerto seguinte confrontando-o com o original:

Latim	Português
IVPPITER	Júpiter (a Alcmena)
Verum quod tu dicis, mea uxor, non te mihi irasci decet.	"Mas quanto ao que dizes, esposa querida, não é justo que te zangues comigo.
Clanculum abii a legione: operam hanc subrupui tibi,	Deixei o exército às escondidas: foi por ti que eu me furtei aos meus deveres,
Ex me primo prima < ut > scires, rem ut gessissem publicam,	para que fosses tu a primeira a saber, e eu o primeiro a contar-te, como

525 Ea tibi omnia enarraui. Nisi te amarem plurimum,
Non facerem.

MER.
Facitne ut dixi? timidam palpo percutit.

IVP.
Nunc, ne legio persentiscat, clam illuc redeundum est mihi,
Ne me uxorem praeuertisse dicant prae re publica

ALCVMENA
Lacrimantem ex abitu concinnas tu tuam uxorem.

IVP. Tace;
Ne corrumpe oculos: redibo actutum.

AL. Id "actutum"
530 diu est.

IVP.
Non ego te hic lubens relinquo neque abeo abs te.

AL. Sentio:
Nam qua nocte ad me uenisti, eadem abis.

me desempenhei dos meus deveres de cidadão. Tudo isso eu te narrei de fio a pavio. Não o teria feito se eu não te quisesse tanto!

Mercúrio (aos espectadores)
Eu não lhes disse que ele era assim? A pobrezinha – é com lisonjas que trata de a amansar!

Júpiter
Ora, para que as tropas se não apercebam de nada, tenho de retomar o meu posto às escondidas: não vão eles dizer que, para mim, a mulher está à frente dos interesses do Estado.

Alcmena: Com esta tua partida, tu deixas-me desfeita em lágrimas.

Júpiter
Não digas isso! Não dês cabo desses teus formosos olhos. Eu volto já.

Alcmena
Bem longo é esse teu "já"!

Júpiter
Não é por gosto que eu te deixo aqui e me vou embora.

Alcmena (irónica)
Bem vejo! Na mesma noite em que vieste, assim te vais!"

7.1. Sublinhe as expressões/frases que foram traduzidas por:

a) ... não é justo que te zangues comigo;
b) ... eu o primeiro (a contar-te);
c) ... se eu não te quisesse tanto!;
d) ... é com lisonjas que trata de a amansar!;
e) ... com esta tua partida;
f) Bem longo é esse teu "já".

7.2. Retire do texto em tradução as frases correspondentes a:

a) ... subrupui tibi;
b) ... omnia enarraui;
c) Facitne ut dixi?;
d) ... clam redeundum est mihi;
e) Ne corrumpe oculos.

7.3. Sublinhe todas as formas do texto latino pertencentes a verbos derivados de *eo*.

8. Leitura extensiva do acto 2.º (versos 551-825)

Cena I

8.1. Precise o estado de espírito de Anfitrião e o motivo do mesmo.

8.2. Nesta cena a actuação de ambas as personagens resulta fortemente cómica. Porquê?

Cena II

8.3. O encontro de Anfitrião com Alcmena resulta também bastante cómico. Donde provém a comicidade?

8.4. Após a chegada de Anfitrião a casa, que evolução psicológica se vai operando no seu espírito e no de Alcmena?

8.5. Qual foi o argumento decisivo com que Alcmena convenceu Anfitrião de que a razão estava do seu lado?

8.6. Em que medida esta cena tem também uma tonalidade de tragédia?

Máscara decorativa à entrada do teatro, em Óstia

9. Leitura metódica dos versos 825-844

Alcmena rejeita as acusações do marido

<So> Nescio quid istuc negoti [1] dicam, nisi si quispiamst [2] — 825
Amphitruo alius, qui forte te hic [3] absente tamen
Tuam rem curet teque absente hic munus fungatur tuum.
Nam quom [4] de illo subditiuo Sosia mirum nimist,
Certe de istoc Amphitruone iam alterum mirum est magis [5].
<Am> Nescioquis [6] praestigiator hanc frustratur mulierem. — 830
Al. Per supremi regis regnum iuro et matrem familias [7]
Iunonem, quam me uereri et metuere est par [8] maxime [9],
Vt [10] mihi [11] extra unum te mortalis nemo corpus corpore
Contigit, quo [12] me impudicam faceret.
Am. Vera istaec [13] uelim.
Al. Vera dico, sed nequiquam, quoniam non uis credere. — 835
Am. Mulier es, audacter iuras.
Al. Quae non deliquit, decet
Audacem esse, confidenter pro se et proterue loqui.
Am. Satis audacter.
Al. Vt pudicam decet [14].
Am. In uerbis proba's [15].
Al. Non ego illam mihi dotem duco esse, quae dos dicitur,

Sed pudicitiam et pudorem et sedatam cupidinem, 840
Deum[16] metum, parentum amorem et cognatum concordiam,
Tibi morigera atque ut munifica sim bonis, prosim probis.

So. Ne ista edepol, si haec uera loquitur, examussim est optima.

Am. Delenītus sum profecto ita, ut[17] me qui sim nesciam.

Notas:

1 = *negotii*; *istuc negoti:* quanto a este assunto. *Negoti* é complemento de *istuc*;
2 = *quispiam est;*
3 valor adverbial;
4 = *cum,* com valor temporal/condicional: se;
5 *iam alterum ... magis*: é outra coisa de maior espanto;
6 = *nescio quis*;
7 gen. arcaico = *familiae;*
8 *par est:* é conveniente, é justo;
9 acima de tudo;
10 que (conj.); na língua clássica teríamos uma oração infinitiva dependente de *iuro*;
11 *mihi ... corpus corpore / contigit*: tocou com o seu corpo no meu;
12 pron. relativo com valor final;
13 = *istac* (ac.plural neutro);
14 *decet* + acus.: convém a; cf. *Latim 2*, p. 272;
15 = *proba es*;
16 *deum ... cognatum* (genitivos arcaicos) = *deorum ... cognatorum*;
17 = *ut nesciam quis ego sim* .

PISTAS DE LEITURA

1. Sublinhe a oração que é complemento de *nescio* e classifique-a.
2. Identifique a estrutura *te ... absente* (v.826).
3. Que verso mostra a total perplexidade de Sósia?
4. Sublinhe as formas verbais dependentes da expressão *est par* (v.832).
5. Precise o valor modal de *uelim* (v.834).
6. Quais são, para Alcmena, as virtudes da boa esposa?
7. Com que tom comenta Sósia as afirmações de Alcmena?
8. Classifique a oração introduzida por *ut* (v. 844).

10. A língua latina

10.1. Expressões verbais impessoais

No texto ocorre a expressão **est par**, "é conveniente".
Outras expressões impessoais ocorreram ao longo do estudo dos textos:

opus est: é preciso, é necessário;
fama est: conta-se, é voz corrente;
utile est: é útil;
manifestum est: é evidente;
dulce est: é doce;
mirum est: é espantoso;
satis est: é suficiente, basta;
pulchrum est: é belo;
turpe est: é vergonhoso;
uerum est: é verdade.

Estas expressões são completadas frequentemente por oração infinitiva com a função de sujeito:

Est par me Iunonem uereri et metuere: é conveniente que eu respeite e tema Juno.

Pulchrum est pro patria mori: é belo dar a vida pela pátria.

11.

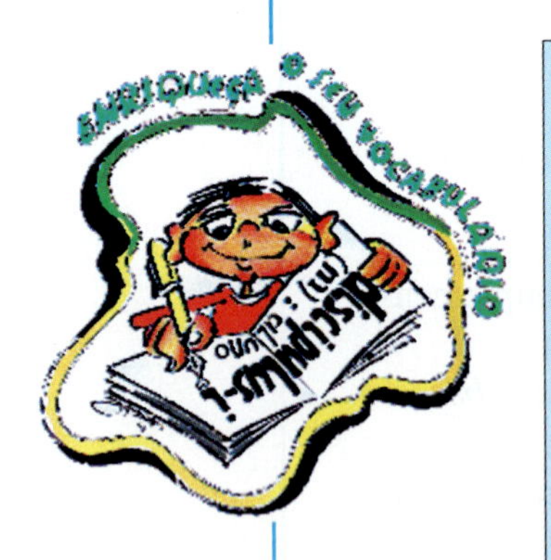

Vocabulário da família de *pudor:*

pudet, pudēre, puduit ou puditum est: ter vergonha;
pudendus-a-um: vergonhoso, ignóbil;
pudenter: com vergonha, timidamente;
pudibundus-a-um: pudico, pudibundo, infame;
pudīce: pudicamente, castamente;
pudicitia-ae (f.): pudicícia, castidade;
pudīcus-a-um: pudico, íntegro;
impudīcus-a-um: impudico, descarado;
impūdens-tis: desavergonhado, sem pudor;
impudentia-ae (f.): descaramento, atrevimento.

12.

12.1. Comente, do ponto de vista da literariedade, a tradução dos versos seguintes:

	Tradução
So.: Amphitruo, miserrima istaec 590 miseria est seruo bono, Apud erum qui uera loquitur, si id ui uerum uincitur.	Anfitrião, a mais desgraçada das desgraças para um bom servo, que ao patrão conta a verdade, é ver a verdade vencida pela violência.
605 Am.: Huic homini nescio quid est mali mala obiectum manu...	A este tipo algum mau olho deitou mau olhado...
771 Am.: Secede huc tu, Sosia. Enim uero illud praeter alia mira miror maxime, Si haec habet pateram illam.	Sósia, chega aqui. Se ela tiver a taça, será esse, decerto, o facto estranho que mais estranheza me há-de causar.

12.2.1. No texto de leitura metódica aparecem construções que teriam outra redacção em língua clássica. Identifique-as.

12.2.2. De acordo com os elementos oferecidos pelo texto, faça a caracterização de Alcmena.

12.2.3. Verta agora para latim essa caracterização.

4

1. Leitura de "Anfitrião" (conclusão):

- Leitura extensiva dos versos 861-1038 (actos 3.º e 4.º).
- Leitura metódica dos versos 1039-1052:
  - o pronome/determinante **quisquis;**
  - orações completivas dependentes de verbos com sentido de "proibição" ou "impedimento".
- Leitura extensiva dos versos 1053-1130 (acto 5.º).
- Leitura metódica dos versos 1131-1146:
  - o nome **uis** – particularidades da sua flexão;
  - os nomes de tema em **a** de origem grega;
  - casos de assimilação.
- Perspectiva global sobre o "Anfitrião".

2. A fortuna de "Anfitrião" na literatura posterior.

1. Leitura extensiva dos versos 861-1038 (actos 3.º e 4.º)

Acto 3.º

Cena I: Com que objectivo surge Júpiter em cena?

Cena II: Alcmena acaba por perdoar ao (suposto) marido. Como procedeu Júpiter para atingir esse objectivo?

Cena III: Qual a intenção de Júpiter ao enganar também Sósia?

Cena IV: Como procede Mercúrio para ludibriar Anfitrião?

Cena V: Anfitrião, que fora ao porto à procura de Náucrates, regressa sozinho. O facto de não o ter encontrado que função tem na economia da comédia?

Acto 4.º

Surge uma nova personagem: Blefarão, o piloto. Que pretendia dele Anfitrião e como reagiu Blefarão?

2. Leitura metódica dos versos 1039-1052.

Am. Perii miser. 1039
Quid ego [1] – o quem aduocati iam atque amici deserunt? 1040
Numquam edepol me inultus istic ludificabit quisquis est [2].
[Nam] Iam ad regem recta [3] me ducam resque ut facta est eloquar.
Ego pol illum ulciscar hodie Thessalum [4] ueneficum,
Qui peruorse [5] perturbauit familiae mentem meae.
Sed ubi illest [6] ? intro edepol abiit, credo, ad uxorem meam. 1045
Qui me Thebis alter uiuit miserior? quid nunc agam [7] ?
Quem omnes mortales ignorant et ludificant ut lubet [8].
Certumst [9], intro rumpam in aedis [10]: ubi quemque hominem aspexero,
Si[ue] [11] ancillam, seu seruom, siue uxorem, siue adulterum,
Seu patrem, siue auum uidebo, obtruncabo in aedibus. 1050
Neque me Iuppiter neque di [12] omnes id prohibebunt, si [13] uolent
Quin [14] sic faciam ut<i> constitui; pergam in aedis [15] nunciam.

Notas:

[1] = *quid ego faciam*;
[2] *quisquis est*: quem quer que seja;
[3] = *rectam* ... *rem* ... *eloquar*; a construção é anacolútica;
[4] adjectivo;
[5] = *peruerse* (apofonia em sílaba interior);
[6] = *ille est;*
[7] conjuntivo deliberativo: que hei-de eu fazer ?;
[8] = *libet; ut lubet:* como lhe apraz;
[9] = *certum est*;
[10] = *in aedes*;
[11] *siue* ... *seu* ...: seja ... seja...;
[12] = *dei;*
[13] valor condicional-concessivo: se, ainda que;
[14] conjunção completiva: de que. A oração introduzida por *quin* funciona como aposto ou explicitação de *id*: *neque prohibebunt id* (*quin sic faciam*);
[16] vide nota 10.

1. Indique a forma de sujeito de *ludificabit* (v.1041).
2. Identifique o tempo das formas *ducam, eloquar* e *ulciscar*.
3. Precise o caso de *me* (v.1046) e justifique-o.
4. Qual o modo da condição expressa em *si uolent* (v.1051)?
   Reveja, a este respeito, *Latim 2*, p. 152.
5. Classifique a oração *uti constitui*.

3.

3.1. O pronome/determinante indefinido *quisquis*

3.2. Orações completivas dependentes de verbos com sentido de "proibição" ou "impedimento".

3.1. Pronome / determinante *quisquis:* quem quer que seja, seja quem for

Só tem as formas do nominativo masculino (**quisquis**) e do neutro (**quidquid** ou **quicquid**), e do ablativo (**quoquo**).

Ex.: **quisquis** est: seja quem for; quem quer que seja.
quoquo modo res se habet (Cíc.): qualquer que seja a situação.

Obs.: note o emprego do modo indicativo com o pronome *quisquis.*

3.2. Orações completivas dependentes de verbos com sentido de "proibição" ou "impedimento".

As orações dependentes de verbos com sentido de proibição ou impedimento (**uetare**, **prohibere**, **obstare**, **recusare**, **impedire**, **interdicere**, **deterrere**) têm o verbo no modo conjuntivo. Há duas situações:

1.ª Se a oração subordinante é de forma afirmativa, a subordinada é introduzida por **ne** (ou **quominus**):

Impedior dolore **ne** plura **dicam** (Cíc.): a dor impede-me de dizer mais.

Cena de teatro. Museu arqueológico de Nápoles

2.ª Se a oração subordinante é de forma negativa ou de tipo interrogativo, a subordinada é introduzida por **quin** ou **quominus**:

... neque di omnes **prohibebunt quin** sic **faciam**: nem os deuses todos impedirão que proceda assim.

Quid **obstat quominus** deus **sit** beatus? (Cíc.): Que impede que Deus seja feliz?

Obs.: as orações dependentes dos verbos **uetare**, **recusare**, **impedire**, **prohibere** podem também ser infinitivas:

... ab opere legatos **discedere uetuerat** (Cés.): tinha proibido os embaixadores de se afastarem dos trabalhos.

Me **impedit** pudor **exquirere** (Cíc.): a vergonha impede-me de indagar.

4.

Vocabulário da família de *abeo:*

adeo-is-īre, adii -ĭtum: aproximar-se, visitar;
anteeo-is-īre-iui-ĭtum: preceder, ir à frente;
coeo-is-īre, coii, coĭtum: ir junto, juntar-se
exeo-is-īre, exii -ĭtum: sair;
exitus-us (m.): saída, êxito;
ineo-is-īre, inii -ĭtum: entrar em, começar;
iter, itineris (n.): itinerário, caminho;
obeo-is-īre, obii, obĭtum: ir ao encontro de, morrer;
pereo-is-īre, perii -ĭtum: passar através, desaparecer, morrer;
praeeo-is-īre, praeii -ĭtum: ir adiante, preceder;
prodeo-is-īre, prodii, prodĭtum: avançar, ir adiante, aparecer;
redeo-is-īre, redii -ĭtum: voltar, regressar;
reditus-us (m.): volta, regresso;
subeo-is-īre, subii, subĭtum: ir por debaixo, subir, suportar;
subitus-a-um: súbito, imprevisto;
transeo-is-īre-iui-ĭtum: cruzar, transcorrer (o tempo), passar.

5.

5.1. Elabore listas de vocabulário da família das palavras seguintes:
   a) regem;
   b) eloquar;
   c) aspexero.

5.2. Atente nos vocábulos *aedes-is* (sing.) e *aedes-ium* (plural):
   a) Precise a significação respectiva;
   b) Recorde outros nomes com significação diferente no singular e no plural.

6.

6.1. Partindo da expressão *quisquis est* escreva em latim:
   a) quem quer que fosse;
   b) quem quer que for;
   c) quem quer que tenha sido.

6.2. Reescreva a frase *Ego pol illum ulciscar hodie* empregando o verbo:
   a) no presente do indicativo;
   b) no imperfeito do conjuntivo;
   c) no mais-que-perfeito do indicativo.

6.3. Reescreva a frase *qui peruerse perturbauit* empregando o advérbio:
   a) no comparativo de superioridade;
   b) no superlativo.

6.4. Do verbo a que pertence a forma *abiit* escreva:
   a) o particípio presente;
   b) o imperativo presente e futuro;
   c) o futuro imperfeito.

6.5. Escreva nos graus normal e superlativo o adjectivo a que pertence a forma *miserior.*

6.6. Refira palavras da nossa língua etimologicamente relacionadas com:
   a) deserunt;
   b) eloquar;
   c) aedes;
   d) aspexero;
   e) uolent.

Actores de teatro. Fresco duma casa de Pompeios.

6.7. Escreva em latim:

Anfitrião, triste e humilhado, jurou que nem os deuses o impediriam de fazer o que havia decidido: vingar-se do bruxo que perturbara a paz da sua família.

7. Leitura extensiva dos versos 1053-1130 (acto 5.º)

Cena I

1. Nesta cena surge nova personagem: Brómia. Qual o seu estatuto social?
2. Parece-lhe que o ambiente descrito por Brómia é cómico ou trágico? Porquê?
3. Mencione os fenómenos extraordinários que precederam, acompanharam e se seguiram ao nascimento dos gémeos.
4. Que efeito produziram no espírito de Anfitrião as informações de Brómia?
5. Teça um comentário à opinião de Anfitrião:

   "Bom! Não me desagrada nada saber que dos meus haveres me é dado partilhar metade com Júpiter...".

8. Leitura metódica dos versos 1131-1146 (cena II)

A confissão de Júpiter conduz a um final feliz

Iuppiter < Amphitruo >

<Iu> Bono animo es; adsum [1] auxilio, Amphitruo, tibi et tuis.
Nihil est quod [2] timeas; hariolos, haruspices
Mitte omnis [3]: quae futura et quae facta [4] eloquar,
Multo adeo melius quam illi, quom [5] sum Iuppiter,
Primum omnium Alcumenae usuram corporis 1135
Cepi et concubitu grauidam feci filio.
Tu grauidam item fecisti, cum in exercitum
Profectu's [6]; uno partu duos peperit simul.
Eorum alter, nostro qui est susceptus semine,
Suis factis [7] te inmortali [8] adficiet [9] gloria. 1140
Tu cum Alcumena uxore antiquam in gratiam
Redi. Haud promeruit quam ob rem uitio uorteres [10]:
Mea ui subactast [11] facere. Ego in caelum migro.

Amphitruo

Faciam ita ut iubes et te oro, promissa ut serues tua.
Ibo ad uxorem intro; missum [12] faciam Teresiam senem 1145
Nunc, spectatores, Iouis summi causa [13] clare plaudite.

Notas:

[1] *adsum ... auxilio ... tibi* . Note o emprego de *adsum* com duplo dativo;
[2] *nihil est quod*: não há motivo para que...;
[3] = *omnes;*
[4] o passado;
[5] = *cum;*

[6] = *profectus es*;
[7] Júpiter alude às façanhas de Hércules;
[8] = *immortali;*
[9] = *afficiet*;
[10] = *uerteres*;
[11] = *subacta est* . Vide *subigo*;
[12] *missum faciam T. senem:* mando embora Tirésias. (Tirésias era o adivinho que Anfitrião mandara chamar para o consultar sobre como proceder após saber que Júpiter tivera relações com a esposa tornando-se pai de Hércules);
[13] *Iouis ... causa*: em atenção a Júpiter.

1. Identifique a forma *es* (v. 1131).
2. Indique os verbos com que se relacionam as formas *futura* e *facta* (v.1133).
3. Refira o caso e precise a função sintactica de *concubitu* (v.1136).
4. Precise os valores de *ut* no verso 1144.
5. Sublinhe todas as formas do texto que se referem à 2.ª pessoa.

9.

9.1. O nome *uis*. Particularidades da sua flexão.
9.2. Nomes de tema em *a* de origem grega.
9.3. Casos de assimilação.

9.1. O nome *uis*. Particularidades da sua flexão.

Declinação

SINGULAR		PLURAL
Nominativo	uis	uires
Acusativo	uim	uires
Genitivo	(uis)	uirium
Dativo	(ui)	uiribus
Ablativo	ui	uiribus

Como se explica o plural *uires*?

O nome comportou-se como se o tema fosse **uis-** e não **ui-,** tendo--se verificado depois o rotacismo: * uis - es > uires .

O genitivo e o dativo do singular raramente foram usados.

9.2. Nomes de tema em *-a* de origem grega

A forma do texto *Teresiam* (= *Tiresiam*) faz no nominativo *Tiresias*.

Trata-se dum nome de origem grega, língua em que os nomes masculinos de tema em *-a* terminavam em *-as* ou *-es*. Assim:

Tiresias - ae: Tirésias

Aeneas - ae: Eneias

Anchises - ae: Anquises

Perses - ae: Perses

No fim da República e durante o Império acentuou-se o costume de fazer a transcrição para latim da declinação grega, o que deu origem a uma declinação meio latina, meio grega.

Declinação

Nominativo	Aeneas	Perses
Vocativo	Aenea	Perse (-a)
Acusativo	Aenean (-am)	Persen (-am)
Genitivo	Aeneae	Persae
Dativo	Aeneae	Persae
Ablativo	Aenea	Perse (-a)

9.3. Casos de assimilação

As formas do texto *inmortali* e *adficiet* vieram a passar, respectivamente, a *immortali* e *afficiet*, por assimilação completa.

A assimilação resulta do facto de duas consoantes em contacto tenderem a nivelar-se quanto às suas propriedades articulatórias.

A assimilação pode ser:

a) **progressiva**: * uel - se > uelle (uma consoante assimila a consoante que se segue)

b) **regressiva**: *actus*, part. passado de *ago*
tectus, part. passado de *tego*
(a consoante sonora ***g*** passou à correspondente surda ***c*** por influência da consoante ***t*** - surda. O som surdo recuou.)

Nos grupos constituídos por oclusiva seguida de fricativa (**f**) resulta **ff**:

- **df**
- **pf**
- **tf**
- **cf**

} > - **ff** -

Exemplos:

afficio (ad - facio): doto;

offero (*op - fero): ofereço;

effero (*ec - fero): conduzo.

Nos grupos constituídos por uma nasal dental (**n**) e uma nasal labial (**m**), a nasal dental assimila-se à labial:

- nm - > - mm -

Exemplos:

immortalis < in, mortalis: imortal;

immemor < in, memor: esquecido de;

immerito < in, merito: injustamente.

10. Vocabulário da família de *mitto:*

missio - onis (f.): missão;
amitto -is -ere, amisi, amissum: perder;
admitto -is -ere, admisi, admissum: admitir, cometer;
committo -is -ere, commisi, commissum: travar, juntar, cometer;
demitto -is -ĕre, demisi, demissum: deixar cair, mandar embora, demitir;
dimitto - is - ĕre, dimisi, dimissum: despedir, deixar ir, abandonar;
emitto - is - ĕre, emisi, emissum: lançar, emitir;
immitto - is - ĕre, immisi, immissum: lançar contra, enviar a;
intermitto - is - ĕre, intermisi, intermissum: interromper, suspender;
omitto - is - ĕre, omisi, omissum: emitir, descuidar, passar por alto;
permitto - is - ĕre, permisi, permissum: permitir, lançar, entregar;
praemitto - is - ĕre, praemisi, praemissum: enviar à frente;
praetermitto - is - ĕre, praetermisi, praetermissum: deixar passar, passar por alto;
promitto - is - ĕre, promisi, promissum: prometer, deixar crescer;

promissum - i (n.): promessa;
remitto - is - ere, remisi, remissum: devolver, conceder, enviar atrás, remeter;
remissus - a - um: frouxo, remisso;
remissio - onis (f.): negligência, relaxamento;
submitto - is - ere, submisi, submissum: subjugar, submeter;
transmitto - is - ere, transmisi, transmissum: enviar para outro lado, atravessar, cruzar, transmitir.

Vista aérea do teatro e anfiteatro de Mérida

Foi só a partir do séc. I a.C. que surgiram os primeiros teatros, cuja arquitectura imitava a dos teatros gregos. Durante a época imperial, sob o impulso da romanização, fazia parte do plano duma cidade a construção dum teatro e dum anfiteatro. No nosso território, conhecem-se as ruínas do teatro de Olisipo e do anfiteatro de Bobadela. Na Península, encontram-se em bom estado de conservação o teatro e o anfiteatro de Emerita Augusta (Mérida), a capital da Lusitânia. *Cf. Latim 2, pp. 368-373.*

11.

11.1. Retire do texto os vocábulos que entram no campo lexical de *partu.*

11.2. Em que consistem as particularidades dos nomes *uis* e *Iuppiter* ?

11.3. Com base no vocabulário das páginas 47-48, forme o campo dos vocábulos da nossa língua da família de *meter.*

11.4. Complete o quadro seguinte:

1. Oclusiva seguida de fricativa evoluiu para .... *Exemplos:* ....
2. Nasal dental seguida de nasal labial evoluiu para .... *Exemplos:* ....

12.

12.1. Observe atentamente o conjunto de vocábulos: hariolos, haruspices, omnis, quae, illi, partu, duos, qui, factis, uxore, gratiam, ui, caelum.

Sublinhe:

a) a cor azul, os que se encontram em ablativo;

b) a cor preta, os que estão em acusativo;

c) a cor vermelha, os que estão em nominativo.

12.2. Seguindo o modelo de *Aeneas* e *Perses* decline os nomes:

a) Tiresias - ae: Tirésias;

b) Anchises - ae: Anquises.

12.3. Componha um texto de 4 a 5 linhas em latim que constitua um resumo do texto acabado de estudar.

13. Perspectiva global sobre "Anfitrião"

Como é já do seu conhecimento, as categorias do texto dramático são a acção (intriga), as personagens, o tempo e o espaço.

Em princípio, a acção deve ser una; as personagens diferenciam-se pela sua caracterização, pelo seu relevo, pela sua concepção e pela sua função; o tempo do desenvolvimento da intriga deve equivaler a um dia e o espaço deve ser o mesmo ao longo da "intriga".

Numa peça de teatro são também elementos fundamentais a linguagem e seus recursos.

Na comédia, as fontes de cómico podem ser a própria linguagem (cómico de linguagem), as personagens (cómico de carácter) e as situações que ocorrem ao longo da intriga (cómico de situação).

Numa apreciação global de "Anfitrião", oriente o seu trabalho pelas pistas seguintes:

1. Quais são os momentos essenciais da intriga?
2. Sendo a peça de assunto grego, que marcas da civilização romana foi detectando ao longo da sua leitura?
3. Qual é a personagem protagonista e porquê?
4. Qual lhe parece ser a personagem "motora" da peça?
5. Quem são as personagens secundárias?
6. Mostre, justificando, se Júpiter é mais autocaracterizado ou heterocaracterizado
7. Qual das personagens lhe parece sofrer evolução psicológica? Justifique o seu ponto de vista comentando a motivação da mudança.

8. Refira-se às funções recíprocas de Júpiter, Anfitrião, Mercúrio e Sósia.
9. Mostre que nesta peça o *equívoco* é fundamental como fonte de comicidade.
10. Dê alguns exemplos de cómico de linguagem.
11. Qual é, no seu ponto de vista, a personagem mais cómica?
12. Haverá em "Anfitrião" alguma personagem que se possa considerar tragicómica?
13. Distinga na peça o tempo da representação do tempo representado.
14. Apresente, desenvolvidamente, a sua opinião sobre se a peça tem unidade de acção (um único assunto nuclear), de tempo (24 horas) e de espaço (um único local de acção).

14. A fortuna de Plauto e de "Anfitrião"

Volcácio Sedígito: gramático e poeta latino.

Plauto foi o poeta cómico mais popular entre os romanos. Cícero e Varrão não se cansavam de o elogiar, afirmando que nele se encontrava a verdadeira e pura língua latina. Volcácio Sedígito deu-lhe o segundo lugar, depois de Cecílio Estácio, na lista dos melhores comediógrafos latinos.

Na Idade Média, a fama de Plauto ofuscou-se. Ainda assim, no século XIII, o argumento do *Amphitruo* voltou a ser retomado para servir de pretexto à sátira da Escolástica; o mesmo argumento foi reformulado pela apologética cristã na *Gesta Romanorum* (século XIII-XIV). As comédias de Plauto readquirem apreço a partir do Renascimento e estão na base da comédia moderna. O humanista Collenuccio fez representar em Ferrara o seu *Anfitrione*, em tercetos; na literatura espanhola surgiram duas comédias, uma de Villalobos (1515) e outra de Fernán Perez de Oliva (1525 ou 1527 ?) sob o título " *Comedia de Anfitrión* "; na literatura francesa, o dramaturgo que mais se inspirou em Plauto foi Molière, autor de *Amphitryon* .

No século XIX, o tema de "*Anfitrião* " voltou a ser retomado por Kleist e vários outros até Giraudoux, autor de *Amphitryon 38* .

Os nomes próprios Anfitrião e Sósia passaram, por derivação imprópria, a designar, o primeiro a pessoa que recebe bem em sua casa, o segundo a pessoa que é exactamente igual a outra, o "duplo" de outro.

"Anfitrião" nas literaturas portuguesa e brasileira [1]

O tema de "Anfitrião" surge na literatura em língua portuguesa nas obras e autores seguintes:

---

[1] Na abordagem deste *item* seguimos muito de perto os estudos de Maria Isabel Rebelo Gonçalves: *O mito de Anfitrião* e *Uma Nuvem sobre a Cama; Outro Anfitrião Português*, citados na Bibliografia.

– *Auto dos Enfatriões*: Camões;
– *Anfitrião*, ou *Júpiter e Alcmena*: António José da Silva, o Judeu;
– *Um Deus Dormiu lá em Casa:* Guilherme de Figueiredo (brasileiro);
– *Anfitrião Outra Vez:* Augusto Abelaira;
– *Uma Nuvem sobre a Cama:* Norberto Ávila (representado pela primeira vez em 1991, na cidade de Portalegre).

O *Auto dos Enfatriões* é o que mais se aproxima do modelo plautino. Apesar disso, Camões não deixa de ser original: enriquece a personagem de Brómia, que é jovem e namoradeira, e introduz três figurantes, um dos quais, Feliseu, tem a missão de ir ao porto de Lisboa, a mando de Alcmena, para saber novas da armada de Anfitrião.

As personagens têm algo de típico da nossa maneira de ser: Júpiter e Feliseu exprimem o seu amor em termos palacianos; Anfitrião e Alcmena são dominados pela saudade; Feliseu movimenta-se em Alfama:

"Pois, Senhora, a quem vos ama
Sois tão desarrazoada,
Quero tomar outra dama;
Que não digam os de Alfama
Que não tenho namorada."

Em síntese: como grande poeta lírico que era, Camões acrescenta à dimensão dramática a dimensão lírica.

Enfatriões: Júpiter, disfarçado de Anfitrião, e o verdadeiro.

Mais original foi António José da Silva (séc.XVIII) cujo *Anfitrião* foi representado no Teatro do Bairro Alto em 1730. Trata-se de uma ópera ao gosto italiano da época. O entrecho foi enriquecido de acordo com o espírito barroco. Sósia surge na pele de Saramago cuja parceira é Cornucópia. Blefarão aparece figurado em Polidaz, capitão tebano. A estas personagens o autor acrescenta Juno, Íris e Tirésias. Juno vem vingar-se de Alcmena; Íris é a açafata de Juno; Tirésias é o magistrado que, seduzido por falsas promessas, acaba por condenar injustamente Alcmena e colocar no cárcere Anfitrião e Saramago (alusão às arbitrariedades da Inquisição).

"Dentro – Lá vai mais esse hóspede. Agasalhem-no bem.
Saramago – Quanto hoje, graças a Deus, não dormiremos na rua. Mas, ai de mim, Saramago! Adonde estou eu? Oh, quem me dissera que, escapando de uma oliveira, viesse a parar em um limoeiro!"

Originais são, por exemplo, a metamorfose de Saramago em oliveira (que é varejada por Mercúrio e Cornucópia e onde Júpiter grava versos de amor a Alcmena), os trocadilhos de linguagem, os piropos ridículos e os desfechos inesperados.

Um exemplo:

Saramago a Cornucópia: "essa tua cara, sendo o alcatruz do afecto é o repuxo das almas que, esgotando a fineza do peito, banha o coração de finezas para regar a chicória da correspondência."

Original é também o efeito cómico tirado do uso do latim estropiado: no cárcere, acompanhado de Anfitrião, Saramago diz:

Solatium est miseris socios habere Saramagos;

Anfitrião, quando Saramago não encontra a jóia trazida da guerra que julgava bem guardada na fralda da camisa, exclama: *bolauerunt;* Cornucópia, quando perde a paciência com Íris, manda-a para o *occulum ruorum* .

A recriação de Augusto Abelaira (séc.XX) não é menos original tanto no cenário (um supermercado, quartos de hotel, mobiliário transparente) como na matéria: a peça não é um auto nem uma ópera mas uma telecomédia em que o tema do marido enganado passa para segundo plano e é colocada em primeiro a falta de comunicação entre as pessoas. O estatuto dos deuses é completamente alterado: Júpiter é um homem perdido no tempo; Mercúrio é um empresário e Juno uma mulher preocupada com os problemas do quotidiano e cansada de ser fiel ao marido:

"Mas quase te compreendo: foste viajar porque tens necessidade de histórias novas, não sabes transformar-me numa eterna história nova. – (*Vai folheando o álbum, mostrando as fotografias*)– E agora? Gostaria de ter sido todas as mulheres por quem te apaixonaste, de ser todas as mulheres de quem gostas ... E dizes-lhes sempre as mesmas coisas, as coisas que te ouvi nos começos, ou és outro como são outras as mulheres? Gostaria de ter sido todas as mulheres por quem te apaixonaste, excepto eu. Mas continuo à tua espera, eu que sei que já não me esperas, que nada esperas de mim. À espera do milagre. O milagre de que já desististe. E não lutarei mais, sou uma desistente... terrivelmente cansada de esperar pelo dia em que me abandonarás para sempre. Cansada de ter medo, desta insegurança ... Cansada de imaginares que podes fazer o que quiseres, que sempre te serei fiel ... "

Anfitrião Outra Vez, Moraes Editores, 1.ª parte, p. 26.

Não falta na peça o deus Cupido, um deus frustrado por já não ser capaz de fabricar setas da boa qualidade do passado.

Anfitrião e Alcmena são um casal burguês em crise matrimonial. Sósia é o motorista de Anfitrião, já não tem duplo e Brómia é uma simples empregada doméstica.

Pelo entrecho perpassa o mundo dos negócios e da publicidade. As pessoas falam umas com as outras através de dialogadores, espécie de gravadores com conversas pré-estabelecidas.

O autor sugere os problemas do nosso tempo (falta de comunicação, burocracia, poluição, culto das aparências, tecnocracia). Apesar de tudo, o amor permanece e acaba por triunfar devido a um engano de Cupido que dispara contra Mercúrio uma seta trocada.

"Júpiter: Desapareceram os golfinhos, a poluição expulsou-os do rio ...
Gesto de Júpiter e aparecem os golfinhos.
Júpiter: Vê ...
Alcmena: Não posso crer ... És bruxo? Enfeitiçaste-me, é por isso que vejo golfinhos?
Júpiter: Amo-te. Se te apaixonares por mim nunca mais deixarás de ver golfinhos, medusas ..."

op. cit., p. 54.

O rio é, naturalmente, o Tejo, não o Tejo das areias de ouro, mas o Tejo vítima da poluição. Também este Anfitrião se torna lisboeta como os de Camões e António José da Silva.

De todas as imitações de Plauto a que, por uma lado, apresenta maiores inovações, por outro, mantém um espírito de comicidade mais próximo do de Plauto, é a de Norberto Ávila, *Uma Nuvem Sobre a Cama*.

Quanto a inovações, a comédia de Norberto Ávila centra-se no sexo. Alcmena não é apenas a esposa religiosa e fiel: é também apreciadora dos prazeres carnais e das conversas brejeiras. Do mesmo modo, Sósia diverte-se com sua mulher Calipsandra (personagem sugerida por Brómia) sendo os casais observados por Zeus e Hermes escondidos numa nuvem. O nascimento de Hércules é anunciado por Hermes a Alcmena através dum sonho. Surgem personagens novas como o carpinteiro Esfódrias que é chamado para consertar os leitos estragados. Anfitrião é um marido ciumento e desconfiado das atenções que o rei Creonte (outra personagem nova) dispensa a Alcmena. Alcmena e Calipsandra comentam o vigor que o exercício da guerra deu aos maridos acabados de regressar. Blefarão e Náucrates são suprimidos. Zeus é grosseiro e fanfarrão e o mesmo sucede com Anfitrião. Hermes imita Zeus no desfrute de amores com Calipsandra, que é ladina e sensual como a Cornucópia de A.J.da Silva. Anfitrião conforma-se com os seus "cornos dourados". Sósia é boçal, comilão e bisbilhoteiro.

Quanto ao espírito da comicidade, para além da reposição de situações plautinas, continuam a ser exploradas as cenas de pancadaria, a redundância das falas de Anfitrião, as aliterações, as duplicações (como *chiça, rechiça)*, bem como outros processos actuais que Plauto não desdenharia: alusões à burocracia, psiquiatria, a cartas de jogar e a foguetes.

Um exemplo de cómico de linguagem:

Solilóquio de Sósia

(Sósia congemina a forma de comunicar a Alcmena a morte dos irmãos):

"O que tem de ser ... tem de ser. Pesando bem as palavras, diz ela. Minha senhora Alcmena. Oiço dizer que "tínheis" dois irmãos.

"Tínheis"? Demasiado pesado. Se "tínheis" ... é porque já não "tendes". O peso do passado. Fora. Oiço dizer que "tendes" dois irmãos. (Isso mesmo: falo-lhe no presente, e ela já fica mais descansada. E agora, meu Zeus, como é que eu passo do presente para o passado? Não seria mais lógico passar do presente para o futuro? Não, que isso tomaria um tom profético, e não me quadra o ofício de pitonisa. Portanto retomemos o fio da meada). Oiço dizer, senhora Alcmena, que "tendes" ... Eu disse "tendes". E repito: "tendes" dois irmãos. (E agora? Agora sigo noutra direcção. Sigo na pista dos assassinos. E com isto ganho tempo). Sabeis certamente que o rei Pterelas ... "tinha" ... ? Não: "tem". (Pois claro. Tinha, tem e vai continuar a ter). O rei Pterelas, esse perverso monarca, "tem" ao seu serviço alguns sicários. Como? Não sabeis o que são sicários?, etc. "

Uma Nuvem sobre a Cama, segunda parte, cena 6.

15.

15.1. Leia atentamente o passo seguinte de *Enfatriões*:

Tua mulher parirá
Um filho de mim gerado
Que Hércules se chamará
O mais valente e esforçado
Que no mundo se achará.
Com este, teus sucessores
Se honrarão de ser teus;
E dar-lhe-ão os escritores,
Por doze trabalhos seus,
Doze milhões de louvores.

E dessa ilustre fadiga
Colherás mui rico fruito
Enfim, a rezão me obriga
Que tão pouco dele diga
Porque o tempo dirá muito.

15.2. Estabeleça agora um confronto entre estes versos e os versos 1131 e seguintes de "Anfitrião".

15.3. Trabalho de grupo.

Após a formação de grupos de trabalho na turma, participe activamente na elaboração dum trabalho escrito sobre um dos seguintes temas:

15.3.1. "Anfitrião" e "Enfatriões": tradição e inovação;
15.3.2. "Anfitrião" e "Anfitrião": tradição e inovação;
15.3.3. "Anfitrião" e " Anfitrião Outra Vez": tradição e inovação;
15.3.4. "Anfitrião" e " Uma Nuvem sobre a Cama": tradição e inovação.

CÍCERO

Quid in lingua latina excellentius Cicerone inueniri potest?

(Santo Agostinho)

5

O período da maturidade da literatura latina.
A época de Cícero

Cícero e a sua época:
- o *cursus honurum*
- a luta contra Catilina
- o primeiro triunvirato e o exílio
- os últimos anos e a sua actividade literária
- o segundo triunvirato e a morte.

A Língua Latina:
- orações infinitivas de construção pessoal
- orações explicativas com *quod.*

1. O período da maturidade da literatura latina. A época de Cícero.

No séc. I a. C. a língua latina adquire grande diversidade:ao *sermo uulgaris* e ao *sermo rusticus*, o latim das classes humildes e dos camponeses, opõe-se o *sermo eruditus* ou *urbanus*, o latim padrão usado na escrita pelos melhores autores. Esses e muitos outros romanos dotados de cultura serviam-se na vida diária de um nível de língua intermédio:o *sermo quotidianus*.

O *sermo uulgaris* mais prático, espontâneo e "descuidado" começa a ganhar variações no tempo e no espaço.

De um modo ou de outro, os escritores latinos são imbuídos do pensamento das doutrinas filosóficas gregas que melhor se quadravam ao seu temperamento:Estoicismo, Epicurismo e Nova Academia (platonismo). Sob a influência cada vez mais decisiva da literatura grega, a poesia e a prosa enriquecem-se extraordinariamente. Na poesia surge a "escola alexandrina" cujo maior expoente foi Catulo, o maior poeta lírico da primeira metade do século I a. C.. A poesia didáctica surge no *De Rerum Natura* de Lucrécio, que divulga o pensamento de Epicuro e Demócrito. A prosa nos seus diversos géneros atinge o ponto culminante de equilíbrio entre fundo e forma com as obras de César, Salústio e sobretudo, Cícero, que é, sem dúvida, a figura dominante da cultura romana deste período. Por essa razão a primeira metade do séc. I ficou conhecida como a "época de Cícero". A este respeito, reveja *Latim 2*, pp. 170. 1.

2. A literatura latina na época de Cícero (81-43 a. C.)

QUADRO SINÓPTICO

POESIA

- **lírica:** **Catulo**, ***Carmina*** (poemas em que expressa dum modo espontâneo e vivo os seus sentimentos em relação à sua amada Lésbia
- **didáctica:** **Lucrécio, *De Rerum Natura*** (poema sobre a formação do Universo)

PROSA

- **historiografia:**
  - **César, *De Bello Gallico; De Bello Ciuili***
  - **Salústio, *Bellum Iugurthinum*; *De Coniuratione Catilinae*.**
  - **Cornélio Nepos, *De Viris Illustribus*; *Chronica*.**
- **oratória:**
  - **Cícero**, *In Verrem*; *In Catilinam*; *Pro Lege Manilia*; *Pro Archia*; *Pro Murena*; *Pro Milone*; *In Marcum Antonium*.
  - **César**
- **retórica:** **Cícero**, *De Inuentione*; *De oratore*; *Orator*; *De Optimo Genere Oratorum*.
- **política:** **Cícero**, *De Republica*; *De Legibus*.
- **filosofia e moral:** **Cícero**, *Academici Libri*; *De Finibus Bonorum et Malorum*; *De Natura Deorum*; *Tusculanae Disputationes*; *Cato Maior seu De Senectute*; *De Amicitia seu Laelius*; *De Officiis*.
- **epistolografia:** **Cícero**, *Ad Familiares* ; *Ad Atticum* ; *Ad Quintum Fratrem*; *Ad Brutum*.

3. Cícero e a sua época

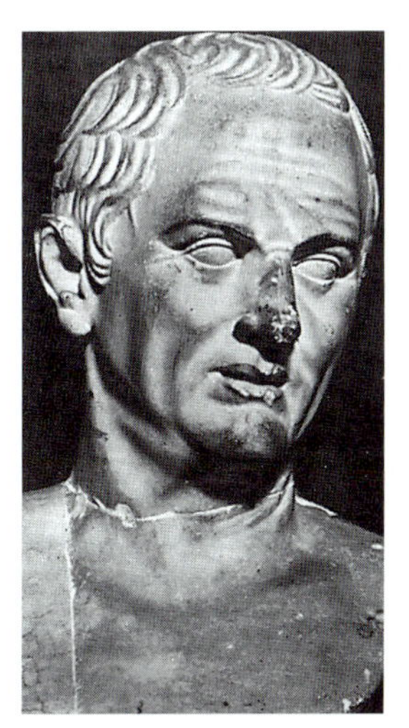

Busto de Cícero

... "seria vão estudar sucessivamente o orador, o teorizador da eloquência, o filósofo, o político:tudo se liga na sua carreira, com "tempos fortes" para cada uma dessas diferentes facetas do seu talento. Porque os livros de Cícero se inserem na actualidade política e ideológica do tempo tanto quanto os seus discursos. Sob esse aspecto, a sua leitura torna-se por vezes difícil se não se tiver presente a história das crises e das ideias. De facto, pode dizer-se de forma muito sumária que Cícero ocupa uma posição política determinante (o consulado) que depois perde (o exílio), esforça-se por reconquistá-lo (o regresso do exílio), vegeta na sombra do primeiro triunvirato, escolhe o lado errado durante a guerra civil , tem um peso essencialmente moral no período de César, julga reencontrar o seu destino depois dos Idos de Março de 44, toma resolutamente partido contra António e apoia o jovem Octávio, que virá a tornar-se Augusto."

J. Gaillard, *Introdução à Literatura Latina, Das Origens a Apuleio* (tradução e notas de Cristina Pimentel) Ed. Inquérito, pp. 59-60

Marco Túlio Cícero nasceu em Arpino, no ano de 106 a. C.. Não pertencia à *nobilitas* e, por isso, quando iniciou a carreira política era um *homo nouus*:

"Nouus sum, consulatum peto, Roma est"

Não era de saúde muito forte. No *Brutus*, uma obra sobre a história da oratória, faz uma espécie de auto-retrato, referindo a debilidade da sua compleição.

O nome "Cícero" derivaria, segundo uns, do facto de o seu avô ter sido cultivador de chícharos, segundo outros, de uma verruga que tinha no nariz e que se pareceria com um chícharo.

Chícharo: legume parecido com o tremoço.

Passou a meninice e a adolescência em Arpino e daí seguiu para Roma com o irmão Quinto, mais novo, para ambos continuarem aí os estudos, cujo elenco ao tempo constava de Gramática, Retórica, Filosofia e Direito.

Aos 16 anos, em 90 a. C., vestiu a toga viril e começou a ser conhecido. Porém, a aristocracia continuou a olhá-lo como um homem vindo do campo. Alguns sugeriram-lhe que trocasse o nome mas Cícero respondeu que esperava fazê-lo mais célebre do que o dos romanos célebres.

Começou por escrever poesia, mas os seus versos não lhe suscitaram admiração.

Inicia a sua actividade de orador . Depois de ter frequentado as lições de Licínio Crasso e Mólon de Rodes, assiste aos discursos de Hortênsio, no Forum. Aí adquiriu grande experiência da vida e dos homens. Hortênsio era então o advogado com mais fama e Cícero confessa que aprendeu muito com ele. Ao mesmo tempo, embrenha-se na filosofia com o neo-académico Fílon e o estóico Diódoto.

Aos 20 anos compôs o primeiro tratado de retórica, o *De Inuentione* (Sobre a arte de encontrar ideias e desenvolver as diferentes questões) e pouco depois defendeu Róscio de Améria contra um liberto de Sula, no discurso *Pro Roscio Amerino*. O discurso foi uma grande manifestação de coragem e deixou a sangrar todos o partidários de Sula, que Cícero também não via com bons olhos.

Por motivos de saúde ou por receio de Sula a quem ferira indirectamente, partiu para a Grécia. Aí se tornou amigo de Tito Pompónio Ático. Cícero recordará várias vezes esses tempos de trabalho em conjunto:

"et in Arcadia ego!"

Com Ático ouviu as lições do epicurista Fedro. Passou depois à Ásia Menor e a Rodes onde aperfeiçoou a oratória com o mesmo Mólon que já ouvira em Roma. De regresso à pátria, com 29 anos, casa com Terência, que não era a esposa indicada para o seu temperamento.

3.1. Texto

Auto-retrato

Erat eo tempore in nobis summa gracilitas et infirmitas corporis, procerum [1] et tenue collum;qui [2] habitus [3] et quae figura [4] non procul abesse putatur a vitae periculo, si accedit labor et laterum magna contentio.

Eoque [5] magis hoc eos quibus eram carus commouebat, quod
5 omnia, sine remissione [6], sine uarietate, ui summa uocis et totius corporis contentione, dicebam.

Itaque, cum me et amici et medici hortarentur ut causas agere desisterem, periculum adire malui quam a sperata dicendi [7] gloria discedere. Sed cum censerem, remissione et moderatione uocis et
10 commutato genere dicendi, me et periculum uitare posse et temperantius dicere, ut consuetudinem dicendi mutarem, ea causa mihi [8] in Asiam proficiscendi fuit. Itaque, cum essem biennium uersatus in causis et iam in foro celebratum meum nomen esset, Roma sum profectus.

Cícero, *Brutus*

Notas:

1 afilado;
2 = *putatur is habitus et ea figura non abesse procul a periculo uitae* (construção pessoal);
3 compleição. Da família de *habeo*;
4 aparência. Da família de *fingo*:modelo;
5 adv.: por isso, além disso;
6 pausa, afrouxamento;
7 gerúndio:de advogar, discursar;
8 dat. de relação: para mim; *mihi. . . proficiscendi*:da minha partida.

PISTAS DE LEITURA

1. Transcreva as expressões com que o autor se caracteriza fisicamente.
2. Que expressão é o complemento de *abesse*?
3. No 2.º parágrafo, que frase explicita o pronome *hoc*?Como classifica, por essa razão, a oração da mesma frase?
4. Leia atentamente todo o 3.º parágrafo. Nele surge três vezes a conjunção *cum* e duas vezes a conjunção *ut*.

4.1. As conjunções *cum* e *ut* têm sempre o mesmo valor?

4.2. Identifique as formas:
   a) adire;
   b) malui.

4.3. Trancreva as orações que são o complemento directo de *censerem* (l. 9)

4.4. Identifique *sum profectus*.

3.2.

3.2.1. Orações infinitivas de construção pessoal
3.2.2. Orações explicativas com *quod*

3.2.1. Orações infinitivas de construção pessoal

Já em *Latim 2*, a páginas 274, nos referimos à construção pessoal. Quando o verbo de que depende uma oração infinitiva vem na passiva, pode aparecer a construção pessoal:

Putatur qui (is) **habitus** et **quae** (ea) **figura** non procul **abesse** a uitae periculo...: considera-se que uma compleição e aparência assim não andam muito longe do perigo de vida... (Lit.: esta compleição e aparência é considerada não andar muito longe do perigo de vida...)

Admitem esta construção (sujeito em nominativo e predicado no infinitivo):

a) as formas passivas dos verbos declarativos e sensitivos: **dicor**, **fertur**, **traditur**, **audior**, **existimor**, **putor**, **uideor**;

b) as formas passivas dos verbos de manifestação de vontade: **iubeor, cogor, prohibeor, uetor**:

Nolani muros **adire uetĭti sunt** (Lív.): proibiu-se aos Nolanos aproximarem-se das muralhas.

3.2.2. Orações explicativas com *quod*

Com o modo indicativo a conjunção ***quod*** pode ter valor explicativo:o facto de, pelo facto de, a saber, funcionando como aposto de um pronome neutro ou de um substantivo:

Eoque magis **hoc** eos quibus eram carus commouebat, **quod** omnia sine remissione… **dicebam**: além disso, isto impressionava os meus amigos, o facto de dizer tudo sem pausas…

Mihi uidentur homines **hac re** maxime bestiis praestare **quod** loqui **possunt** (Cíc.): parece-me que os homens estão muito acima dos animais numa coisa, em poderem falar.

3.3.

Escreva em latim:

Cícero narra que a sua compleição era débil e que, por esse motivo, os amigos o aconselharam a pôr de parte o desejo de celebridade na oratória.

O autor, porém, considerava que, se modificasse o género de discursar, poderia ultrapassar as dificuldades. Sabe-se que partiu para a Ásia e alcançou os seus intentos.

Vocabulário:

débil:infirmus-a-um.

aconselhar:hortor-aris-ari, hortatus sum.

pôr de parte:discedo (+ **a** ou **ab** com ablativo).

desejo:cupiditas-atis (f.).

celebridade:celebritas-atis (f.).

oratoria:ars dicendi.

ultrapassar as dificuldades:pericula uincere ou uitare

alcançar:obtineo-es-ere, obtinui, obtentum

intento:propositum-i (n.).

3.4. O *Cursus Honorum*

Eleito questor para o ano de 75 a. C., foi nomeado para Lilibeu, na Sicília. Aí granjeou muitas amizades e admiração pela sua honestidade no desempenho do cargo.

De regresso a Roma, fez o possível por se tornar popular e apreciado como Hortênsio.

Tornou-se edil. Por essa altura foi escolhido pelos sicilianos para seu defensor na causa que moveram contra Verres, um pretor que os tinha espoliado. Escreveu um discurso contra ele, a *Actio Prima in Verrem* e depois foi à Sicília recolher elementos para uma segunda série de discursos, a *Actio Secunda in Verrem* de que fizeram parte o *De Frumentis*, o *De Signis* e o *De Suppliciis*. Os discursos da *Actio Secunda* não chegaram a ser pronunciados porque, entretanto, Verres se exilara.

Cerca do ano 66 a. C. ascende à magistratura seguinte, a pretura, e começa por esta altura a sua correspondência com Ático. Devota-se a Pompeu com quem imagina poder conduzir a República.

De Frumentis: sobre a desonestidade nas distribuições de trigo.

De Signis: sobre o roubo de obras de arte.

De Suppliciis: sobre as atrocidades (de Verres).

3.5. Texto

As mães suplicam o auxílio de Cícero

Si per L. Metellum [1] licitum esset, iudices, matres illorum miserorum sororesque ueniebant [2], quarum una – cum ego ad Heracleam noctu accederem – cum omnibus matronis eius ciuitatis et cum multis facibus [3] mihi obuiam uenit, et ita – me suam salutem appellans, te suum carnificem nominans, filii nomen implorans – mihi ad pedes [4] misera iacuit, quasi ego eius excitare ab inferis filium possem. Faciebant hoc itidem ceteris in ciuitatibus grandes natu matres et item parui liberi miserorum [5].

Cícero, *De Suppliciis*. XLIX

Notas:

[1] Lúcio Metelo sucedera a Verres como propretor na Sicília;
[2] indicativo com o valor de condicional;
[3] vide *fax-cis*;
[4] *mihi ad pedes = ad meos pedes;*
[5] os torturados por Verres.

Latine responde quaestionibus insequentibus:

Prima: Quis erat L. Metellus?
Secunda: Quo accessit Cicero?
Tertia: Quomodo appellabatur ab una ex matronis Heracleae?
Quarta: Quomodo Verrem eadem matrona appellabat?

Quinta:	Quomodo, ubi Ciceroni obuiam uenit, egit?
Sexta:	Quid a Cicerone petebat?
Septima:	Agebantne eodem modo matres grandes natu liberique an aliter?

3.6. O consulado e a luta contra Catilina

Em 64 a.C. é eleito cônsul derrotando Lúcio Catilina, um aristocrata suspeito que reunira à sua volta os descontentes de todos os partidos formando com eles uma espécie de coligação.

Uma vez investido na suprema magistratura, mostra no discurso *De Lege Agraria* (contra um projecto de lei agrária apresentado pelo tribuno Rulo) a sua intenção de ser um "cônsul popular", aliando na sua pessoa o espírito "senatorial" dos *optimates* ao desejo de reformas dos *populares* – sob a condição de que as reformas nada reformassem.

No ano seguinte, 63 a. C., Catilina tentou de novo ser eleito, mas foi batido mais uma vez. Esgotados os processos legais, o desiludido recorreu à violência e preparou uma conjura, agitando como estandarte as ideias libertárias dos Gracos. Muito provavelmente era encorajado na sombra por César, que tomara a direcção dos *populares*.

Cícero é informado da tramóia e, a 8 de Novembro, ataca publicamente Catilina em pleno Senado denunciando a sua manobra. Catilina vê-se obrigado a partir para a Etrúria.

De ora em diante não deixará de aludir à sua façanha:

O fortunatam natam, me consule, Romam!

As Catilinárias (*In Catilinam*) pronunciadas contra Catilina entre Novembro e Dezembro de 63 a. C., constituem uma peça valiosa de oratória pela habilidade da argumentação, ironia nas alusões, variedade de estilo e pelo movimento. No último dos discursos, por influência do republicano Catão de Útica, propõe a pena de morte para os cúmplices de Catilina. A aristocracia romana não viu com bons olhos que um *homo nouus* votasse a pena de morte contra alguns dos seus membros. Marco António não lhe perdoará porque entre os condenados figurava um cunhado seu. O próprio Cícero reconhecerá mais tarde que Catilina não era um homem tão mau como o pintara.

3.7. Texto

Invectivas e conselhos da pátria a Catilina

Patria tecum, Catilina, sic agit, et quodam modo tacita loquitur: "Nullum aliquot iam annis facinus exstitit, nisi per te; nullum flagitium [1] sine te; tibi uni multorum ciuium neces, tibi uexatio direptioque [2] sociorum impunita fuit ac libera; tu non solum ad negligendas leges et
5 quaestiones [3], uerum etiam ad euertendas perfringendasque ualuisti.

Superiora illa, quamquam ferenda non fuerunt, tamen, ut potui, tuli; nunc uero[4] me totam esse in metu propter te unum;quidquid increpŭerit[5], Catilinam timeri;nullum[6] uideri contra me[7] consilium iniri posse, quod a tuo scelere abhorreat[8], non est ferendum. Quamŏbrem discede, atque hunc mihi timorem eripe; si est uerus, ne opprimar;sin falsus, ut tandem aliquando timere desinam".

Cícero, *In Catilinam.* I, 18.

Notas:

1 escândalo;
2 *direptio sociorum:* a pilhagem dos companheiros (alusão aos abusos cometidos por Catilina que tomara parte activa nas proscrições de Sula);
3 investigações judiciais, tribunais;
4 = *nunc uero non est ferendum me totam esse in metu propter te unum; Catilinam timeri, quidquid increpuerit;uideri nullum consilium contra me iniri posse;*
5 *quidquid increpuerit:*ao menor ruído;seja o que for que aconteça;
6 *nullum... quod:* nenhuma resolução possa ser tomada que...;
7 *contra me:* face a mim;
8 *abhorrere a (ab):* afastar de, fugir, ser incompatível.

1. *Análise lógica:*

1.1. Sublinhe as formas referentes à 2ª pessoa ao nível:
   a) dos pronomes;
   b) das formas verbais.
1.2. Faça o mesmo para as formas referentes à 1ª pessoa.
1.3. Identifique as formas:
   a) negligendas ...euertendas perfringendas;
   b) ferenda ... fuerunt;
   c) tuli;
   d) increpuerit;
   e) iniri;
   f) est ferendum.
1.4. Precise a função sintáctica das expressões *ad negligendas leges et quaestiones ... ad euertendas perfringendasque.*
1.5. Transcreva todas as frases que servem de sujeito a *non est ferendum.*
1.6. Justifique o caso de *mihi* (l. 10)
1.7. Classifique as orações introduzidas por *si* e *sin* (l. 10)

2. *Análise literária*

2.1. Todo o texto constitui uma prosopopeia hiperbólica. Porquê?
2.2. Identifique outros recursos estilísticos no texto e mostre a sua expressividade.
2.3. O texto é também fortemente conotativo. Que ambiente conotativo pretende criar o autor?

3.8. O primeiro triunvirato e o exílio de Cícero.

No ano 60 a. C. surge o primeiro triunvirato entre César, Pompeu e Crasso. Cícero hesita politicamente, apoiando ora um ora outro.

Dyrrachium, locus Ciceronis exsilii

No ano 58 foi visado por uma lei que não permitia que alguém fosse levado à morte sem julgamento. Essa lei foi invocada por Clódio, tribuno da plebe nesse ano e inimigo declarado de Cícero. Após ter solicitado, em vão, o auxílio de Pompeu, viu-se obrigado a partir para o exílio primeiro em Tessalónica e depois em Durazo (Dyrrachium).

Aí sofreu bastante psiquicamente, pelo que se deduz das suas cartas a Ático, ao irmão Quinto e à mulher.

No ano 57, após 18 meses de exílio, regressa a Roma. Pompeu e César, para o afastarem de Roma, fazem nomeá-lo procônsul na Cilícia (Ásia Menor). Inicia então a tarefa de proporcionar a Roma uma literatura filosófica, dando preferência à forma dialógica na apresentação dos seus pontos de vista, certamente por influência dos diálogos de Platão.

3.9. Os últimos anos de Cícero

Cilicia, ubi Cicero proconsul fuit

A partir do ano 55 a actividade literária de Cícero é fecundíssima. Escreve obras sobre retórica, filosofia, política e moral e continua a sua actividade de advogado. São deste período:

– **De Oratore**, sobre as qualidades do orador;

– **De Republica**, sobre as várias formas de governo;

– **De Legibus**, sobre a lei e o direito;

– **Pro Milone**, em defesa de Milão, acusado de matar Clódio, seu inimigo político. Cícero argumentava que Milão agira em legítima defesa e libertara a cidade de um homem perigoso.

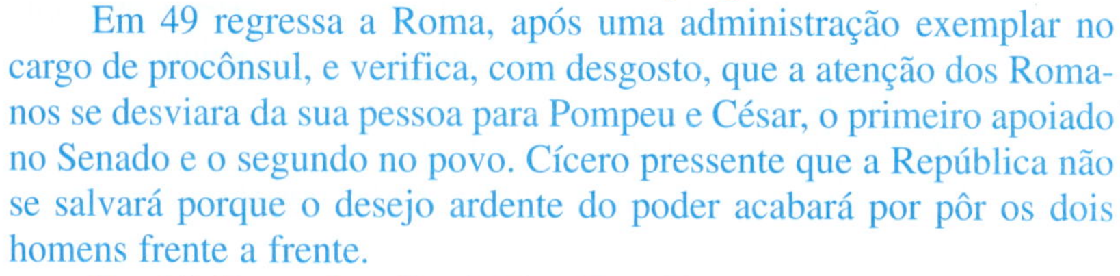

Em 49 regressa a Roma, após uma administração exemplar no cargo de procônsul, e verifica, com desgosto, que a atenção dos Romanos se desviara da sua pessoa para Pompeu e César, o primeiro apoiado no Senado e o segundo no povo. Cícero pressente que a República não se salvará porque o desejo ardente do poder acabará por pôr os dois homens frente a frente.

Em 48 dá-se a batalha da Farsália (Cf. *Latim 2*, p. 194). Pompeu é derrotado e foge para o Egipto onde é morto às ordens do rei, que queria ser agradável a César.

César regressa a Roma e Cícero vai ao seu encontro. Entretanto, problemas familiares contribuem para o abatimento moral que o domina:vê-se obrigado a repudiar a mulher e morre-lhe a filha Túlia por quem nutria um carinho extraordinário. Procura conforto no trabalho e dedica-se a estudos de filosofia e moral. Compõe várias obras de cujo conteúdo adiante falaremos, entre as quais **Tusculanae Disputationes, Brutus, De Amicitia**.

Após o assassinato de César, em 44, tenta entender-se com Marco António que estava em nítida ascensão. Porém, acaba por pronunciar contra ele uma série de discursos "**In Marcum Antonium Orationum Philipicarum Libri XIV**", mais conhecidas por "*Filípicas*", onde incita o povo a opor-se-lhe e propõe a glorificação dos soldados mortos em luta contra ele. O discurso mais violento foi o segundo. Nele ataca por vezes injustamente o inimigo chegando a apodá-lo de burro e bêbedo.

Em 43 Marco António, Octávio e Lépido formam o segundo triunvirato. Octávio cede às instâncias de Marco António em lançar Cícero no número dos proscritos. Cícero foge de Roma e embarca em Caieta. Porém, dominado pelo enjoo e pelo tédio da vida, volta para trás, disposto a morrer. Antes de chegar à sua vivenda é apanhado pelos sectários de Marco António que lhe cortam a cabeça e a mão direita, que são levadas para Roma e colocadas na tribuna onde tantas vezes os seus concidadãos o ouviram discursar. Era isto a 7 de Dezembro de 43 a. C., contava Cícero 63 anos. Com a sua morte calara-se a última grande voz em defesa da República.

6

A obra literária de Cícero:
- Retórica
- Política
- Filosofia e moral

A Língua Latina:
- o supino em **u**

A OBRA LITERÁRIA DE CÍCERO

1. Retórica

a) **De Inuentione**. É uma obra que imita os tratadistas gregos. Trata da primeira das cinco partes da retórica:a invenção.

b) **De Oratore**. É um tratado mais independente dos modelos gregos. Trata das qualidades e conhecimentos que deve possuir um bom orador:

- **doutrina**:conhecimento do argumento;
- **qualidades naturais**: atitudes emotivas, palavras ardentes, voz timbrada;
- **prática**:preparação cuidada (nada de improvisações);
- **escola**: estudo dos oradores famosos; imitação dos grandes autores.

Na opinião de Cícero, a retórica não visa a verdade mas a persuasão. Para isso, o orador deve servir-se duma linguagem perfeita, clara, harmoniosa e variada – qualidades de elocução. Segundo a índole da causa, o orador deve servir-se de um estilo adequado: – ténue, médio ou sublime.

c) **Brutus**. Este tratado pretende ser uma história da eloquência até ao tempo de Cícero. Passa em revista os oradores gregos apontando as suas qualidades e defeitos. Trata depois da oratória romana. É um diálogo entre Ático, Bruto e o próprio Cícero.

d) **Orator**. Trata do que deve entender-se por um bom orador. As três fases do processo retórico são a *inuentio*, a *actio* e a *elocutio*. Na *elocutio* (elocução) o orador deve alcançar três objectivos:*probare*, *delectare*, *flectere*.

Textos

Num tratado sobre a oratória, Cícero faz o elogio desta arte nestes termos:

Quid est tam iucundum auditu[1] quam sapientibus sententiis grauibusque uerbis ornata oratio et polita? Quid tam regium, tam liberale, tam munificum, quam opem ferre supplicibus, excitare afflictos, dare salutem, liberare periculis, retinere homines in ciuitate?

Hoc enim uno praestamus maxime feris, quod colloquimur inter nos, et quod exprimere dicendo sensa possumus.

Cícero, *De Oratore*, I, 8 (Adaptação)

Nota:

[1] supino de **audio**:de ser ouvido;de se ouvir. (valor passivo).

1. No primeiro parágrafo do texto as comparações são de superioridade ou de igualdade? Porquê?

2.
   a) Classifique as orações que, no segundo parágrafo, são introduzidas por *quod*;
   b) Identifique a forma *dicendo* e precise a sua função sintáctica.

A língua latina: o supino em *u*

Além do supino em ***-um*** (Cf. *Latim 1*), o latim empregava mais raramente o supino em ***-u***, geralmente com sentido passivo. Os escritores latinos usavam o supino em ***u***:

a) com adjectivos: **facilis, difficilis, mirabilis, horribilis, turpis, utilis, optimus, dulcis, iucundus** ...

Exemplos:

Quid est tam **iucundum auditu** ... que há tão agradável de ouvir ...

Quod **optimum factu** uidebitur, facies (Cíc.):farás o que te parecer melhor (de fazer).

b) com as expressões **opus est, fas est, nefas est:**

Videtis **nefas esse dictu** miseram fuisse talem senectutem (Cíc.): vedes que é um sacrilégio dizer que foi infeliz tal velhice.

A preparação de Cícero na arte oratória

At uero ego hoc tempore omni noctes et dies in omnium doctrinarum meditatione uersabar. Eram cum Stoico Diodoto [1], qui, cum habitauisset apud me mecumque uixisset, nuper est domi meae mortuus. A quo cum [2] in aliis rebus tum studiosissime in dialectica exercebar. . . Huic ego doctori et eius artibus uariis atque multis ita [3] eram tamen deditus ut ab exercitationibus oratoriis nullus dies uacuus esset. Commentabar declamitans [4] (sic enim nunc loquuntur) saepe cum M. Pisone et cum Q. Pompeio aut cum aliquo cottidie; idque faciebam multum etiam latine, sic graece saepius ...

Cícero, *"Brutus"*, XC

Notas:

[1] Diódoto, filósofo estóico e geómetra;
[2] *cum.... tum....:* não só... mas também;
[3] *ita... tamen... ut:* em tais condições porém que ...;
[4] O recurso às **declamationes** (discursos sobre uma causa imaginária) era ainda recente. Cf. *infra* "A Vida Intelectual dos Romanos".

Versão

Releia o texto. Empregue, dentro do possível, o vocabulário e as estruturas do mesmo para escrever em Latim:

Falando sobre a história da oratória, Cícero informa que se aplicou à retórica com Diódoto, mas nunca pôs de parte os exercícios de oratória.

Além do estudo dos recursos artísticos de Diódoto, o autor compunha discursos tanto em Latim como em Grego e declamava-os em seguida, na presença de M. Pisão e Q. Pompeio.

2. Política

Dentro desta temática, Cícero escreveu dois diálogos: o *"De Republica"* e o *"De Legibus"*.

2.1. De Republica

Ao modo platónico, o assunto é tratado dialogicamente, em 6 volumes, que se perderam quase todos. Em 1820 foram encontrados os 1.º e 2.º volumes e fragmentos de outros.

O autor imagina um diálogo ocorrido cerca de 130 a. C. entre Cipião Emiliano, Lélio e outros. Após a alusão a um fenómeno produzido há pouco, Lélio pede a Cipião que exponha as suas ideias sobre a melhor forma de governo. Cipião então fala da monarquia, da oligarquia e da democracia. O governo ideal seria a combinação do que há de bom em cada uma. Para Cipião (Cícero), essa foi a forma de governo da Antiga Roma.

No Livro II passam-se em revista as instituições de Roma: origens da República, constituição, tribunado.

O Livro III trata da questão de saber se é possível governar sem injustiça.

O Livro IV trata dos costumes e da educação.

O Livro V trata dos costumes severos de outrora.

A parte mais interessante desta obra e durante vários séculos a única conhecida, é o final do Livro VI, conhecida pelo nome de *"Somnium Scipionis"* (O Sonho de Cipião), a que Macróbio, de cerca de 400 da era cristã, fez um comentário. Cipião relata aos amigos um sonho que tivera alguns anos antes: tendo subido à morada das almas dos bem-aventurados, ouve aí as explicações do seu avô, Cipião Africano, sobre a glória reservada, para além da morte, aos que serviram bem a Pátria.

Um dos aspectos mais curiosos do "*Somnium Scipionis*" é a descrição, pelo Africano, da máquina do Mundo (Cf. *Os Lusíadas*, C. IX, 44-90).

2.2. De Legibus

À semelhança de Platão, Cícero compôs um diálogo sobre as leis.

No diálogo tomam parte o próprio Cícero, seu irmão Quinto e Ático. A obra fala da lei moral, das leis religiosas, do direito político, penal e civil.

Textos

A constituição ideal

"Sendo assim, das três espécies principais de constituição, de longe a melhor, em minha opinião, é a monarquia, mas mesmo à monarquia se sobrepõe uma outra, que seja harmonizada e temperada com elementos das três principais formas de governação. Pois o que me agrada é que haja na coisa pública algo de superior e de régio, que haja algo de atribuído e submetido à autoridade dos cidadãos de primeira qualidade, e que haja certos assuntos reservados ao juízo e vontade da multidão. Esta constituição possui, em primeiro lugar, uma certa equabilidade, da qual os cidadãos livres dificilmente poderão prescindir durante muito tempo; depois, a estabilidade, pois as formas primitivas facilmente deslizam para defeitos opostos, de o rei se converter em tirano, os aristocratas em facção, o povo em confusa turbamulta; pois as próprias formas do governo mudam com frequência para outras.

Isto não sucede nesta constituição mista da república, na qual se juntam elementos de outras, de forma moderada, a não ser que os seus governos incorram em graves faltas. É que não há motivos para revoluções, onde cada um estiver firmemente colocado no seu posto, sem perigo de ser derrubado e de cair... O que eu entendo, o que eu sinto, o que eu afirmo, é que não há, de entre todas as formas de governo, nenhuma que, pela sua constituição, separação de poderes ou regulamentação, possa comparar-se com a que os nossos pais nos deixaram, depois de lhes ter sido transmitida pelos antepassados. Mostrar-vos-ei, se vos aprouver, já que acedestes a ouvir-me, o que já era do vosso próprio conhecimento: as suas qualidades e, ao mesmo tempo, a sua superioridade. "

A *República* I, 45. 69-46, 70
(Trad. de Maria Helena da Rocha Pereira, *Romana-Antologia da Cultura Latina*, Instituto de Estudos Clássicos, Coimbra [3]1994)

1. Por que tipo de constituição opta o autor?
2. Que razões apresenta em apoio do seu ponto de vista?
   - 3.1. Quais são as qualidades que permitem a Cícero afirmar que a Constituição Romana é superior a todas as outras?
   - 3.2. Para essa superioridade em que medida contribui o peso da tradição?

Cipião ouve os últimos conselhos do avô

Cipião Africano dá os últimos conselhos ao neto para que este possa, após a morte, merecer habitar a morada dos homens gloriosos.

"Exerce te in optimis rebus [1]: sunt autem optimae curae de salute patriae; quibus agitatus et exercitatus animus, uelocius in hanc sedem et domum suam peruolabit: idque ocius [2] faciet, si iam tum, quum [3] erit inclusus in corpore, eminebit foras, et ea, quae extra erunt, contem-
5 plans, quam maxime se a corpore abstrahet [4]. Namque eorum animi qui se corporis uoluptatibus dediderunt, deorum et hominum iura uiolauerunt; corporibus elapsi [5] circum terram ipsam uolutantur [6], nec hunc in locum, nisi multis exagitati saeculis, reuertuntur. "

Cícero, *De Republica, Somnium Scipionis, VIII.*

Notas:

[1] acções;
[2] adv.: mais depressa;
[3] = *cum;*

[4] *se a corpore abstrahere:* afastar-se, separar-se do corpo;
[5] vide *labor;*
[6] =*uolutant.*

1. Transcreva o sujeito de *sunt* (l. 1).
2. Classifique a oração introduzida por *quibus* (l. 2) e refira o sujeito da mesma.
3. Transcreva toda a oração iniciada por *si iam tum* (l. 3) e classifique-a.
4. Identifique o tempo verbal das formas *faciet* (l. 3), *erit* (l. 3), *eminebit* (l. 4), e *abstrahet* (l. 5).
5. Precise a função de *quam* em relação a *maxime* (l. 5).
6. A que nome se referem as formas *inclusus* (l. 4) e *contemplans* (l. 4-5)?
7. Transcreva o sujeito e o complemento directo de *uiolauerunt* (l. 6-7)
8. Indique o nome a que se refere *elapsi* (l. 7) e *exagitati* (l. 8).
9. Precise a circunstância expressa em *multis saeculis* (l. 8)

Escreva em latim:

Cipião exortou o neto a exercitar-se nas boas acções e disse-lhe que, se assim procedesse, mais depressa o seu espírito voaria para aquela morada celestial onde viviam os homens notáveis que se dedicaram à causa (aos cuidados) da Pátria.

Vocabulário:

proceder: ago-is-ĕre, egi, actum

celestial: caelestis-e

dedicar-se a: studeo-es-ēre, studui.

A superioridade do homem

Animal hoc prouidum, sagax, memor, plenum rationis et consilii, quem uocamus hominem, solum est[1] ex tot animantium[2] generibus atque naturis, particeps rationis et cogitationis, cum cetera sint omnia expertia. Quid est autem, non dicam in homine, sed in caelo atque terra, ratione diuinius?

Propter ingeneratam homini a deo rationem, est aliqua ei cum deo similitudo, cognatio, societas. Qui se ipse nouĕrit, primum aliquid se habere sentiet diuinum, tantoque munere deorum semper dignum aliquid et faciet et sentiet.

Idem deus hominem non solum mente ornauit, sed etiam dedit ei figuram corporis habilem et aptam ingenio humano. Nam cum ceteris animalibus caput in terram pronum dedisset, solum hominem erexit, et ad[3] caeli, quasi domicilii pristini, conspectum excitauit.

Cícero, *De Legibus*, I, 7 e 9

Notas:

[1] = *solum est ... particeps;*
[2] valor nominal: seres animados;
[3] = *ad ... conspectum caeli.*

1.º parágrafo:

1. Na opinião de Cícero, que distingue o homem dos restantes animais?
2. Como se classifica a oração introduzida por *cum*?
3. Em que grau se encontra a forma *diuinius*?

2.º parágrafo:

1. Que construção está patente em *est. ... ei*?
2. Que faculdade torna o homem semelhante à divindade?

3.º parágrafo:

1. Transcreva o complemento dos adjectivos *habilem* e *aptam* e justifique o seu caso.
2. Na opinião do autor, com que finalidade o homem foi dotado com a posição erecta?

3. Filosofia e moral

Na sua juventude, Cícero lera obras de filósofos epicuristas, neo-académicos e estóicos e ouvira também lições de mestres daquelas escolas. (Cf. infra "A Vida Intelectual dos Romanos). Nunca, porém, se ligou definitivamente a uma escola, embora estivesse mais à vontade dentro dos princípios da Nova Academia. Em filosofia permaneceu sempre ecléctico ao longo da sua vida.

As obras de maior interesse nesta matéria são:

a) **Academici Libri**. Trata do problema do conhecimento, analisado à luz dos princípios da Nova Academia;

b) **De Finibus Bonorum et Malorum**. Discute o problema do sumo bem e do sumo mal.

c) **Tusculanae Disputationes**. Diálogo que o autor imagina travado na sua casa de Túsculo. Trata do desprezo da morte, da paciência no sofrimento, do modo de aliviar as angústias, e das restantes perturbações do espírito.

d) **Cato Maior** ou **De Senectute**. É um diálogo sobre a velhice que o autor coloca pelo ano 150 entre Catão, Cipião Emiliano e Lélio. Desta obra falaremos adiante com mais detalhe.

e) **De Amicitia** ou **Laelius**. É um pequeno diálogo que o autor situa no mesmo período do anterior. Nele se afirma que a amizade nasce da virtude e só pode existir entre os homens bons.

f) **De Officiis**. Ao contrário dos outros, não tem forma dialógica. É uma obra dedicada ao filho Marco. Expõe, segundo o ponto de vista estóico, a doutrina do dever. Trata depois das virtudes da prudência, justiça, fortaleza e temperança, e da conciliação entre a honestidade e a utilidade.

No domínio da filosofia e moral, o valor fundamental de Cícero está em ter sido ele o criador da língua latina filosófica. Com efeito, foi ele que traduziu o vocábulo grego para o latino correspondente e criou palavras novas, especialmente abstractas terminadas em *-tas*, *-tio*, *-sio*. Grande número das palavras que traduziu ou inventou fizeram fortuna e impuseram-se ao vocabulário filosófico de todos os tempos.

Textos

A riqueza da língua latina

... "Por mim, não me canso de me admirar, de onde vem este desdém tão estranho pelas coisas nacionais. Não é aqui, de modo algum, o sítio para o ensinar; mas é assim que sinto, e já muitas vezes expus como a língua latina não só não é pobre, como vulgarmente se julga, mas é ainda mais rica do que a grega. Pois quando é que se viu que, ou a nós ou, direi mesmo, aos bons oradores e poetas, desde que houve modelo a quem imitassem, nos faltasse algum dos ornatos necessários à abundância ou elegância do discurso?

Eu, por mim, uma vez que entendo que nos trabalhos, esforços e perigos do Forum, não desertei o posto de defesa em que fui colocado pelo povo romano, devo sem dúvida, na medida das minhas forças, trabalhar, para que os meus concidadãos se tornem mais instruídos, graças à minha actuação, estudo e obra, sem estar a contender muito com aqueles que preferirem ler os textos gregos, desde o momento em que os leiam, e não finjam; e devo ser útil àqueles que quiserem servir-se de ambas as literaturas ou que, se tiverem a sua, não sintam muito a falta da outra. Quanto àqueles que prefeririam que escrevêssemos sobre outro assunto, devem ter a isenção de reconhecer que já escrevemos muitos livros, mais do que ninguém no nosso país, e que escreveremos talvez mais, se tivermos vida; e quem se acostumar a ler com cuidado estas nossas obras de filosofia será de opinião que não há assunto sobre o qual valha mais a pena ler. "

Cícero, *Dos Limites Extremos*... I, 3-4 e 10-11
(tradução de Maria Helena da Rocha Pereira, op. cit., p. 52.)

1. Em que medida o texto de Cícero reflecte o prestígio da língua grega entre os Romanos?
2. Que opinião manifesta o autor sobre o latim?
3. A que domínios da sua actividade literária faz alusão neste excerto?
4. Qual é, no entender do autor, a missão do homem de cultura?
5. Parece que ao tempo de Cícero, como hoje, havia quem gostasse de se mostrar culto... Que frase do texto subentende esta ideia?
6. Em que conta tem o autor a leitura de textos filosóficos?

Com base nos seus conhecimentos de civilização romana em geral e da obra de Cícero em particular, teça os comentários que considerar adequados às frases seguintes do texto:

1. ..."não me canso de admirar, de onde vem este desdém tão estranho pelas coisas nacionais."
2. ... "a língua latina ... é ainda mais rica do que a grega."
3. ... "já escrevemos muitos livros, mais do que ninguém no nosso país ..."

A imortalidade da alma

Supremo uitae die, Socrates dicebat duas esse uias animorum e corpore excedentium. Nam eos [1] qui se uitiis contaminauissent deuium quoddam iter ingredi, seclusum a concilio deorum; contra uero, facilem ad deos adĭtum patere illis, qui se integros castosque seruauissent, essentque in corporibus humanis uitam imitati deorum.

Eorum, qui mortem fortiter oppetierunt, exemplis incitati, mortem tandem [2] uel optare incipiamus, uel certe [3] timere desistamus. Nam, cum supremus ille dies non animi exstinctionem, sed commutationem tantum loci afferat, quid optabilius? Itaque, si quid tale acciderit, ut a deo nobis denuntiatum uideatur, ut exeamus e uita, laeti et agentes gratias pareamus, emittique nos e custodia et leuari uinculis arbitremur, ut in aeternam et plane in nostram domum remigremus. Mortem nobis portum et perfugium putemus.

Cícero, *Tusc.* I, 30 e 49

Notas:

[1] *eos (animos);*
[2] de uma vez;
[3] ao menos.

Após a leitura atenta do texto, analise a sua literariedade apontando os recursos e a expressividade das frases seguintes:

a) ... "qui se uitiis contaminauissent deuium quoddam iter ingredi seclusum a concilio deorum ... facilem ad deos aditum patere illis, qui se integros castosque seruauissent ...";

b) ... "emittique nos e custodia et leuari uinculis arbitremur...";

c)"Mortem nobis portum et perfugium putemus. "

A força da amizade

Desiludido com a política e deprimido pela morte da filha Túlia, Cícero procura apoio na reflexão filosófica e compõe algumas obras, uma delas sobre a amizade. O autor apresenta-nos Lélio, que acabara de perder o seu grande amigo Cipião Emiliano, a dialogar com os genros sobre as vantagens da amizade:

Cumque plurimas et maximas commoditates amicitia contineat, tum illa[1] nimirum praestat[2] omnibus, quod[3] bona spe praelucet in posterum nec debilitari animos aut cadere patitur. Verum enim amicum qui intuetur, tamquam exemplar aliquod intuetur sui[4]. Quocirca et absentes adsunt et egentes abundant et imbecilli ualent et, quod difficilius dictu est, mortui uiuunt: tantus eos honos, memoria, desiderium prosequitur amicorum. Ex quo illorum beata mors uidetur, horum uita laudabilis. Quod si exemeris ex rerum natura beneuolentiae coniunctionem[5], nec domus ulla nec urbs stare potĕrit.

Cícero, *De Amicitia*, VII, 23

Notas:

[1] ablativo *(illa commodidate);*
[2] *praestat... praelucet... patitur* têm por sujeito *amicitia;*
[3] a oração introduzida por *quod* desenvolve a noção de *illa:* pelo facto de que ...;
[4] pron. pessoal;
[5] *beneuolentiae coniunctionem:* as relações de amizade.

Escreva em latim:

Falando sobre as vantagens da amizade, Cícero afirma que uma supera todas as outras: a esperança duma boa lembrança no futuro. Pensa ainda o autor que, na vida humana, a verdadeira amizade mantém firmes as famílias e as cidades.

A honra é superior ao interesse

Tanta uis est honesti, ut speciem [1] utilitatis obscuret. Athenienses cum Persarum impetum nullo modo possent sustinere, statuerentque ut, urbe relicta, coniugibus et liberis Troezene [2] depositis, naues conscenderent libertatemque Graeciae classe defenderent, Cyrsilum [3] quemdam suadentem ut in urbe manerent Xerxemque reciperent, lapidibus obruerunt. Atque ille utilitatem sequi uidebatur; sed ea [4] nulla erat, repugnante honestate. Themistocles post uictoriam eius belli, quod cum Persis fuit, dixit in contione se habere consilium reipublicae salutare, sed id sciri non opus esse. Postulauit ut aliquem populus daret, quicum [5] communicaret. Datus est Aristides. Huic ille [6] classem Lacedaemoniorum, quae subducta esset [7] ad Gytheum, clam incendi posse; quo facto, frangi Lacedaemoniorum opes necesse esset. Quod Aristides cum audisset, in contionem magna exspectatione uenit, dixitque perutile esse consilium, quod Themistocles afferret, sed minime honestum. Itaque Athenienses, quod honestum non esset, id ne utile quidem, auctore Aristide [8], repudiauerunt.

Cícero, *De Officiis*, III, 11

Themistocles: Temístocles, general ateniense, vencedor dos Persas em Salamina.

Aristides: Aristides, ateniense respeitado pela sua integridade de vida.

Gytheum -i(n.): Giteu, cidade e porto da Grécia.

Notas:

1 *speciem utilitatis:* a mira do interesse;
2 *Troezene* (abl. de *Troezen-enis*):Trezeno, cidade da Grécia;
3 Cirsilo;
4 *ea nulla erat, repugnante honestate:* ela era inútil em confronto com a honra;
5 = *cum quo;*
6 = *huic ille dixit …*;
7 *subducta esset (subduco):* estivesse ancorada;
8 *auctore Aristide:* por conselho de Aristides.

1. Justifique o emprego do modo conjuntivo nas formas seguintes:
   a) obscuret (l. 1.);
   b) conscenderent (l. 3-4);
   c) daret (l. 9);
   e) subducta esset (l. 11);
   f) afferret (l. 14);
   g) esset (l. 15);

2. Transcreva a oração que tem *Athenienses* por sujeito. (l. 1)
3. Identifique a construção *urbe relicta* (l. 3) e procure no texto outros exemplos da mesma construção.
4. É próprio do estilo ciceroniano defender os pontos de vista propostos através de casos concretos.
   a) Que casos são referidos neste excerto?
   b) Qual deles lhe parece mostrar melhor o apreço dos Gregos pela honradez?Porquê?

4.

4.1. No texto "A riqueza da língua latina", Cícero aludia aos que pretendiam ostentar cultura lendo os autores gregos, pondo a questão de se realmente eles os liam.

Esse tipo de exibicionismo era moda no seu tempo como o prova um epigrama de Catulo, grande poeta latino contemporâneo de Cícero. Um tal Árrio, para se mostrar bem falante, tinha a mania de aspirar as palavras (em Grego havia vogais e consoantes aspiradas):

Chommoda dicebat, si quando [1] commoda uellet
    Dicere, et insidias Arriuus *h*insidias,
Et tum mirifice sperabat se esse locutum,
    Cum quantum poterat [2] dixerat *h*insidias.
5 Credo sic mater, sic liber auunculus [3] eius,
    Sic maternus auus dixerat atque auia.
Hoc misso in Syriam requierant [4] omnibus [5] aures;
    Audibant [6] eadem haec leniter et leuiter [7],
Nec sibi postilla [8] metuebant talia uerba,
10 Cum subito affertur nuntius horribilis [9],
Ionios fluctus, postquam illuc Arrius isset [10],
    Iam non Ionios esse, sed Hionios.

Catulo, *Carmina*, 84

Notas:

[1] *Si quando... uellet:* todas as vezes que queria;
[2] *quantum poterat:* com quanta força tinha;
[3] *liber auunculus:* o tio materno, liberto. Catulo insinua que Árrio era de ascendência humilde "infimo loco natus" e que a mania das aspirações vinha do lado da mãe:*mater*, *auunculus*, *maternus auus*;
[4] = *requieuerant;*
[5] dativo equivalente a um genitivo possessivo: *omnium;*
[6] forma arcaica = *audiebant;*
[7] *leniter et leuiter:* com mais suavidade e leveza (aliteração e assonância);
[8] arcaísmo = *postea;*
[9] *nuntius horribilis:* uma notícia horrível. O *h* pronuncia-se com forte aspiração para corresponder à mania de Árrio;
[10] = *iuisset*. O modo conjuntivo está na dependência da oração infinitiva *Iam non Ionios esse* (atracção modal).

4.2

QUAERE VERBA

Quaere in schémate verba índicis. Ex lítteris quae exstant Cicerónis senténtiam légere póteris.

```
A I L U P I C S I D N O C M I
C A I D E P P U C A N T A R E
S A L S A U H C O N V I V A E
M E A V I L O S U L O E C R U
U S E S P O T I O N E S E E S
T U L A M A O D G I S D I R U
A T E S T N G O E E I A L E C
L A T N C R R N E R S N L L S
E N N E S A A O R A M I I L I
G R A M M O P H O N U M T A N
I O M U S Q H P C R N U S S M
S C R I B L I T A O U L A P E
U A L L E T A P A X S M P I L
G N C H O R E A R E I S E T A
O R E S Q D U L C I O L A U A
```

- ☒ cantáre
- ☐ charta
- ☐ choreáre
- ☐ condiscípuli
- ☐ convívae
- ☐ cuppédia
- ☐ dulcíola
- ☐ exornáre
- ☐ gelátum
- ☐ grammophónum
- ☐ lemníscus
- ☐ lúmina
- ☐ mantéle
- ☐ mensa
- ☐ munus
- ☐ olívae
- ☐ ornátus
- ☐ pastílli
- ☐ patélla
- ☐ photográphiae
- ☐ phonodíscus
- ☐ potiónes
- ☐ psállere
- ☐ ridére
- ☐ salsa
- ☐ scriblíta
- ☐ sero
- ☐ urcéolus

* ______ _____ ____________

____ _____ __ ____

Solutio:

Amicus magis necessarius quam ignis et aqua.

7

A obra literária de Cícero (cont.): a oratória. Leitura de excertos do *"Pro Archia"*

A Língua Latina:

- o reforço do superlativo
- verbos usados impessoalmente
- nomes compostos
- o período hipotético
- conjunções e locuções condicionais
- superlativos formados por prefixação

1. A obra oratória de Cícero

Cícero foi autor de um vastíssimo número de discursos de defesa ou de acusação. A conservação de um número importante deles deve-se, provavelmente, a ter havido uma edição de conjunto organizada pelo seu escravo Tirão.

Os discursos da primeira fase (até ao início do Cursus Honorum) trataram de assuntos privados ou criminais, como é natural num advogado que principia a sua carreira. Desta época são, além do *Pro Roscio Amerino*, já citado:

a) **Pro Quinctio:** defesa de Quíncio numa questão de herança;

b) **Pro Cluentio:** defesa de Cluêncio, acusado de tentativa de envenenamento.

Deste período, a obra mais importante são as **Verrinas** de que atrás já falámos.

Na fase seguinte, até ao exílio, os discursos assumem um carácter marcadamente político. Já citámos **De Lege Agraria** e **De Lege Manilia**. Os discursos mais notáveis desta época foram as **Catilinárias** de que também já foi dito o essencial. Entre a 1.ª e 2.ª Catilinárias, Cícero pronunciou o **Pro Murena**, em que defende a nomeação de Murena como cônsul para não dar possibilidades a Catilina. Após o consulado, pronunciou o **Pro Archia**, de que nos ocuparemos em seguida.

Entre o regresso do exílio e a partida para a Cilícia escreveu ou pronunciou:

a) **Pro Sextio**: em defesa de Séxtio, que tinha apoiado o seu regresso do exílio;

b) **Pro Milone**, já referido, que constitui a melhor obra de Cícero sob o aspecto da arte oratória;

c) **Pro Caelio**: em defesa de Célio, seu amigo, que fora acusado pelo seu rival Clódio.

A última fase da actividade oratória de Cícero (de 49 até à sua morte) compreendeu, entre outros, os seguintes discursos:

a) **Pro Marcello**: defesa do regresso do exílio do amigo Marcelo que acabara por receber a clemência de César, elogiada por Cícero;

b) **Pro Ligario**: defesa de Ligário, também regressado do exílio.

Os discursos mais importantes desta fase foram as **Filípicas**, já referidas. As 14 Filípicas, que o autor assim denominou para recordar os orações de Demóstenes contra Filipe da Macedónia, foram pronunciadas contra a sofreguidão do poder de Marco António. Nestes discursos traça um quadro sujo da vida do inimigo político, louva Octávio e exige que António seja declarado inimigo da Pátria.

Cícero foi o maior advogado de Roma e um dos maiores oradores de todos os tempos. No louvor, na acusação, no defender-se a si e aos outros, a sua eloquência foi a mais adequada.

... "pela estudada construção do período, pela sábia disposição das partes, pelo *pathos*, ninguém na Antiguidade pôde superá-lo"

E. Marmorale, *História da Literatura Latina*, I,
Estudios Cor, p. 160.

2. Leitura de extractos do "Pro Archia"

Introdução

Em 62 a. C., terminado o consulado, Cícero pronunciou o **Pro Archia**, em defesa de Aulo Licínio Árquias, poeta grego originário de Antioquia, que viera para Roma em 102 e recebera o acolhimento dos Lúculos, um ramo da *gens Licinia*.

Árquias era cidadão de Heracleia, cidade do Sul da Itália, na Lucânia. Após o fim da Guerra Social, obtivera o direito de cidadania romana, em 89. Mas um tal Grácio, inimigo ou agente de inimigos dos Lúculos, acusou-o de usar indevidamente a cidadania romana, aproveitando-se de uma lei de 65 a. C. que expulsava de Roma todos os estrangeiros.

O discurso de Cícero não teve grande importância sob o ponto de vista jurídico porque a situação de Árquias era legal e, portanto, a causa estava ganha à partida. Cícero aproveitou o facto de Árquias ser poeta para fazer o elogio das humanidades (**artes liberales** ou **humaniores**) e da glória que se alcança pela obra literária, e é nisto que

Orador romano do fim da República

consiste a novidade e a importância do discurso, tanto mais que Cícero, como todo o bom romano que se prezava, era sobretudo um homem de acção.

"Trata-se da *defesa de Árquias*, essa oração que havia de ser redescoberta no séc. XIV por Petrarca, e que ficou conhecida como a *magna charta* do humanismo. É aí que, principalmente entre os capítulos VI e XI, Cícero exprime desassombradamente o seu entusiasmo pelas Belas Letras. Elas são deleite e descanso e contribuem para o aperfeiçoamento espiritual. "

Maria Helena da Rocha Pereira, *Estudos de História da Cultura Clássica*, II volume, F. Gulbenkian, Lisboa, 1982, pp. 128-9.

2.1. **Exórdio** (introdução do discurso)

Cícero afirma que seria uma ingratidão da sua parte não defender o seu antigo mestre com quem aprendera a arte de discursar.

Texto

Si quid [1] est in me ingenii, iudices, quod [2] sentio quam sit exiguum; aut si qua exercitatio dicendi, in qua me [3] non infitior mediocriter esse uersatum; aut si huiusce rei ratio [4] aliqua ab optimarum artium studiis ac disciplina profecta [5], a qua ego nullum confiteor aetatis meae tempus abhorruisse [6]: earum rerum omnium, uel [7] in primis hic A. Licinius fructum a me repetere prope [8] suo iure debet. Nam quoad longissime potest mens mea respicere spatium praeteriti temporis, et pueritiae memoriam [9] recordari ultimam, inde usque [10] repetens, hunc uideo [11] mihi principem et ad suscipiendam, et ad ingrediendam rationem horum studiorum [12] exstitisse.

Pro Archia, I. 1.

Notas:

1 *quid ... ingenii = aliquod ingenium;*
2 *quod (ingenium);*
3 = *non infitior me* ... (o suj. da infinitiva vem antecipado);
4 *huiusce rei ratio:* conhecimento desta matéria (arte de discursar);
5 *profecta (ratio);*
6 *abhorrere* tem aqui o sentido de *"ser alheio";*
7 *uel in primis:* antes de mais ninguém (*uel* reforça o superlativo);
8 advérbio;
9 *memoriam ... ultimam:* os factos mais recentes;
10 *inde usque:* desde então;
11 = *uideo hunc exstitisse principem mihi et ad suscipiendam ...;*
12 *ad suscipiendam et ad ingrediendam rationem horum studiorum:* para a decisão e aplicação a este género de estudos.

1. Sintetize numa pequena frase o que Cícero afirma no primeiro período.
2. No 2.º período, o autor fundamenta as afirmações do 1.º. Sintetize noutra pequena frase essa fundamentação.
3. Indentifique as formas *suscipiendam* e *ingrediendam* e justifique o seu emprego.

A língua latina:o reforço do superlativo

No texto ocorre a expressão *uel in primis*.

In primis, que equivale a um superlativo, é reforçada por **uel**.

Podem reforçar o superlativo:

unus
unus omnium
ante alios
multo
etiam
longe
uel
} **humanissimus:** de longe o mais humano

quam (só acompanhado de **possum**)
ut
} **maxima**: a maior possível

Exemplos:

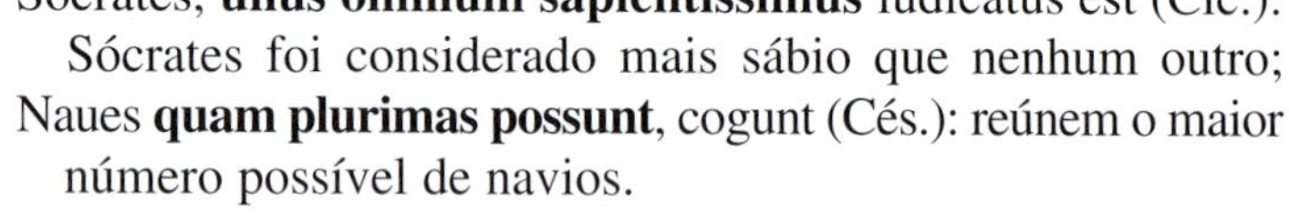
Socrates, **unus omnium sapientissimus** iudicatus est (Cíc.): Sócrates foi considerado mais sábio que nenhum outro;
Naues **quam plurimas possunt**, cogunt (Cés.): reúnem o maior número possível de navios.

1. Retire do texto os vocábulos que entram no campo semântico de *mens*.
2. Precise os diferentes sentidos em que ocorrem no texto formas do verbo *repeto*.
3. Substitua a circunstância expressa em *ad suscipiendam et ad ingrediendam rationem horum studiorum* por uma oração circunstancial equivalente.
4. Componha um pequeno texto em latim em que empregue um superlativo com reforço.

2.2. Narração (exposição do assunto)

Cícero fala do nascimento de Árquias, dos seus estudos, da fama do seu talento …

Nam ut primum ex pueris excessit Archias atque ab [1] iis artibus, quibus aetas puerilis ad humanitatem [2] informari solet, se ad scribendi [3] studium contulit, primum Antiochiae – nam ibi natus est loco nobili [4] –, celebri quondam urbe [5] et copiosa atque eruditissimis hominibus liberalissimisque studiis adfluenti [6], celeriter antecellere omnibus ingenii gloria contigit [7]. Post in ceteris Asiae partibus cunctaque Graecia sic eius aduentus celebrabatur, ut famam ingenii exspectatio hominis, exspectationem ipsius aduentus [8] admiratioque superaret.

Erat Italia tum plena Graecarum artium ac disciplinarum studiaque haec et in Latio uehementius tum colebantur quam nunc iisdem in oppidis et hic Romae propter tranquillitatem [9] rei publicae non neglegebantur. Itaque hunc et Tarentini et Regini et Neapolitani ciuitate [10] ceterisque praemiis donarunt et omnes qui aliquid de ingeniis poterant iudicare cognitione [11] atque hospitio dignum existimarunt.

Pro Archia, III, 4-5.

Antioquia: capital da Síria e importante cidade da Ásia.

Italia: a Itália Meridional ou Magna Grécia, onde se falava o grego.

Notas:

[1] a partir de;
[2] *ad humanitatem:* nos conhecimentos das belas letras;
[3] *scribendi studium:* composição (em geral); poesia;
[4] *loco nobili:* de família ilustre;
[5] *urbe = in urbe;*
[6] adj.: cheia de;
[7] = *contigit ei antecellere omnibus:* aconteceu-lhe a todos superar …;
[8] *ipsius aduentus admiratioque*: a admiração que se seguiu à sua chegada;
[9] *tranquillitatem:* refere-se ao período seguinte à agitação social do tempo dos Gracos;
[10] o direito de cidade;
[11] reconhecimento.

1. Transcreva a oração subordinante do primeiro período.
2. Classifique as orações introduzidas por:
   a) ut primum (l. 1);
   b) ut (l. 7)
3. Identifique as formas:
   a) scribendi (l. 2);
   b) celeriter (l. 5);
   c) uehementius (l. 10);
   d) donarunt (l. 13).
4. Indique e justifique os casos de:
   a) Antiochiae (l. 3);
   b) adfluenti (l. 5);
   c) omnibus (l. 5)
   d) cognitione… hospitio (l. 14).

A língua latina:
– verbos usados impessoalmente
– nomes compostos

Verbos usados impessoalmente

Podem aparecer usados impessoalmente (na 3.ª pessoa do singular) os verbos:

a) **contigit** (contingo); **fit** (fio); **accidit** (accĭdo); **euĕnit** (euenio): acontece ...
b) **accedit** (accedo): acresce;
c) **apparet** (appareo); **constat** (consto): constar;
d) **iuuat** (iuuo); **placet** (placeo): apraz;
e) **interest** (intersum); **refert** (refĕro); interessa, diz respeito;
f) **praestat** (praesto); é melhor.

São também usadas impessoalmente as formas da 3.ª pessoa do singular da voz passiva:

uiuitur: vive-se;
pugnandum est: deve-se combater.

Só se usam impessoalmente:

a) os verbos que exprimem fenómenos da natureza: **pluit**: chove; **tonat**: troveja
b) os verbos que exprimem sentimentos:
me **miseret**: compadeço-me;
me **piget**: custa-me;
me **taedet**: aborreço-me;
me **paenitet**: arrependo-me;
me **pudet**: envergonho-me.

Note: estes verbos têm acusativo de pessoa e genitivo de coisa.

Exemplos:

me paenitet **culpae meae**: arrependo-me da minha falta;
illum paenitet **facti**: arrepende-se do que fez.

c) os verbos que exprimem conveniência ou necessidade:
decet: convém;
dedĕcet: não convém;
oportet: é necessário;
libet: agrada
licet: é lícito

Nomes compostos

Como em português, em latim há vários nomes compostos por aglutinação. É o caso de **respublica** e de outros nomes frequentes como **senatusconsultum**, **paterfamilias**, **agricultura**, **iurisprudentia**.

Declinação

Se as duas palavras que compõem o nome estão em nominativo, declinam-se ambas:

SINGULAR		PLURAL	
Nom. e Voc.	respublica	Nom. e Voc.	respublicae
Ac.	rempublicam	Ac.	respublicas
Gen. e Dat.	reipublicae	Gen.	rerumpublicarum
Abl.	republica	Dat. e Abl.	rebuspublicis

Se só uma das palavras está em nominativo, é esta que se declina.

SINGULAR		PLURAL
Nom., Voc. e Ac.	senatusconsultum	senatusconsulta
Gen.	senatusconsulti	senatusconsultorum
Dat. e Abl.	senatusconsulto	senatusconsultis

1. Decline os nomes:
   a) materfamilias. matrisfamilias;
   b) agricultura, agriculturae.

2. Escreva em Latim:

Cícero narra que na adolescência de Árquias, poeta nascido de família ilustre em Antioquia, as disciplinas e artes gregas eram cultivadas também em Roma porque então se vivia em tranquilidade.

Árquias, protegido por Licínio Lúculo, esteve com este na Sicília e depois em Heracleia, na Lucânia. Tornou-se cidadão de Heracleia.

2.3. **Confirmação** (explanação dos argumentos)

Árquias é cidadão romano porque preenche as condições necessárias: ser cidadão de qualquer cidade aliada; ter domicílio em Itália e ter prestado declaração ao pretor. Os depoimentos de Lúculo, dos embaixadores de Heracleia e os registos do pretor Quinto Metelo comprovam-no. Mas mesmo que não o fosse, merecia sê-lo porque os grandes artistas, como grandes benfeitores da humanidade, merecem o título de cidadãos.

Texto 1

A poesia e as letras proporcionam distracção e repouso.

Quaeres a nobis, Gratti, cur tanto opere hoc homine delectemur. Quia suppeditat nobis ubi [1] animus ex hoc forensi strepitu reficiatur [2] et aures conuicio defessae conquiescant. An tu existimas [3] aut suppetere nobis posse quod cotidie dicamus in tanta uarietate rerum, nisi animos nostros doctrina [4] excolamus, aut ferre animos tantam posse contentionem, nisi eos doctrina eadem relaxemus? Ego uero fateor me his studiis esse deditum. Ceteros pudeat [5], si qui ita se litteris abdiderunt [6], ut nihil possint ex iis neque ad communem adferre fructum neque in aspectum [7] lucemque proferre; me autem quid pudeat, qui tot annos ita uiuo, iudices, ut [8] a nullius umquam me tempore aut commodo aut otium meum abstraxerit aut uoluptas auocarit aut denique somnus retardarit?

Pro Archia, VI, 12

Grattius: Grácio, acusador de Árquias.

Notas:

1 = *id quo;*
2 *reficiatur ... conquiescant:* valor consecutivo;
3 Ordem: *existimas aut nobis posse suppetere ... aut animos posse ferre tantam contentionem ...;*
4 estudo (das letras)
5 *pudeat:* vide, supra, verbos empregados impessoalmente; *ceteros pudeat*:os demais poderão envergonhar-se;
6 *se abdiderunt:* se entregaram, embrenharam;
7 *in aspectum lucemque proferre:* apresentar e publicar;
8 *ut a nullius ... commodo ... abstraxerit:* que nunca o desejo de repouso me desviou das situações difíceis ou do interesse de alguém.

Vocabulário da família de *fero*:

É das mais ricas a família etimológica de *fero*:

ferax-acis: fértil, fecundo;
fertilis-e: fértil, rico;
affero, affers, afferre, attuli, allatum: trazer, levar a, aferir;
aufero, aufers, auferre, abstuli, ablatum: deixar, tirar de, auferir;
confero, confers, conferre, contuli, collatum: reunir, dirigir-se para, conferir;
defero, defers, deferre, detuli, delatum: trazer, denunciar, diferir;
differo, differs, diferre, distuli, dilatum: diferir, dilatar;
effero, effers, efferre, extuli, elatum:tirar, publicar;
infero, infers, inferre, intuli, illatum: levar contra, atacar, inferir;
offero, offers, offerre, obtuli, oblatum:apresentar, oferecer;
perfero, perfers, perferre, pertuli, perlatum: levar até ao fim, transmitir;
praefero, praefers, praeferre, praetuli, praelatum: preferir, apresentar;
profero, profers, proferre, protuli, prolatum: adiantar, publicar, produzir, proferir;
refero, refers, referre, retuli, relatum: retirar, devolver, relatar, referir;
transfero, transfers, transferre, transtuli, translatum: transportar, trasladar, traduzir, transferir.

O tempo que os outros gastam em banquetes e jogos, passa-o o autor no estudo das letras que enriquecem a sua capacidade de auxílio aos outros e são fonte de fama e glória.

Texto 2

A poesia e as letras educam o espírito

… nisi multorum praeceptis [1] multisque litteris mihi ab adulescentia suasissem nihil esse in uita magno opere expetendum nisi laudem atque honestatem, in ea autem persequenda omnes cruciatus corporis, omnia pericula mortis atque exsilii parui [2] esse ducenda, numquam me pro salute uestra in tot ac tantas dimicationes atque in hos profligatorum hominum cotidianos impetus obiecissem [3]. Sed pleni [4] omnes sunt libri, plenae sapientium uoces, plena exemplorum uetustas; quae iacerent in tenebris omnia, nisi litterarum lumen accederet [5].

Quam multas nobis imagines non solum ad intuendum, verum etiam ad
10 imitandum fortissimorum uirorum expressas[6] scriptores et Graeci et Latini reliquerunt! Quas ego mihi semper in administranda republica proponens animum et mentem meam ipsa cogitatione hominum excellentium conformabam[7].

Pro Archia, VI, 14

Notas:

[1] *praeceptis* (lições orais) opõe-se a *litteris* (estudo das obras);
[2] *parui esse ducenda:* deviam ser tidas em pouca monta. *Parui* em genitivo indica o preço ou valor;
[3] alusão às lutas do foro contra Catilina;
[4] *pleni ... plenae ... e plena* têm como complemento *exemplorum*;
[5] *accederet* concorda com o sujeito mais próximo (*uetustas*) no sentido de "aceder a" ou com *lumen* no sentido de "acrescentar, juntar-se a";
[6] fiéis, verdadeiras, evidentes;
[7] *animum et mentem ... conformabam:* ia formando o coração e a inteligência.

1. Sublinhe as orações que servem de complemento directo a *suasissem.* (l. 2)
2. Identifique as formas *intuendum* e *imitandum.* (l. 9-10)
3. Indique o caso das expressões *ea persequenda* e *administranda republica.* (l. 3 e 11)

4.1. Quais são para Cícero os grandes valores que devem nortear a vida?

4.2. Qual é para o autor a importância da palavra escrita na formação da personalidade?

Participe num debate sobre os temas seguintes:

1. Os grandes objectivos da vida no tempo de Cícero e no nosso.
2. A leitura e a formação da personalidade.

Nota: ao expressar algumas das suas opiniões, tente fazê-lo em latim.

Texto 3

O valor da formação cultural

Quod si non hic tantus fructus ostenderetur et si ex his studiis delectatio sola peteretur, tamen, ut opinor, hanc animaduersionem humanissimam ac liberalissimam iudicaretis. Nam ceterae[1] neque temporum sunt neque aetatum omnium neque locorum; at haec studia adulescentiam alunt, senectutem oblectant, secundas res ornant, aduersis perfugium ac solatium praebent;delectant domi[2], non impediunt foris; pernoctant nobiscum, peregrinantur, rusticantur.

Pro Archia, VII, 16

Notas:

[1] *ceterae (animaduertiones);*
[2] locativo.

A língua latina: o período hipotético

Como já foi visto no 11.º ano (Cf. *Latim 2*, pp. 152-3), o período hipotético é o conjunto da oração subordinante (apódose) e subordinada (prótase).

Em latim, como em português, as variações de tempo e modo no período hipotético são muitas, pelo que nos convém apenas ficar com ideias precisas sobre o essencial.

No período hipotético, a acção pode ser apresentada de modos diferentes:

1. Modo real: a acção é apresentada como real. O verbo vem em qualquer tempo do modo indicativo:

Si ex his studiis delectatio sola **petitur** (**petebatur, petetur, petita est**), tamen **iudicatis** (**iudicabatis**, **iudicabitis**, **iudicauistis**) hanc animaduersionem humanissimam:

Se destes estudos se busca (buscava, buscar, buscou) apenas o prazer, ainda assim julgais (julgáveis, julgareis, julgastes) esta recreação do espírito bem humana.

2. Modo potencial (eventual): a acção é apresentada como realizável no futuro.

O verbo vem no modo conjuntivo (presente ou perfeito):

Si ex his studiis delectatio sola **petatur** (**petita sit**), tamen **iudicetis** (**iudicaueritis**) hanc animaduersionem humanissimam: se destes estudos se buscar (tiver buscado) apenas o prazer, ainda assim julgareis (tereis julgado) esta recreação do espírito bem humana.

3. Modo irreal: a acção é apresentada como irrealizável no presente (irreal do presente) ou no passado (irreal do passado).

Irreal do presente

O verbo vem no imperfeito do conjuntivo:

Si ex his studiis delectatio sola **peteretur**, tamen **iudicaretis** hanc animaduersionem humanissimam:se destes estudos se buscasse apenas o prazer, ainda assim julgaríeis esta recreação do espírito bem humana.

Irreal do passado

O verbo vem no mais-que-perfeito do conjuntivo:

Si ex his studiis delectatio sola **petita esset**, tamen **iudicauissetis** hanc animaduersionem humanissimam: se destes estudos apenas se tivesse buscado o prazer, ainda assim teríeis julgado esta recreação do espírito bem humana.

QUADRO SÍNTESE

Período hipotético

1. **Modo real:** qualquer tempo do modo indicativo
2. **Modo potencial:** presente ou perfeito do conjuntivo
3. **Modo irreal**
    - 3.1. **Irreal do presente:** imperfeito do conjuntivo
    - 3.2. **Irreal do passado:** mais-que-perfeito do conjuntivo

Conjunções e locuções condicionais

Si: se;
Sin, sin autem: mas se;
Si minus, sin minus, si non:se não;
Ni, nisi: se não, a menos que, excepto se;
Dum, dummŏdo: contanto que;
Dum ne, dummŏdo ne: contanto que não;

Nota: nem sempre o modo da subordinante é o mesmo da subordinada:

(Real) Si **uis** beatus esse, **sine** contemnat te aliquis (Sén.): se queres ser feliz, deixa que alguém te despreze.

(Potencial) Amicum si **habeam**, felix **ero**: se tiver um amigo, serei feliz.

(Irreal) Si ulla in te pietas **esset** (eum) colere **debebas** (Cíc.): se tivesses alguma piedade, devias venerá-lo.

2.3.1. Continuação da Confirmação

Se não apreciamos o estudo das letras, ao menos devemos admirá-lo nos outros. Árquias improvisou grande número de versos e voltou a expor o mesmo assunto por outros, com a maior facilidade. Por isso é digno de estima e admiração que se devem traduzir na concessão do direito de cidadania. Tal conclusão impõe-se pela natureza quase divina dos poetas e porque Árquias já celebrou a glória do povo romano.

Texto 1

A natureza da poesia

Latim

Hunc ego non diligam? non admirer? non omni ratione defendendum putem?

Atque sic a summis hominibus eruditissimisque accepimus, ceterarum rerum studia, et doctrina, et praeceptis et arte constare; poetam natura ipsa ualere, et mentis uiribus excitari, et quasi diuino quodam spiritu afflari. Quare suo iure noster ille Ennius sanctos appellat poetas, quod quasi deorum aliquo dono atque munere commendati nobis esse uideantur.

Sit igitur, iudices, sanctum apud uos, humanissimos homines, hoc poetae nomen, quod nulla unquam barbaria uiolauit. Saxa et solitudines uoci respondent; bestiae saepe immanes cantu flectuntur atque consistunt; nos instituti rebus optimis non poetarum uoce moueamur? Homerum Colophonii ciuem esse dicunt suum; Chii suum uindicant, Salaminii repetunt, Smyrnaei uero suum esse confirmant; itaque etiam delubrum eius in oppido dedicauerunt; permulti alii praeterea pugnant inter se atque contendunt.

Ergo illi alienum, quia poeta fuit, post mortem etiam expetunt; nos hunc uiuum, qui et uoluntate et legibus noster est, repudiabimus? praesertim cum omne olim studium atque omne ingenium contulerit Archias ad populi romani gloriam laudemque celebrandam?

Pro Archia, VIII, 18-19 e IX.

Português

"Não hei-de, então, prezá-lo, não hei-de admirá-lo, não hei-de pensar que importa defendê-lo por todos os meios?

De resto, aprendemos com os homens mais notáveis e eruditos que os estudos das outras matérias se fundam no ensino, nas regras, na teoria, ao passo que o poeta tem valor pela sua própria natureza e é estimulado pelas forças intelectuais e é inspirado, digamos assim, por uma espécie de bafejo divino. É por isso que o nosso famoso Énio, com todo o seu direito, chama sagrados aos poetas: pois dir-se-ia que nos foram confiados por algum dom e mercê dos deuses. Seja, pois, sagrado perante vós, ó juízes, homens de tão humana cultura, este nome de poeta que jamais qualquer barbárie profanou. Os rochedos e as solidões respondem à sua voz; não raro as feras se dobram ao seu canto e param; e nós, instruídos nas melhores disciplinas, não havemos de nos impressionar com a voz dos poetas? Colofónia diz que Homero é seu cidadão; Quios reclama-o como seu; Salamina exige-o; Esmirna, por seu turno, assegura que ele lhe pertence e até um santuário lhe dedicou na cidadela. Além disso, lutam entre si e porfiam por ele muitíssimas outras cidades.

IX. Assim, pois, desejam elas um estranho até depois da morte, só porque foi poeta; e nós havemos de repudiar um vivo, que é nosso por sua vontade e pelas leis, mormente quando Árquias já um dia aplicou todo o seu ardor e todo o seu talento à celebração da fama e glória do povo romano?"

Defesa de Árquias, trad. de Carlos A. Louro Fonseca (com supressão das notas)

1. Trancreva as expressões/frases latinas correspondentes a:
   a) … ao passo que o poeta tem valor pela sua própria natureza, …;
   b) … o nosso famoso Énio …;
   c) … pois dir-se-ia que nos foram confiados …;
   d) … não raro as feras se dobram …;
   e) … até um santuário lhe dedicou …;
2. Trancreva as expressões/frases portuguesas correspondentes a:
   a) … et quasi diuino quodam spiritu afflari.;
   b) … humanissimos homines.…;
   c) … permulti alii contendunt;
   d) … praesertim quum omne olim studium atque omne ingenium contulerit …

3.1. Segundo Cícero, qual o factor mais importante na criação literária:o talento, o exercício ou o saber?

3.2. A opinião de Cícero está mais próxima da teoria romântica ou clássica sobre a criação artística? Desenvolva o seu ponto de vista.

4. Cícero compara indirectamente Árquias a Homero.

4.1. Parece-lhe correcta a comparação?

4.2. Qual o intuito do orador ao proceder assim?

A língua latina: superlativos formados por prefixação

No texto ocorre a expressão *permulti alii*. Os prefixos **per** e **prae** em adjectivos podem dar-lhes o valor de superlativo:

permulti: muitíssimos
perfacilis: facílimo, muito fácil, o mais fácil
praeclarus: ilustríssimo, muito ilustre, o mais ilustre.

5. Escreva em latim:

5.1. Se Árquias aplicou o seu talento à celebração da glória do povo romano, deve ser considerado cidadão romano.

5.2. Se Árquias aplicar o seu talento à celebração da glória do povo romano, deverá ser considerado cidadão romano.

5.3. Se Árquias aplicasse o seu talento à celebração da glória do povo romano, deveria ser considerado cidadão romano.

Texto 2

Todos são atraídos pelo desejo de fama e imortalidade [1]

Neque enim est hoc dissimulandum, quod obscurari non potest sed prae nobis ferendum: trahimur omnes studio laudis et optimus [1] quisque maxime gloria ducitur. Ipsi illi philosophi etiam illis libellis, quos de contemnenda gloria scribunt, nomen suum inscribunt; in eo ipso, in quo praedicationem nobilitatemque despiciunt, praedicari de se ac nominari uolunt. Decimus quidem Brutus, summus uir et imperator, Acci amicissimi sui carminibus templorum ac monumentorum aditus exornauit suorum. Iam uero ille, qui cum Aetolis Ennio comite bellauit, Fuluius non dubitauit Martis manubias [2] Musis consecrare. Quare in qua urbe imperatores prope armati [3] poetarum nomen et Musarum delubra coluerunt, in ea non debent togati [4] iudices a Musarum honore et a poetarum salute abhorrere.

Pro Archia, XI, 26-27

Decimus Brutus: Décimo Bruto, cônsul em 138, conquistador de parte da Lusitânia.

Acci: Ácio, tragediógrafo

Fuluius: M. Fúlvio Nobilior, vencedor dos Etólios e protector de Énio.

Notas:

[1] *optimus quisque maxime ... ducitur:* são os melhores que se deixam guiar;
[2] *Martis manubias:* os despojos da guerra;
[3] *prope armati:* mal saídos das batalhas (quase armados);
[4] *togati:* vestidos de toga (em paz).

Árquias já começou a celebrar a glória de Cícero com um poema sobre o seu consulado.

"É que a virtude não espera nenhuma outra mercê pelos seus trabalhos e perigos que não seja a da estima e da glória"

Pro Archia, XI, 28

2.4. **Peroração** (resumo dos argumentos e captação da benevolência dos juízes).

Texto

Pedido de absolvição de Árquias.

Quare conseruate, iudices, hominem pudore [1] eo, quem amicorum uidetis comprobari tum dignitate, tum etiam uetustate [2]; ingenio autem

[1] Confrontar *infra* "A Vida Espiritual dos Romanos"

tanto, quantum id conuenit existimari, quod summorum hominum ingeniis[3] expetitum esse uideatis; causa[4] uero eiusmodi, quae beneficio legis, auctoritate municipii, testimonio Luculli, tabulis Metelli comprobetur. Quae quum ita sint, petimus a uobis, iudices, si qua non modo[5] humana, uerum etiam diuina in tantis negotiis commendatio debet esse, ut eum, qui uos, qui uestros imperatores, qui populi romani res gestas semper ornauit; qui etiam his recentibus nostris uestrisque domesticis[6] periculis aeternum se testimonium laudum daturum esse profiteatur; quique est eo[7] numero qui semper apud omnes sancti sunt habiti atque dicti: sic in uestram accipiatis fidem[8], ut humanitate uestra leuatus[9] potius, quam acerbitate uiolatus esse uideatur.

Pro Archia, XII, 31

Notas:

1 *pudore eo* (abl. descritivo): dotado de tanta virtude;
2 *uetustate:* a duração (da amizade);
3 *ingeniis expeditum esse:* pela procura da parte das pessoas mais inteligentes;
4 *causa ... eiusmodi:* cuja causa é de tal ordem ...;
5 *non modo ... diuina:* não só em nome dos homens mas também em nome dos deuses;
6 *domesticis periculis* (nova alusão à conjura de Catilina sobre a qual Árquias projectava escrever);
7 *eo numero qui = numero eorum qui;*
8 *fidem:* protecção;
9 favorecido, confortado.

8

A obra literária de Cícero (cont.):
leitura de excertos do *"De Senectute"*

- Natureza e objectivos da obra
- Conteúdo do "De Senectute"

A Língua Latina:

- complemento de verbos em acusativo.
- o sujeito indeterminado.
- nomes greco-latinos de tema em *o*, consoante e *i*.
- atracção modal.
- o reforço do comparativo.
- a oração comparativa com o modo conjuntivo. Conjunções e locuções comparativas.

1. Natureza e objectivos da obra

O **De Senectute** ou **Cato Maior** foi escrito quando Cícero contava 62 anos. Forçado a abandonar a actividade política e afectado pela morte recente da filha Túlia, procurou no estudo da filosofia grega alimento espiritual e lenitivo para as amarguras da vida e as tristezas da velhice. Desse estudo resultaram algumas obras de conteúdo filosófico e moral, entre os quais o **De Senectute**.

No presente diálogo, Cícero propõe-se pela boca de Catão o Censor, a personagem protagonista, mostrar que a velhice não é um fardo difícil de suportar. O autor supõe que o diálogo é travado pelo ano 150 a. C. em casa de Catão, que tem por interlocutores os jovens Cipião Emiliano e Gaio Lélio. Catão examina e refuta os quatro males que são apontados à velhice:a inactividade, a diminuição do vigor, a inibição do prazer e a aproximação da morte.

Catão é uma figura algo idealizada:modelo do velho romano, bom cidadão, amante da natureza e possuidor de uma sólida cultura que aumentou na velhice através da sua dedicação ao estudo da língua grega.

Com a elaboração desta obra, Cícero teria tido em mente dois grandes objectivos:

1. procurar o conforto espiritual para as suas adversidades;
2. mostrar que o facto de ter entrado já no período da velhice não o impedia de ser útil à pátria, ou seja, não era um homem politicamente acabado.

2. O conteúdo do *De Senectute*

Após a dedicatória ao amigo Tito Pompónio Ático expressando o desejo de poder ajudar a ambos a levar a velhice que se aproxima, dá-se início ao diálogo:Cipião e Lélio admiram-se de que Catão enfrente a velhice com tanta facilidade. Catão responde-lhes que a velhice é a consequência das leis da natureza.

Texto 1

A velhice é uma lei da natureza

Cato … Quocirca si sapientiam meam admirari soletis, (quae
utinam digna esset opinione uestra nostroque cognomine [1]!) in hoc
sumus sapientes, quod [2] naturam optimam ducem, tanquam deum,
sequimur, eique paremus; a qua [3], non uerisimile est, quum ceterae
5 partes aetatis bene descriptae sint [4], extremum actum tanquam ab
inerti [5] poeta esse neglectum [6]. Sed tamen necesse fuit esse aliquid
extremum et, tanquam in arborum bacis terraeque frugibus, maturitate
tempestiua quasi uietum et caducum quod ferendum est molliter
sapienti. Quid est enim aliud, Gigantum [7] modo bellare cum diis, nisi
10 naturae repugnare?

De Senectute, II, 5

Notas:

[1] o cognome de *sábio* dado a Catão;

[2] *quod … naturam sequimur:* princípio derivado da moral estóica (*secundum naturam uiuere*);

[3] *a qua (natura)*;

[4] *descripta sint:* tenham sido definidas (A vida, como um drama, está dividida em partes – actos);

[5] *inerti:* inábil, incapaz de completar um coisa;

[6] Ordem: *non est uerisimile … extremum actum esse neglectum a qua tanquam ab inerti poeta;*

[7] *modo Gigantum:* alusão à tentativa dos Gigantes de escalar os céus, tendo de lutar contra os deuses.

1. Justifique o caso da expressão *opinione uestra nostroque cognomine*.
2. Precise o valor modal de *esset*.
3. Classifique a oração introduzida por *quod*.
4. Transcreva o sujeito de:
   a) non uerisimile est (l. 4);
   b) necesse fuit (l. 6)
5. Indique a função sintáctica de *sapienti* (l. 9).

A pedido de Lélio, Catão vai responder às recriminações que são dirigidas contra a velhice. A causa dessas queixas está nos costumes, não na idade. Opõe a essas queixas os exemplos de figuras notáveis como Quinto Fábio, Platão, Isócrates, Górgias, Énio.

Texto 2

A velhice de Quinto Fábio

Hic [1] et bella gerebat, ut adulescens, quum [2] plane grandis esset, et Hannibalem iuueniliter [3] exsultantem patientia sua molliebat:de quo praeclare familiaris noster Ennius:

Vnus [4] homo nobis cunctando [5] restituit rem [6].
Non ponebat enim rumores [7] ante salutem.
Ergo postque [8] magisque uiri nunc gloria claret.

Tarentum uero qua uigilantia, quo consilio recepit!quum quidem, me audiente, Salinatori, qui amisso oppido, fugerat in arcem, glorianti atque ita dicenti: *Mea opera, Q. Fabi, Tarentum recepisti: "Certe,* inquit ridens: *nam nisi tu amisisses, nunquam recepissem."*

De Senectute, IV, 10-11

Salinatori: Lúcio Salinator, defensor de Tarento.

Notas:

1 Quinto Fábio Máximo o Contemporizador;
2 *quum ... esset:* apesar da idade avançada;
3 *iuueniliter exsultantem:* o brio juvenil (de Aníbal);
4 Estes três versos são de *Annales*, I, IX;
5 contemporizando (alusão à táctica de desgaste empreendida por Quinto Fábio contra Aníbal na segunda Guerra Púnica);
6 = *rempublicam;*
7 as críticas (por contemporizar);
8 = *postque magisque nunc.*

1. Justifique o modo de *esset*.
2. Indique a função sintáctica de *patientia*.
3. Que qualidades salienta Catão em Quinto Fábio?
4. Identifique a construção *me audiente ... amisso oppido*.
5. Indique e justifique o caso das formas *glorianti* e *dicenti*.
6. Sublinhe o período hipotético do texto e precise o seu modo.
7. Com que tom é proferida a fala de Quinto Fábio?

2.1. Enunciação das queixas contra a velhice

São quatro as queixas que são dirigidas contra a velhice: a primeira é que ela afasta da vida activa; a segunda é que o corpo se debilita; em terceiro lugar, os velhos estão privados do prazer; por último, a velhice está próxima da morte.

2.1.1. *Primeira queixa:a velhice priva da vida activa*

A velhice não afasta necessariamente as pessoas da vida activa, pois os velhos têm uma actividade muito própria. Foram velhos como Quinto Fábio, os Fabrícios, os Cúrios que sustentaram a república pela sua habilidade e pelos seus conselhos lúcidos. Estes e outros velhos são como o piloto que, enquanto os outros marinheiros se ocupam das mais diversas actividades, permanece sentado na popa segurando o leme. Não são a força física ou a agilidade do corpo que fazem coisas grandes: são sim, a experiência dos "dossiers", a autoridade, a justeza das decisões, qualidades que a velhice possui em elevado grau.

Texto 3

O exemplo pessoal de Catão

Nisi [1] ego forte uobis, qui et miles et tribunus et legatus et consul uersatus sum in uario genere bellorum, cessare nunc uideor, quum bella non gero. At senatui, quae sint gerenda, praescribo, et quomodo: Carthagini male [2] iam diu cogitanti bellum multo ante [3] denuntio; de qua uereri non ante desĭnam, quam illam excisam esse cognouero.

Quam palmam utinam dii immortales tibi, Scipio, reseruent, ut aui [4] reliquias persequare [5]!

De Senectute, VI, 18, 19

Notas:

[1] Ordem: *nisi forte ego uobis nunc uideor cessare. Cessare*: estar ocioso;
[2] *male iam diu cogitanti:* que há muito nutre intenções maldosas;
[3] *multo ante denuntio:* declaro (guerra) há muito (alusão à frase com que Catão terminava os seus discursos no Senado: *ceterum, censeo Carthaginem esse delendam.*
[4] *aui:* Cornélio Cipião, avô de Cipião Emiliano. De ambos já tratámos no "Sonho de Cipião";
[5] *aui reliquias persequare:* completes a obra inacabada do teu avô.

2.1.2. *Segunda queixa: a velhice enfraquece as forças físicas.*

A segunda queixa contra a velhice é a de que se enfraquecem as forças físicas. Porém, se diminuem essas forças, permanecem e até aumentam as do espírito. Além disso, as forças do corpo já não são necessárias aos velhos. Não foram necessárias aos jurisconsultos, nem mesmo aos oradores que, embora já não possuam modulação na voz, têm todavia forças para ensinarem aos jovens estudiosos a arte oratória.

Mas há mais: os novos não estão isentos dos achaques dos velhos, razão por que é necessário conservar as forças do corpo e do espírito pelo exercício moderado.

Texto 4

Cuidados de saúde

Quid mirum igitur in senibus, si infirmi sint aliquando, quum id [1] ne adulescentes quidem effugere possint? Resistendum [2], Laeli et Scipio, senectuti est, eiusque uitia [3] diligentia [4] compensanda sunt. Pugnandum, tamquam contra morbum, sic contra senectutem.
5 Habenda ratio [5] ualetudinis; utendum exercitationibus modicis: tanquam cibi et potionis adhibendum, ut reficiantur uires, non opprimantur. Nec uero corpori soli [6] subueniendum est, sed menti [7] atque animo multo magis:nam haec quoque, nisi tanquam lumini oleum instilles [8], extinguuntur senectute. Et corpora quidem exercitatione
10 ingrauescunt; animi autem se exercendo leuantur [9].

De Senectute, XI, 35, 36.

Notas:

1 em acusativo, complemento de *effugere*;
2 *Resistendum ... pugnandum ... utendum ... subueniendum est.* Para o emprego do neutro cf. infra, p. 281
3 fraquezas;
4 cuidados de saúde;
5 cuidado, preocupação;
6 *corpori soli:* em dativo, complemento de *subueniendum*;
7 *mens*: espírito (sede da razão); *animus*: alma (sede dos sentimentos);
8 *nisi lumini oleum instilles:* se não se lançar azeite na lâmpada;
9 revigoram.

1. Justifique o caso de *cibi* et *potionis* (l. 6).
2. Classifique a oração introduzida por *ut* (l. 6).
3. Que modo está presente no período hipotético introduzido por *nisi*? (l. 8).

A língua latina:

- complemento de verbos em acusativo
- complemento de verbos em dativo
- o sujeito indeterminado

Complemento de verbos em acusativo

A frase *quum* ***id*** *ne adulescentes quidem* ***effugere*** *possint* tem o complemento de **effugere** em acusativo.

Para além dos verbos já citados em *Latim 2* (Cf. pp. 271-2), têm o seu complemento em acusativo os verbos que significam *fugir, escapar, faltar*, empregados pessoal ou impessoalmente:

fugio, effugio, praetereo, fallo....

Exemplos:

Id aciem fugit:isto escapa à vista.

De Caesare **fugerat me** ad te scribere (Cíc.): tinha-me escapado escrever-te a respeito de César.

Non **me praeterit** (Cíc.): não me escapa.

Spes **eum fefellit** (Cíc.): a esperança enganou-o.

Nisi **me fallit**:se não me engano.

Complemento de verbos em dativo

Para além dos verbos já citados anteriormente, têm o seu complemento em dativo muitos verbos formados pelas preposições:**ad, ante, cum, in, inter, ob, post, prae, sub, super.**

Exemplos:

Corpori subueniendum est: deve-se tratar do corpo.

Virtus **praestat ceteris rebus:** a virtude está à frente das restantes coisas.

Exercitui incessit dolor (Cíc.): a dor apoderou-se do exército.

Timidis superuenit: veio em auxílio dos tímidos.

O sujeito indeterminado

Quando o sujeito é indeterminado, pode exprimir-se de várias maneiras. Em *Latim 2*, pp. 28-9 já vimos que se pode exprimir pela 3.ª pessoa do singular da voz passiva.

A indeterminação do sujeito pode exprimir-se igualmente pelo recurso à 2.ª pessoa do singular do modo conjuntivo:

... haec quoque, nisi tanquam lumini oleum **instilles**, extinguuntur: também estas, se não se lançar azeite na candeia, se apagam.

... nisi eam (memoriam) **exerceas** aut si **sis** natura tardior:se se não exercitar (a memória) ou se se for um tanto lento por natureza.

Observações

1.ª A 2.ª pessoa empregada nesta acepção também se designa por “2.ª pessoa genérica”;

2.ª Note a diferença de sentido entre:

ne **dicas**:não se diga, e ne **dixĕris**:não digas.

Vocabulário da família de *uenio*:

aduenio-is-ire, aduēni, aduentum: chegar, advir;
aduentus-us(m.): chegada, advento;
conuenio-is-ire, conuēni, conuentum: encontrar, reunir-se;
conuentus-us(m): reunião, comunidade, convento;
conuentio-onis (f.): assembleia do povo, convenção, pacto;
contio-onis (< conuentio): reunião, assembleia;
deuenio-is-ire, deuēni, deuentum: descer, vir de, devir;
euenio-is-ire, euēni, euentum: resultar, suceder;
euentus-us (m.): sucesso, acontecimento, evento;
inuenio-is-ire, inuēni, inuentum: encontrar, descobrir;
inuentor-oris (m.): autor, inventor;
inuentum-i (n.): invenção, descoberta, invento;
peruenio-is-ire, peruēni, peruentum: chegar a, alcançar;
praeuenio-is-ire, praeuēni, praeuentum: adiantar-se, prevenir. Cf. prevenção
prouenio-is-ire, prouēni, prouentum:sair bem, resultar, provir. Cf. proveniência;
prouentus-us (m.): produto, colheita, provento;
reuenio-is-ire, reuēni, reuentum: voltar
subuenio-is-ire, subuēni, subuentum: socorrer, vir em auxílio. Cf. subvenção

1. Que recurso estilístico emprega o autor para salientar que é preciso cuidar do espírito?
2. Refira vocábulos da nossa língua etimologicamente relacionados com:
   a) mirum;
   b) morbum;
   c) modicis;

d) lumini;
e) ingrauescunt

3. Sublinhe os vocábulos e expressões do texto que entram, respectivamente, no campo semântico de:
   a) morbum;
   b) ualetudinis.
4. Escreva em latim:

Diz Catão aos seus amigos Lélio e Cipião que nem mesmo os jovens podem escapar à doença que a todos atinge e que deve ser combatida por meio de exercícios variados do corpo e do espírito. Se não se proceder assim, diz o mesmo Catão, a velhice é difícil de suportar.

2.1.3. *Terceira queixa:a velhice priva do prazer*

A 3.ª queixa feita contra a velhice é a de que priva do prazer. Mas essa é uma feliz privação, digna de louvor, pois que os prazeres são um inimigo perigoso de indivíduos e nações.

Todavia, a velhice não priva do prazer dos banquetes moderados, onde se reúnem alguns convivas, nem do gosto do estudo. O próprio Sólon dizia que envelhecia a aprender sempre coisas novas.

Catão exemplifica com o seu caso pessoal:

Texto 5

Latim

Sed quid ego alios?Ad meipsum reuertar. Primum habui semper sodales. Sodalitates autem me quaestore constitutae sunt, sacris Idaeis Magnae Matris acceptis. Epulabar igitur cum sodalibus omnino modice, sed erat quidam feruor aetatis; qua progrediente omnia fiunt in dies mitiora. Neque enim ipsorum conuiuiorum delectationem uoluptatibus corporis magis, quam coetu amicorum et sermonibus metiebar. Bene enim maiores nostri accubitionem epularem amicorum, quia uitae coniunctionem haberet, *conuiuium* nominarunt; melius, quam Graeci, qui hoc idem tum *compotationem*, tum *concenationem* uocant: ut, quod in eo genere minimum est, id maxime probare uideantur.

De Senectute, XIII, 45

Português

Mas porquê exemplos alheios? Volto à minha própria situação. Em primeiro lugar, pertenci sempre a confrarias. Ao tempo da minha questura foram instituídas as confrarias da Grande Mãe da Frígia após a adopção dos seus cultos. Participava em banquetes muito parcimoniosos com os outros confrades mas que animavam o ardor próprio da idade que, com o avançar dos anos, se torna dia a dia mais mitigado. De facto, o deleite que procurava nesses banquetes consistia menos nos prazeres da mesa do que no encontro e conversa com os amigos. Com razão os nossos antepassados chamaram *convívio* ao repasto de amigos à mesma mesa por implicar uma certa vida em comunidade. O nosso vocábulo é mais expressivo do que o dos Gregos que lhe chamaram ora *bebida* ora *comida em comum* dando a entender que é essencial o que é, de facto, acessório.

Tradução nossa

1. Sublinhe no texto as expressões/frases que foram traduzidas por:
   a) ... pertenci sempre a confrarias;
   b) ... após a adopção dos seus cultos;
   c) ... se torna dia a dia mais mitigado;
   d) ... repasto de amigos à mesma mesa ...
2. Retire as expressões/frases portuguesas equivalentes a:
   a) Epulabar igitur cum sodalibus omnino modice ... ;
   b) ... qua progrediente ... ;
   c) ... magis, quam coetu amicorum et sermonibus metiebar;
   d) ... accubitionem epularem amicorum ... ;
   e) ... quia uitae coniunctionem haberet ... ;
   f) ... quod in eo genere minimum est.

A velhice não priva dos prazeres da agricultura, que é o encanto da vida de Catão. Outrora os senadores viviam no campo: Cincinato andava a lavrar quando lhe vieram anunciar que tinha sido nomeado ditador.

Texto 6

O respeito devido à velhice

Lysandrum Lacedaemonium, cuius modo[1] mentionem feci, dicere aiunt[2] solitum, Lacedaemone[3] esse honestissimum domicilium senectutis. Nusquam enim tantum tribuitur aetati, nusquam est senectus honoratior. Quin etiam memoriae proditum est[4] quum Athenis, ludis, quidam in theatrum grandis natu uenisset, in magno consessu locum nusquam ei datum a suis ciuibus; quum autem ad Lacedaemonios accessisset, qui, legati quum essent, certo in loco[5] consederant, consurrexisse omnes, et senem illum sessum recepisse[6].

Quibus quum a cuncto consessu plausus esset multiplex datus, dixisse ex iis quemdam, *Athenienses scire, quae recta essent*[7], *sed facere nolle.*

De Senectute, XVIII, 63, 64.

Notas:

[1] há pouco;
[2] Ordem: *aiunt Lysandrum ... solitum (esse) dicere domicilium honestissimum senectutis esse Lacedaemone;*
[3] abl. de lugar: na Lacedemónia (Esparta);
[4] *memoriae proditum est:* ficou na tradição;
[5] *certo in loco:* em lugares reservados;
[6] *sessum recepisse:* receberam (o velho) e mandaram-no sentar.
[7] modo conjuntivo por atracção modal.

1. Precise os valores da conjunção *quum* no 3.º período do texto.
2. Transcreva as orações que servem de complemento da expressão *memoriae proditum est*.
3. Precise a função de *quibus* no início do 2.º parágrafo.
4. De que expressão depende a oração *dixisse ex iis quemdam*?

A língua latina:

- **nomes greco-latinos de tema em *o*, consoante e *i***
- **atracção modal.**

Nomes greco-latinos de tema em *o*, consoante e *i*

Por influência da declinação grega, estes nomes têm terminações variáveis sobretudo nos casos vocativo, acusativo e genitivo.

Declinação

Temas em *o*	**Temas em consoante**	**Temas em *i***
Nom. Lysander: Lisandro	Lacedaemon: Lacedemónia	Alexis:Aléxis
Voc. Lysander	Lacedaemon	Alexis
Ac. Lysandrum	Lacedaemōna	Alexin
Gen. Lysandri	Lacedaemōnis	Alexis (Alexĭdis)
Dat. Lysandro	Lacedaemōni	Alexi
Abl. Lysandro	Lacedaemōne	Alexe

- **Atracção modal**

Por que razão o autor escreve *scire quae recta essent* e não *scire quae recta erant*?

Em latim, quando uma oração depende duma outra com o predicado nos modos infinitivo ou conjuntivo, o seu predicado é expresso geralmente no modo conjuntivo, por atracção.

Exemplos:

Accidit ut quidam milites qui **discessissent, interciperentur** (Cés.): aconteceu que alguns soldados que se tinham afastado, foram surpreendidos.

Quidam ex iis dixit Athenienses **scire** quae recta **essent**:um deles disse que os Atenienses sabiam o que era correcto.

1. Recorde outros verbos do tipo de *aio*.
2. Caracterize o verbo a que pertence a forma *solitum* e refira outros da mesma natureza.
3. Retire do texto as palavras ou expressões que desempenham a função de:
   a) complemento de lugar onde;
   b) complemento de lugar para onde.
4. Sublinhe todos os vocábulos do texto que provêm da raiz **sed-*(sentar)
5. Redija agora um resumo do texto em latim. Uma das orações subordinadas estará no modo conjuntivo por atracção modal.

2.1.4. *Quarta queixa: a velhice está próxima da morte*

A quarta queixa contra a velhice é a de que ela está próxima da morte. Mas a morte ameaça por igual a velhos e a novos, nem, a rigor, se pode falar de vida longa.

Texto 7

Uma vida longa não significa uma vida honesta.

Quod cuique temporis [1] ad uiuendum datur, eo debet esse contentus.
Neque enim histrioni, ut placeat, peragenda fabula est;modo [2], in quocumque fuerit actu, probetur; neque sapienti [3] usque ad *Plaudite* [4] ueniendum. Breue enim tempus aetatis satis est longum ad bene
5 honesteque uiuendum. Sin processerit longius, non magis dolendum est, quam agricolae dolent [5], praeterita uerni temporis suauitate, aestatem autumnumque uenisse. Ver enim tanquam [6] adulescentiam significat ostenditque fructus futuros: reliqua tempora demetendis [7] fructibus et percipiendis accomodata sunt.
10 Fructus autem senectutis est, ut saepe dixi, ante partorum [8] bonorum memoria et copia. Omnia uero, quae secundum [9] naturam fiunt, sunt habenda in bonis. Quid est autem tam secundum naturam, quam senibus emori?

De Senectute, XIX, 69-71

Notas:

[1] *quod. . . . temporis = eo tempore quod;*
[2] *modo probetur:* basta que agrade;
[3] dat. de relação;
[4] Batei palmas (fórmula com que os actores terminavam as representações. Reveja o final do *Amphitruo*);

[5] *dolent* tem por complemento *aestatem autumnumque uenisse*;
[6] adv. :por assim dizer;
[7] *demetendis f. et percipiendis:* à colheita e recolha dos frutos;
[8] de *pario*;*ante partorum bonorum*:dos bens anteriormente adquiridos;
[9] preposição: de acordo com;

1. Indique e justifique os casos de:
   a) eo;
   b) histrioni;
2. Justifique o emprego do modo conjuntivo em:
   a) fuerit;
   b) probetur.
3. Que valor tem o uso da 2.ª pessoa na forma *processeris*?
4. Que função sintáctica desempenham, respectivamente, as expressões:
   a) ad bene honesteque uiuendum (l. 4-5);
   b) praeterita uerni temporis suauitate? (l. 6)
5. Classifique a oração introduzida por *ut* no último parágrafo.
6. Em sua opinião, quais são as marcas de literariedade do texto?

A morte não passa duma passagem para a verdadeira vida, que não se vive neste mundo. Em vez de recear a morte, devemos antes desejá-la.

Texto 8

A verdadeira vida

Equidem non uideo cur, quid ipse sentiam de morte, non audeam uobis dicere: quod eo [1] melius mihi cernere uideor, quo ab ea propius absum. Ego uestros patres, P. Scipio, tuque, C. Laeli, uiros clarissimos mihique amicissimos, uiuere arbitror, et eam quidem uitam, quae est sola uita nominanda. Nam, dum sumus in his inclusi compagibus corporis, munere [2] quodam necessitatis et graui opere perfungimur:est enim animus caelestis ex altissimo domicilio depressus [3] et quasi demersus in terram, locum [4] diuinae naturae aeternitatique contrarium. Sed credo deos immortales sparsisse animos in corpora humana, ut [5] essent, qui terras tuerentur, quique, caelestium ordinem contemplantes, imitarentur eum [6] uitae [7] modo atque constantia. Nec ne solum ratio ac disputatio impulit ut ita crederem, sed nobilitas etiam summorum philosophorum et auctoritas.

De Senectute, XXI, 77

Notas:

1 *eo melius ... quo propius absum:* tanto melhor ... quanto mais próximo estou;
2 *munere quodam ... perfungimur:* desempenhamos uma espécie de dever, imposto pela necessidade, e bastante penoso;
3 descido, precipitado
4 aposto de *terram*;
5 *ut essent qui:* para que houvesse quem;
6 *eum (ordinem);*
7 *uitae modo atque constantia:* pela constante regularidade da sua vida.

1. Que concepção mostra o autor sobre a vida após a morte?
2. Como caracteriza a origem e funções da alma?
3. Que doutrina filosófica grega lhe parece estar subjacente às concepções expostas no texto? (Cf. *infra* A Vida Intelectual dos Romanos).

Texto 9

O desejo da imortalização

Nemo unquam mihi, Scipio, persuadebit, aut patrem tuum Paulum aut duos auos, Paulum et Africanum, aut Africani patrem, aut patruum[1], aut multos praestantes uiros, quos enumerare non est necesse, tanta esse conatos, quae ad posteritatis memoriam pertinerent, nisi animo cernerent posteritatem ad se pertinere[2]. An censes, (ut de me ipso aliquid more[3] senum glorier), me tantos labores diurnos nocturnosque domi militiaeque suscepturum fuisse, si[4] iisdem finibus gloriam meam, quibus uitam, essem terminaturus? Nonne melius multo[5] fuisset, otiosam aetatem et quietam sine ullo labore et contentione traducere? Sed, nescio quommodo, animus erigens se, posteritatem semper ita prospiciebat, quasi[6], quum excessisset e uita, tum denique uicturus esset[7]. Quod[8] quidem ni ita se haberet, ut animi immortales essent, haud optimi cuiusque animus maxime ad[9] immortalitatem et gloriam niteretur.

De Senectute, XXIII, 82

Notas:

1 o tio paterno (Gneu Cornélio Cipião);
2 *ad se pertinere:* lhes interessava, dizia respeito;
3 alusão à propensão dos velhos para a tagarelice;

[4] *si iisdem ... terminaturus?:* se estivesse determinado ao meu renome o mesmo fim que à minha vida?;
[5] reforço de *melius*;
[6] como se (conjunção comparativa);
[7] vide *uiuo*; *tum denique uicturus esset*: então começasse verdadeiramente a viver;
[8] *Quod quidem ... ut:* se isto assim não fosse de sorte que ...;
[9] *ad immortalitatem gloriae niteretur:* não se ateria (aspiraria) à imortalidade da glória.

A língua latina

- **o reforço do comparativo**
- **oração comparativa com conjuntivo**

• O reforço do comparativo

No texto, o comparativo **melius** é reforçado pelo advérbio **multo**.

Como o superlativo, também o comparativo pode ser reforçado. Assim:

etiam / **multo** / **longe** } **melius:** ainda melhor; muito melhor

Ex.: consilium **longe** salubrius (Apul.): um conselho muito mais salutar.

• Oração comparativa com conjuntivo

Quando a oração comparativa tem também valor condicional, o seu predicado vem no modo conjuntivo.

Exemplos:

Animus posteritatem semper ita prospiciebat **quasi**, quum excessisset e uita, tum denique **uicturus esset**:a alma sempre tendia para a posteridade como se, ao deixar o corpo, começasse então a verdadeira vida.

Eius negotium sic uelim suscipias **ut si esset** res mea (Cíc.): desejava que te encarregasses do seu negócio como se fosse coisa minha.

Depugna, **potius quam seruias** (Cíc.): combate, de preferência a seres escravo.

Conjunções e locuções comparativas

quasi **ut si** **ac si** **uelut si** **tanquam si** **proinde ac si** **perinde ac si**	como se

potius quam: antes que, de preferência a.

3. CONCLUSÃO

A vida tem, sem dúvida, algumas alegrias, mas tem muitos mais sofrimentos. A natureza fez com que sejamos na terra hóspedes em passagem, não habitantes. A separação que medeia entre os vivos e as almas dos entes queridos já mortos é de pouca duração. Oxalá Cipião e Lélio tenham longa vida para poderem comprovar a verdade destes pensamentos.

Haec habui, de senectute quae dicerem. Ad quam utinam perueniatis! ut ea, quae ex me audistis, re experti probare possitis.

9

A obra literária de Cícero (concl.): a epistolografia. Leitura de algumas cartas

A Língua Latina:
- a oração interrogativa indirecta simples e dupla
- orações completivas dependentes de verbos que exprimem *dúvida*.

1. A correspondência de Cícero

O conjunto da correspondência de Cícero compreende perto de 930 cartas, sendo cerca de 70 da autoria de correspondentes seus. Porém, este conjunto não representa a totalidade das cartas endereçadas ou recebidas por Cícero.

Sob o ponto de vista da literariedade, as cartas de Cícero não são tão ricas como os outros géneros da sua obra. As cartas valem sobretudo pelos aspectos seguintes:

a) reflectem o pensamento do seu autor num dado momento da sua vida;

b) foram enviadas aos seus destinatários imediatamente após a sua redacção. Algumas delas aproveitaram a possibilidade de um mensageiro ocasional. Mas nem sempre havia portadores de confiança, como o autor declara numa das suas cartas a Ático:

> **... sed idcirco sum tardior quod non inuenio fidelem tabellarium. Quotus enim quisque est qui epistulam paulo grauiorem ferre possit nisi eam pellectione releuarit?**
>
> *Ad Atticum*, I, 13.;

c) cobrem um período bastante longo da vida de Cícero. É através delas que conhecemos com precisão a vida quotidiana do seu autor.

2. Os destinatários

São vários os destinatários das cartas de Cícero:

1. Os amigos e os familiares: **Ad Familiares** (Bruto, Varrão, Cássio, Marcelo, Planco, Rufo, Pompeu, Terência, Túlia, Marco, Tirão). O

último era um liberto muito culto por quem Cícero nutria particular estima e que se encarregava de pôr em ordem e editar os trabalhos do seu patrão;

2. O grande amigo Ático: **Ad Atticum**. A amizade mútua data da idade juvenil, quando ambos estiveram em Atenas;

3. O irmão Quinto: **Ad Quintum Fratrem**.

O estilo e o tom das cartas variam de acordo com as características dos destinatários: idade, linha política e posição social, formação cultural.

2.1. Cartas aos familiares

O escravo (e depois liberto) Tirão começou por reunir, ainda em vida de Cícero, as cartas dirigidas aos destinatários diferentes de Ático e foi esse conjunto que formou a base de **Ad Familiares**. Os títulos dos 16 livros dessa recolha mostram que cada livro era um *uolumen* de cartas dirigidas a uma personagem.

A publicação dessas cartas ocorreu no reinado de Augusto e a primeira referência é feita por Séneca o Retor, no tempo de Tibério.

A fórmula de saudação reveste formas variadas (e pode até nem existir):

S. (Salutem);
S. D. (Salutem dicit);
S. D. P. (Salutem dicit plurimam).

Umas vezes a fórmula é inscrita entre o nome de Cícero e o do seu correspondente, outras segue os dois nomes; outras vezes há apenas o nome de Cícero seguido do do seu correspondente sem fórmula de saudação.

Texto 1

Cícero escreve de Salónica, no exílio, à mulher e aos filhos

Tullius Terentiae suae, Tulliolae suae, Ciceroni suo S. D.

Ex litteris multorum et sermone omnium perfertur ad me, incredibilem tuam uirtutem [1] et fortitudinem esse; teque nec animi, nec corporis laboribus defatigari. Me miserum [2]! te [3], ista uirtute, fide [4], probitate, humanitate [5], in tantas aerumnas propter me incidisse! Tulliolamque nostram, ex quo patre tantas uoluptates [6] capiebat, ex eo tantos percipere luctus!

Nam quid ego de Cicerone [7] dicam? qui quum [8] primum sapere coepit, acerbissimos dolores miseriasque percepit. Quae si, ut tu scribis, fato facta putarem, ferrem paulo facilius: sed omnia sunt mea culpa commissa, qui ab his me amari putabam, qui inuidebant [9]; eos non sequebar, qui petebant [10]. Quod si nostris consiliis [11] usi essemus, neque apud nos tantum ualuisset [12] sermo aut stultorum amicorum aut improborum, beatissimi uiueremus.

Nunc, quum sperare nos amici iubent, dabo operam, ne mea ualetudo tuo labori desit [13]. Res [14] quanta sit intelligo; quantoque fuerit facilius manere domi [15], quam redire. Sed tamen, si omnes tribunos plebis habemus, si Lentulum tam studiosum [16], quam uidetur, si uero etiam Pompeium et Caesarem, non est desperandum …

Ad Fam. XIV. 1

Lentulum: Lêntulo, cônsul designado, apresentou uma lei para fazer regressar Cícero do exílio.

Notas:

1 coragem;
2 acus. exclamativo;
3 *te … incidisse:* tenhas caído;
4 fidelidade;
5 bondade;
6 *uoluptates*, motivos de alegria, opõe-se a *luctus*, motivos de lágrimas;
7 Cícero, que tinha 8 anos quando o pai partiu para o exílio;
8 *quum p. s. coepit:* assim que começou a ter o uso da razão;
9 *inuidebat:* me odiavam (referência a Pompeu e Hortênsio que o aconselharam a partir para o exílio após a atitude do inimigo Clódio. Cf. supra "o primeiro triunvirato e o exílio de Cícero");
10 *qui petebant:* os que buscavam a minha amizade (ref. a César?);
11 o meu parecer; *nostris consiliis usi essemus* … plural de modéstia;
12 tivesse tido tanta força;
13 *ne … tui labori desit:* não desiluda o teu esforço;
14 *Res quanta sit:* quão difíceis estão as coisas;
15 *manere domi:* ter ficado em Roma;
16 zeloso, afeiçoado.

1. Sublinhe os períodos hipotéticos do texto e precise o modo em que se encontram.
2. Que sentimentos deixa o autor transparecer neste excerto da carta?

3.1. Que função de linguagem é dominante no texto?

3.2. Em que medida a pontuação traduz essa função?

3.3. Que conotação está contida no sufixo do nome *Tulliolam*?

A língua latina: a oração interrogativa indirecta simples e dupla

A oração *res quanta sit* é interrogativa indirecta, dependente de *intelligo*.

Das orações interrogativas indirectas simples já falámos em *Latim 2*, pp. 122-3.

Nas interrogativas indirectas duplas as partículas são:

1.º membro: **utrum; -ne** 2.º membro: **an**

Exemplos:

Quaero a te **utrum** uerum
ou
Quaero a te **uerumne**
} **an** falsum **sit**: pergunto-te se é verdadeiro ou falso

Dic mihi **utrum** (aurum) illius, **an** tuum **malis** (Cíc.): diz-me se preferes o ouro dele ou o teu.

Agitur autem **liberine uiuamus an** mortem **obeamus** (Cíc.): trata-se de saber se havemos de viver livres ou se havemos de morrer.

Observação

Ou não diz-se **necne**:
Quaero **potueritne** Roscius suam partem petere **necne** (Cíc.): pergunto se Róscio podia exigir a sua parte ou não.

Texto 2

Cícero exorta Tirão. que ficara retido por doença no Peloponeso, a cuidar o melhor possível da sua saúde.

M. T. Cicero et Q. Frater et Q. Filius Tironi S.

Varie sum affectus tuis litteris, ualde priore pagina perturbatus, paulum altera recreatus. Quare nunc quidem non dubito quin [1], quoad plane ualeas [2], te neque nauigationi neque uiae commitas: satis te mature uidero, si plane confirmatum uidero.

De medico et tu bene existimari scribis et ego sic audio ....

Illud, mi Tiro, te rogo, sumptu [3] ne parcas ulla in re, quod [4] ad ualetudinem opus sit. Scripsi ad Curium, quod dixisses, daret [5]. Medico ipso puto aliquid dandum esse, quo [6] sit studiosior. Innumerabilia tua sunt in me officia domestica, forensia, urbana, prouincialia; in re priuata, in publica, in studiis, in litteris nostris. Omnia uiceris [7], si, ut spero, te ualidum uidero.

Ego puto te bellissime, si recte erit [8], cum quaestore Mescinio decursurum. Non inhumanus est [9], teque, ut mihi uisus est, diligit. Et quum ualetudini tuae diligentissime consulueris [10], tum, mi Tiro, consulito nauigationi. Nulla in re iam te festinare uolo. Nihil laboro [11] nisi ut saluus sis. Sic habeto, mi Tiro, neminem esse qui me amet, quin idem te amet et quum tua [12] et mea maxime interest te ualere, tum multis [13] est curae. Adhuc, dum mihi nullo loco deesse uis, nunquam te confirmare potuisti. Nunc te nihil impedit: omnia depone, corpori serui [14]. Quantam diligentiam in ualetudinem tuam contuleris, tanti [15] me fieri a te iudicabo. Vale, mi Tiro, uale, uale et salue.

Lepta tibi salutem dicit, et omnes. Vale. VII Idus Nouembr [16]. Leucade.

Ad Fam. XVI, 4

Leucade: Lêucade, cidade ou promontório da ilha de Leucádia, no Epiro.

Notas:

1 *non dubito quin:* não duvido de que ...;
2 *quoad plane ualeas:* enquanto não estiveres de boa saúde;
3 *sumptu ne parcas ulla in re:* não olhes a despesas de qualquer tipo;
4 *quod* concorda por atracção com *opus*;
5 = *ut daret;*
6 = *ut;*
7 *omnia uiceris:* prestar-me-ias um serviço ainda maior ... ;
8 *si recte erit:* se estiveres bem, se o teu estado de saúde for bom;
9 *non inhumanus est:* é delicado;
10 *consulere* + *dat.:* cuidar de, tratar de;
11 *n. laboro:* com nada me preocupo;
12 *tua et mea interest:* interessa a ti e a mim, é do teu e do meu interesse (note o complemento de *interest* em ablativo);
13 *multis (te ualere) est curae:* a tua saúde é motivo de cuidado para muitos (note o uso de *sum* com duplo dativo);
14 imperativo de *seruio*;
15 *tanti me fieri a te iudicabo:* considerarei merecer-te tanta consideração (*tanti* é genitivo de preço).
16 = *VII I. Nouembres:* 7 de Novembro.

1. Sublinhe os períodos hipotéticos do texto e precise o modo em que se encontram.
2. Retire do texto exemplos do imperativo futuro e diga qual a sua intenção estilística.
3. Sabendo que Tirão era um liberto de Cícero e com base nos dados do texto, faça um comentário ao tratamento que lhe era dado pelo patrão. Documente o seu parecer transcrevendo expressões ou frases do texto.

A língua latina: orações completivas dependentes dos verbos que exprimem dúvida.

As orações dependentes de verbos que exprimem dúvida empregados nas formas negativa ou interrogativa são introduzidas por **quin** e têm o verbo no modo conjuntivo.

Exemplos:

Non dubito
(non dubium est) } **quin** te **committas** uiae: não duvido de que te ponhas a caminho.

Quis dubitauit quin primas eloquentiae **tenuerit** semper? (Cíc.): quem pôde duvidar de que a eloquência tenha tido sempre o primeiro lugar?

Observação:

dubito com infinitivo significa *hesitar*:
Non dubitauit **dicere** illa (Cíc.): não hesitou dizer aquilo

Redija em latim o texto seguinte:

Na carta à mulher e aos filhos, Cícero louva a coragem de Terência e lamenta o sofrimento de Túlia e Cícero. Não duvida de que o que lhe aconteceu foi por culpa sua. Compreende quanto a situação é difícil, mas não perde a esperança.

Na carta a Tirão, mostra grande preocupação pela sua saúde e confessa que não sabe se os seus serviços lhe são mais úteis na vida privada ou na vida pública.

2.2. Cartas a Ático

Tito Pompónio Ático pertencia a uma família notável da ordem equestre.

Perturbado pela morte de um familiar, o tribuno da plebe P. Sulpicius, causada pelos partidários de Sula, decidiu viver em Atenas e aí permaneceu cerca de 20 anos, granjeando a estima dos Atenienses. Daí o cognome de *Atticus*.

Apreciado de diversas maneiras, Ático foi um verdadeiro mestre na arte de fazer amigos. Possuía da vida uma concepção epicúrea que concretizou com uma existência requintada.

Ático foi de utilidade e préstimos variados para Cícero: procurador, banqueiro nos momentos difíceis, editor das suas obras, confidente nos seus maiores problemas, conselheiro nos assuntos políticos.

Cornélio Nepos, biógrafo de Ático, informa que ele possuía 11 volumes de cartas endereçadas por Cícero entre o seu consulado e o fim da vida. Porém, pelo conjunto de 16 livros que a Antiguidade nos legou, pode concluir-se com algum rigor que a correpondência com Ático começou num período anterior ao consulado.

Quanto às cartas de Ático a Cícero, nunca foram publicadas, talvez porque ele não quisesse perturbar a sua tranquilidade, que prezava mais do que tudo. Cícero faz-lhes referência numa carta sua do ano 49:

Nam cum ad hunc locum uenissem, euolui uolumen epistularum tuarum, quod ego <sub> signo habeo seruoque diligentissime.

Ad Atticum, IX, 10, 4

Quanto a fórmulas de saudação, só alguns manuscritos as apresentam. A fórmula mais frequente é:

Cicero Attico salutem (ou *Cicero Att. Sal.*).

É nas cartas a Ático que Cícero é mais espontâneo na linguagem e no conteúdo, embora por vezes o receio de serem interceptadas faça com que recorra a desvios ou subentendidos. Nelas palpita a humanidade do seu autor.

Texto 1

Cícero desabafa com Ático

Nihil mihi nunc scito tam deesse quam hominem eum quocum omnia quae me cura aliqua afficiunt una[1] communicem, qui me amet, qui sapiat, quicum[2] ego cum loquar, nihil fingam, nihil dissimulem, nihil obtĕgam ...

Tu autem qui saepissime curam et angorem animi mei sermone et consilio leuasti tuo, qui mihi et in publica re socius et in priuatis omnibus conscius et omnium meorum sermonum et consiliorum particeps esse soles, ubinam es? Ita sum ab omnibus destitutus ut tantum requietis habeam quantum cum uxore et filiola et mellito Cicerone consumitur. Nam illae ambitiosae nostrae fucosaeque amicitiae sunt[3] in quodam splendore forensi, fructum[4] domesticum non habent. Itaque cum bene completa domus est tempore matutino, cum ad forum stipati[5] gregibus amicorum descendimus, reperire ex magna turba neminem possumus quocum aut iocari libere aut suspirare familiariter possimus. Quare te expectamus, te desideramus, te iam[6] etiam arcessimus.

Ad Atticum, I, 18

Notas:

[1] *una communicem:* ponha ao mesmo tempo em comum;
[2] *= quocum;*
[3] *sunt in:* consistem em;
[4] *f. domesticum:* alegria na (minha) vida privada;
[5] *stipati (nos);*
[6] *iam etiam:* desde já, de imediato.

1. O autor põe em contraste dois tipos diferentes de amizade. Caracterize-os sublinhando as expressões ou frases mais elucidativas.
2. Que sentimentos revela em relação aos filhos? Porquê?
3. Confrontando a temática da carta com o que se passa no nosso tempo, pronuncie-se sobre a sua actualidade ou anacronismo.

Texto 2

Cícero pretende que Ático lhe consiga uma biblioteca

L. Cincius: homem de negócios de Ático que geria os seus interesses na sua ausência.

Apud matrem[1] recte est, eaque nobis curae est. L. Cincio HS$\overline{XX}$D[2] constitui me curaturum Idibus Febr. Tu uelim ea quae nobis emisse et parasse scribis des operam ut quam primum[3] habeamus et uelim cogites, id quod mihi pollicitus es, quemadmodum bibliothecam nobis conficere possis. Omnem spem delectationis nostrae, quam cum[4] in otium uenerimus habere uolumus, in tua humanitate positam habemus.

Ad Atticum, I, 7

Notas:

[1] a mãe de Ático;
[2] 20.500 sestércios; HS é abreviatura de *sestertius*:
[3] valor adverbial: o mais cedo possível;
[4] *cum in otium uenerimus:* quando me afastar da vida pública. Em terminologia actual: quando estiver aposentado.

2.3. Cartas ao irmão

Os manuscritos que contêm as cartas a Ático continham igualmente as cartas dirigidas por Cícero ao irmão Quinto.

Na presente carta a Quinto, na altura procônsul na Ásia, Cícero faz uma espécie de tratado sobre o governo das províncias. Aconselha o irmão, de temperamento irritável, a moderar os seus impulsos e a pôr em prática os ensinamentos aprendidos dos Gregos, mestres da civilização.

Texto

27. Quapropter incumbe[1] toto animo et studio omni in eam rationem qua adhuc usus es[2], ut eos quos tuae fidei[3] potestatique senatus populusque Romanus commisit et credidit diligas et omni ratione

tueare[4] et esse quam beatissimos uelis. Quod si te sors Afris aut
5 Hispanis aut Gallis praefecisset, immanibus ac barbaris nationibus, tamen esset humanitatis tuae consulere eorum commodis et utilitati salutique seruire; cum uero ei generi hominum praesimus[5], non modo in quo ipsa[6] sit sed etiam a[7] quo ad alios peruenisse putetur humanitas, certe iis eam[8] potissimum tribuere debemus a quibus accepimus. Non[9]
10 enim me hoc iam dicere pudebit, praesertim in ea uita atque iis rebus gestis in quibus non potest residere inertiae aut leuitatis ulla suspicio, nos ea quae consecuti sumus iis studiis et artibus esse adeptos quae sint nobis Graeciae monumentis disciplinisque tradita. Quare praeter communem fidem quae omnibus debetur, praeterea nos isti[10] hominum
15 generi praecipue debere uidemur ut, quorum praeceptis sumus eruditi, apud eos ipsos quod ab iis didicerimus uelimus expromere.

Atque ille quidem princeps ingenii et doctrinae Plato tum denique fore beatas res publicas putauit, si aut docti ac sapientes homines eas regere coepissent aut ii qui regerent omne suum studium in doctrina et
20 sapientia collocassent.

Ad Q. Fratrem, I, 1. (IX, X)

Notas:

[1] *incumbe ... in eam rationem:* aplica-te àquela tarefa;
[2] *usus es:* na realidade, nos dois primeiros anos de governo, as coisas não se tinham passado assim. Quinto tivera sérias dificuldades motivadas pelo seu temperamento irritável;
[3] protecção;
[4] = *tuearis;*
[5] *praesimus:* governamos (Cícero generaliza);
[6] *ipsa humanitas;*
[7] *a quo ... peruenisse:* da qual nação a civilização chegou a outras (alusão à Grécia);
[8] *eam (humanitatem);*
[9] *non enim me hoc ... pudebit ... nos ... esse adeptos ea quae consecuti sumus ...*: não me envergonho de dizer que o que alcançámos o conseguimos através ... (*nos* refere-se a Cícero e a Quinto);
[10] *isti hominum generi:* esta raça de homens (que tu governas).

1. Indique e justifique os casos de:
   a) qua (l. 2);
   b) Afris ... Hispanis ... Gallis (l. 4-5);
   c) humanitatis tuae (l. 6).
2. Identifique a construção *nos. . . . debere uidemur* (l. 14-15).
3. Que expressão traduz a admiração de Cícero por Platão?
4. Segundo Cícero, qual a teoria de Platão sobre o governante ideal?

1. Feita a leitura de algumas cartas de Cícero, evidencie os aspectos em que contribuíram para o conhecimento da personalidade do autor.
2. Pelos exemplos dados ao longo do estudo da língua latina, que lhe parece sobre o papel de Cícero na "padronização" do latim clássico?
3. Trabalho de grupo e debate.

Participe num grupo que elabore um trabalho seguido de debate sobre um dos temas seguintes:

3.1. Cícero: vida pública e privada;

3.2. Cícero, teorizador da oratória;

3.3. A estrutura dos discursos de Cícero através do "Pro Archia" e a singularidade deste discurso;

3.4. O humanismo de Cícero através do "Pro Archia" e do "De Senectute";

3.5. Os valores da civilização romana na obra de Cícero.

CONCLUSÃO

Cícero e a posteridade

Cícero foi muito apreciado pelos vindouros não só pelo conteúdo da sua obra mas também pela beleza formal da mesma, sendo por isso considerado o "mestre da Língua Latina".

Santo Agostinho atribui papel importante na sua conversão à Leitura do *Hortensius*, uma obra filosófica ciceroniana de que restam poucos excertos.

A linguagem da vida espiritual da Idade Média, em que o ensino continuava a ser feito em latim, muito deve à lingua de Cícero. Nessa época, foi especialmente valorizada a sua faceta de moralista.

No período do Renascimento, os humanistas italianos do séc. XV procuraram em Cícero o modelo do estilista, embora defendessem que a imitação não devia ser servil. Tal imitação conduziu a algum formalismo que foi criticado, no séc. XVI, por Erasmo no diálogo *Ciceronianus*. Nesta época foram sobretudo a epistolografia e os discursos, nomeadamente o *Pro Archia*, que foram a parte mais apreciada e imitada da sua obra.

A influência de Cícero na literatura portuguesa

Os príncipes de Avis D. Duarte e D. Pedro tiveram Cícero em grande apreço. O *De Officiis* era bastante lido e dele foram feitas várias versões. Foram igualmente conhecidos o *De Senectute*, o *De Amicitia* e o *Sonho de Cipião*. Fernão Lopes e Zurara apresentam citações suas nas suas crónicas a propósito de reflexões morais e sociais:

"Alguns outros tiveram que esto descia na semente no tempo da geração, a qual dispõe per tal guisa aquelo que dela é gerado, que lhe fica esta conformidade, tão bem acerca da terra como de seus dívidos. E assim parece que o sentiu *Túlio*, quando veio a dizer: nós não somos nados a nós próprios porque uma parte de nós tem a terra, e a outra os parentes".

F. Lopes, *Prólogo da Crónica de D. João I*

No período renascentista, para além de citações de Gil Vicente no *Auto de Mofina Mendes* e no *Clérigo da Beira*, a obra *Epistolae et Orationes de Cataldo Sículo* (séc. XVI), que imita o estilo de Cícero, torna-se o padrão dos nossos humanistas para exporem em latim os feitos dos Portugueses.

Capa das *Epistolae* de Cataldo

Em 1571, o humanista D. Jerónimo Osório, bispo de Silves, publica o *De Rebus Emmanuelis Gestis*, sobre o reinado de D. Manuel, sendo considerado pelo estilo, "o Cícero português". Já antes, em 1531, Duarte de Resende traduzira e publicara em Coimbra o *De Amicitia*, os *Paradoxa Stoichorum* e o *Somnium Scipionis*. Em 1579, Lopo Serrão publica um poema sobre a velhice em que é patente a influência de Cícero (vide, infra, "Sobrevivência da Cultura Greco-Romana na Civilização Ocidental"). Ainda no séc. XVI, Damião de Góis fez uma tradução do *"De Senectute"*. Mais tarde, já no séc. XVIII, Marçal José de Resende traduziu a mesma obra. No mesmo século, o Pe. António Joaquim traduziu discursos sob o títutlo *"Orações Principais de Marco Túlio Cícero"*.

O estudo da obra de Cícero mereceu na actualidade impulso renovado sobretudo na área de Línguas e Literaturas Clássicas da Universidade de Coimbra, onde o estudo, tradução e comentário de obras do nosso autor têm sido matéria de trabalhos apurados, que fomos citando e de que nos servimos nesta apresentação dum dos maiores expoentes, se não o maior, da língua e da mentalidade romanas.

A Época de Augusto

Na Literatura Latina a Época de Augusto compreende um período a seguir à chamada Época de Cícero, que se estende ao longo do reinado de Augusto, durante toda a segunda metade do século I a.C.. Augusto morreu em 14 d.C., mas costuma apontar-se como limite desta época literária a morte de Ovídio, em 17 d.C..

Corresponde esta época a um período de paz e estabilidade que, depois da batalha de Ácio, trouxe a Roma e ao Império a calma que contribuiu para o desenvolvimento das artes. A Paz Romana, convertida em Paz de Augusto, é aproveitada por Octaviano que, depois de todas as convulsões, pretende trazer, de novo, ao coração do povo romano o amor à pátria itálica, às velhas tradições e costumes dos antepassados que estavam a perder-se. Nessa ânsia de restaurar Roma, Augusto é acompanhado pelos artistas, de modo especial os poetas e prosadores, que, de forma espontânea, aderem a esta campanha de exaltação do império. Na poesia, nota-se uma nova preocupação com a forma; aparecem novos temas e ideias: a missão imperial de Roma, o regresso da Idade do Ouro, temas que reflectem o amor à pátria e aos valores romanos tradicionais.

Os principais autores desta época são: Virgílio, Horácio, Tibulo, Propércio, Ovídio e, como historiador, Tito Lívio.

Se a prosa tinha alcançado um alto grau de perfeição com Cícero e César, a poesia atinge a sua "idade de ouro" na época de Augusto.

Augusto e a protecção às Artes – a construção de grandes obras arquitectónicas:

"A Cúria e o átrio anexo, o templo de Apolo no Palatino com os seus pórticos, o templo do Divino Júlio, o Lupercal, o pórtico junto do Circo Flamínio, que consenti se chamasse Octávio, pelo nome daquele que anteriormente o construíra no mesmo solo, o camarote imperial no Circo Máximo, os templos, no Capitólio, de Júpiter e de Júpiter Tonante, o templo de Quirino, os templos de Minerva e de Juno Rainha e de Júpiter da Liberdade no Aventino, o templo dos Lares ao cimo da Via Sagrada, o templo dos deuses Penates na Vélia, o templo da Juventude, o templo da Magna Mater no Palatino, fui eu que os edifiquei."

Maria Helena da Rocha Pereira, *Romana – Antologia da Cultura Latina*, Coimbra, Instituto de Estudos Clássicos, [3]1994, p.115.

O Foro de Augusto (reconstituição)

Florescem os Círculos literários que têm como patronos:

– **Asínio Polião**, nascido em 76 a.C., falecido em 4 d.C.. Foi um grande protector das artes, especialmente da literatura. Foi ele que abriu a primeira biblioteca pública em Roma e, segundo o testemunho de Séneca, inaugurou o costume das *recitationes*, apresentação pública das obras literárias, que vai ter grande voga. É tal a sua importância neste campo que Virgílio lhe dedica a IV Bucólica, preconizando uma nova Idade do Ouro durante o seu consulado, que ocorreu no ano 40 a.C..

– **Messala Corvino** (64 a.C. - 8 d.C.). Era considerado, ao lado de Polião, como o melhor orador da sua época. Foi protector de poetas, entre os quais Ovídio.

– **Mecenas**. Este, conselheiro de confiança de Augusto, foi o maior protector de um Círculo Literário que incluía Virgílio, Horácio, Propércio e Vário. Era um homem de gastos e costumes ricos e luxuosos. Diz-se que foi ele quem introduziu as piscinas de água quente em Roma. Possuía uma casa no Esquilino que ficou famosa.

Para mais informação leia-se:

Maria Helena da Rocha Pereira, *Estudos de História da Cultura Clássica, II vol. – Cultura Romana,* Lisboa, Fundação Calouste Gulbenkian, 1984, pp. 223-232.

QUADRO SINÓPTICO

Época de Augusto (40 a.C. – 14 d.C.)

- POESIA
  - **Épica:** Virgílio – *Eneida*
  - **Didáctica**
    - Virgílio – *Geórgicas*
    - Horácio – *Epístolas*
    - Ovídio – *Metamorfoses*
  - **Satírica:** Horácio – *Sermones (sátiras)*; *Epodos*
  - **Pastoril:** Virgílio – *Bucólicas*
  - **Lírica**
    - Horácio – *Odes*
    - Ovídio – *Elegias*
    - Tíbulo – *Elegias*
    - Propércio – *Elegias*
- PROSA
  - História: Tito Lívio – *Ab Vrbe Condita*

VIRGÍLIO

Virgílio e as Musas – mosaico (Museu de Túnis)

Mantua me genuit, Calabri rapuere, tenet nunc Parthenope:
cecini pascua, rura, duces.

"Mântua me deu a vida, a Calábria a morte, agora Nápoles me possui: cantei os rebanhos, os campos, os heróis".

(epitáfio de Virgílio que se diz ter sido ditado pelo próprio poeta no leito de morte)

10

Virgílio:

- Vida e obra (introdução);
- o autor e a sua época;
- As *Bucólicas* e as *Geórgicas* — estudo de alguns textos.

1. INTRODUÇÃO:

Públio Virgílio Marão (Publius Virgilius Maro) nasceu em Andes, perto de Mântua, na Gália Cisalpina,no ano 70 a.C.. Parece que o pai, embora rico, era de origem humilde, mas a mãe estava bem relacionada. Virgílio foi educado em Cremona e Mediolanum (Milão), tendo, mais tarde, estudado filosofia e retórica em Roma. Foi ainda discípulo do filósofo epicurista Siro, em Nápoles. Depois da batalha de Filipos, em 42 a.C., como muitos outros proprietários rurais, viu-se espoliado de muitas das suas terras para serem distribuídas aos veteranos do exército. No entanto, as suas relações com pessoas influentes valeram-lhe bastante na altura da redistribuição das terras confiscadas e recebeu, em compensação, uma propriedade nos arredores de Nápoles. A estes problemas ele fará referência numa das suas éclogas.

Cerca do ano 42 a.C. começou a composição das **Éclogas**. Entrou primeiro no Círculo de Polião tendo depois gozado da protecção de Mecenas e de Octávio. Em 29 a.C. publicou a sua segunda grande obra **Geórgicas** e, logo de seguida, começou a composição da **Eneida**, que não chegou a acabar. No intuito de conhecer os lugares do Oriente de que falava na sua obra, empreendeu uma viagem à Grécia que lhe foi fatal. Adoeceu em Mégara e voltou a Itália, vindo a falecer a 20 de Setembro de 19 a.C., em Brindes (Brundisium).O corpo foi depois levado para Nápoles onde o seu túmulo foi, mais tarde, honrado como um lugar sagrado.

" E assim jazia ele, ele, o poeta da Eneida, ele, Publius Vergilius Maro, ali jazia ele, pouco consciente, quase envergonhado por causa do seu estado desamparado, quase em fúria por causa de um tal destino, a olhar fixamente a abóbada madrepérola da concha celeste: por que é que ele tinha cedido à pressão de Augusto? Por que é que tinha deixado Atenas? Desaparecida estava agora a esperança de que o céu de Homero, sagradamente alegre, pudesse favorecer a conclusão da Eneida, desaparecida estava agora qualquer esperança no incomensurável novo que deveria ter começado de seguida, a esperança na vida longe da arte, liberta da poesia, dedicada à Filosofia e à Ciência na cidade de Platão, desaparecida estava a esperança de poder voltar a pisar a terra iónica - oh! desaparecida estava a esperança no milagre do conhecimento e na cura através do conhecimento."

Hermann Broch, *A morte de Virgílio*, I,
Lisboa, Relógio d'Água Editores, 1987, pág.12-13.

Herman Broch: Escritor austríaco contemporâneo que, baseando-se na morte do poeta, concebeu esta obra como uma meditação lírica, um longo monólogo interior, onde se fala do sentido da vida, da inquietação da morte, do mundo e seus mistérios.

2. A OBRA:

2.1. As *Bucólicas*

Em número de dez, a mais extensa com 111 versos, narrativas e dialogadas, as **bucólicas** ou **éclogas** são composições pastoris, escritas sob a influência do poeta grego Teócrito. Testemunhos dos antigos dizem que Virgílio começou a escrever as Bucólicas aos 28 anos, em 42 a.C., tendo demorado três anos a sua composição. Embora haja discordâncias quanto às datas destes poemas, aceita-se que terão sido escritos, pelo menos, entre 43 e 37 a.C.

Virgílio, Códice (séc. V-VI d.C.)

As **Bucólicas 1 e 9** fazem referência aos pastores que foram espoliados das suas terras para serem distribuídas aos veteranos depois da batalha de Filipos, em 42 a.C.. Embora não possamos considerá-los poemas autobiográficos, é notória a referência à própria vida do poeta.

Na **Bucólica I**, nota-se o contraste entre o pastor Títiro que agradece a um 'deus' o ter conservado as suas terras, e Melibeu, o pastor que é obrigado a abandonar os seus campos e a sua casa.

3. Texto

Meliboeus

Tityre, tu patulae recubans sub tegmine fagi
Siluestrem tenui musam [1] meditaris auena;
Nos patriae fines et dulcia linquimus arua,
Nos patriam fugimus; tu, Tityre, lentus [2] in umbra,
Formosam resonare doces Amaryllida siluas.

Tityrus

O Meliboee! deus [3] nobis haec otia fecit.
Namque erit ille mihi semper deus; illius aram

Saepe tener nostris ab ouilibus imbuet agnus.
Ille meas errare boues, ut cernis, et ipsum
Ludere quae uellem calamo permisit[4] agresti.

Meliboeus

Non equidem inuideo, miror magis: undique totis
Vsque adeo[5] turbatur agris! En ipse capellas[6]
Protinus aeger[7] ago[8]; hanc etiam uix, Tityre, duco[8].
Hic inter densas corylos modo namque gemellos,
Spem gregis, a! silice in nuda conixa[9] reliquit.
Saepe malum hoc nobis, si mens non laeua fuisset,
De caelo[10] tactas memini praedicere quercus.
Sed tamen iste deus qui sit da[11], Tityre, nobis.

Tityrus

Vrbem quam dicunt Romam, Meliboee, putaui
Stultus ego huic nostrae[12] similem, quo saepe solemus
Pastores ouium teneros depellere fetus.
Sic canibus catulos similes, sic matribus haedos
Noram[13], sic paruis componere magna solebam.
Verum haec tantum alias inter caput extulit urbes,
Quantum lenta solent inter uiburna cupressi.

Bucólicas, I, 1-26.

Notas:

[1] *musam siluestrem*: composição pastoril;

[2] descuidado;

[3] este deus é Octávio; o termo aqui não corresponde ainda a uma divinização mas a uma expressão de reconhecimento e de admiração;

[4] *ille ... permisit* : seguido de oração infinitiva;

[5] *usque adeo turbatur agris*: de tal forma reina a perturbação nos campos;

[6] diminutivo de *capra*;

Não confundir com o nosso vocábulo *capela* derivado de *cappella* (ou *capella*) diminutivo de *cappa* 'capa, manto'; *cappella* será então uma pequena capa; mais tarde designa a capa (ou um pedaço de capa) de S. Martinho, guardada como relíquia; começa depois a designar o local onde se guarda essa relíquia. E como as relíquias eram muito visitadas pelos fiéis aumentou-se o local onde se guardavam – daí, por extensão, a *capela – local de culto*;

Mosaico com cena pastoril (Museus do Vaticano).

[7] *aeger*: triste, infeliz;

[8] note a diferença entre *ago* e *duco*:o 1º refere-se à condução do rebanho que o pastor *impele, faz marchar à sua frente*; com o verbo *duco*, o pastor quer significar que àquela cabrinha que acabou de dar à luz ele tem que a puxar porque ela está fraca e não quer seguir viagem;

[9] *conixa*: vide *conitor*; o particípio refere-se à *capra* que fez um grande esforço para dar à luz;

[10] *caelum* vem de **caed-lo-m* a mesma raiz de *caedo* 'cortar', porque os etruscos dividiam o céu em quadrantes para interpretar os fenómenos atmosféricos;
[11] *da nobis* = *dic nobis*: diz-nos;
[12] *huic nostrae(urbi)*;
[13] = *noueram*; vide *nosco*.

1. De que modo os primeiros versos do texto mostram a diferente sorte dos dois pastores?
1.1. Transcreva os vocábulos mais significativos na caracterização do *tu* e do *nos*.
2. Explicite de que modo Títiro se propõe agradecer a quem lhe proporcionou a "fortuna" presente.
3. Atente na última fala de Títiro:
3.1. Interprete o seu significado;
3.2. Mostre em que medida essas palavras contribuem para a caracterização do pastor.

1. Diga com que palavras do texto se relacionam os vocábulos portugueses:
   a) penumbra;
   b) gregário;
   c) estultícia;
   d) feto.

2. Identifique no texto uma palavra que deu o nome a uma Associação de Defesa do Ambiente.

1. Procure na Literatura Portuguesa dos séculos XVI--XVIII exemplos de poesia bucólica que possam ter sofrido influência de Virgílio. Pode organizar-se em trabalho de grupo estudando, por exemplo, a poesia bucólica do século XVI (Sá de Miranda, António Ferreira, etc.), século XVII, século XVIII.

4. A **Bucólica IV** festeja o nascimento de um menino com o qual vai chegar uma nova Idade do Ouro. Este poema foi muito discutido ao longo dos tempos e, na Idade Média, houve quem o considerasse uma profecia do nascimento de Cristo, o Messias Salvador. Várias hipóteses se colocaram quanto à identidade deste 'menino': um filho de Polião, um filho de Marco António e Octávia, um filho de Octaviano. O mais importante é que esta criança é aqui um símbolo da vida que se espera-

va, da Paz Romana que traria um período de prosperidade, o amanhecer de um mundo novo.

4.1. Texto

Sicelides Musae [1], paulo maiora canamus!
Non omnes arbusta iuuant humilesque myricae [2];
Si canimus siluas, siluae sint consule dignae.
Vltima Cumaei uenit iam carminis [3] aetas;
Magnus ab integro [4] saeclorum nascitur ordo.
Iam redit et Virgo [5], redeunt Saturnia [6] regna,
Iam noua progenies caelo demittitur alto.

Bucólicas, IV, 1-7.

Notas:

[1] o poeta invoca as Musas da Sicília, quer dizer, de Teócrito, o poeta grego que lhe serve de modelo; musas da poesia pastoril;

[2] *myrica*: tamarindo;

[3] *Cumaei... carminis*: a previsão (da Sibila) de Cumas;

[4] *ab integro*: de novo;

[5] *Virgo*: Astreia, a justiça, filha de Júpiter, que habitou a terra durante a Idade do Ouro;

[6] *Saturnia regna*: os reinos de Saturno, isto é, a Idade do Ouro. Saturno, expulso do Olimpo pelo filho, Júpiter, pediu auxílio a Jano que reinava em Itália, e refugiou-se no seu reino que, a partir daí, se chamou *Latium* (de *latium* 'esconderijo'). Como recompensa, Saturno trouxe àquela região uma época de paz e prosperidade – a Idade do Ouro.

Leituras:

"Afinal onde se acha essa criança, esse deus-menino que dez anos antes de Actium, quando Octávio iniciava a sua ascensão para senhor único do Império, Virgílio profetizava na sua IV Écloga? Esses versos, nós tínhamos de os aprender de cor na escola: *Eis que chega a derradeira idade da profecia cumeana; retoma-se integralmente o espírito dos séculos passados. Eis o regresso da Virgem, eis que chega o reino de Saturno; eis que uma nova raça desce do céu. e tu, Casta Lucina, satisfaz-te por assistires ao nascimento da criança que conhecerá o fim da raça de ferro e o advento universal da raça de ouro: já reina o teu amado Apolo.*

Os poetas são como os deuses. Também mentem mas as suas mentiras podem estar vivas e alimentar a alma dos homens."

Seomara da Veiga Ferreira, *Memórias de Agripina*, Editorial Presença, 1993.

5. As *Geórgicas*

Obra didáctica à semelhança de *Trabalhos e Dias* do grego Hesíodo, as Geórgicas compõem-se de quatro livros que são, mais que uma obra didáctica sobre a agricultura, um elogio da vida do campo, de um ideal de vida austera, em harmonia com a natureza, símbolo da paz e da serenidade. Trata-se, afinal, de mais um hino à *Pax Romana*, à paz conseguida por Augusto que reconciliou Roma com o campo e a vida agrícola dos seus antepassados. Pretendia, desse modo, reconduzir a plebe urbana à terra mostrando-lhe o valor do trabalho dos campos e incitando-os a viver uma nova era.

Miniatura do Livro II das Geórgicas
(Bibl. da Univ. de Valência).

5.1. Texto

A chegada da Primavera

Ver adeo frondi nemorum, uer utile siluis;
Vere tument terrae et genitalia semina poscunt.
Tum pater omnipotens fecundis imbribus Aether [1]
Coniugis in gremium laetae descendit, et omnes
Magnus alit, magno commixtus corpore, fetus.
Auia tum resonant auibus uirgulta canoris,
Et Venerem certis repetunt armenta diebus;
Parturit almus ager, Zephyrique tepentibus auris
Laxant arua sinus; superat [2] tener omnibus umor [3]:
Inque nouos soles audent se germina tuto
Credere nec metuit surgentes pampinus Austros
Aut actum caelo [4] magnis Aquilonibus imbrem,
Sed trudit gemmas et frondes explicat omnes.

Geórgicas, II, 323-335.

Notas:

[1] o ar subtil das regiões superiores que envolve a atmosfera; é identificado com o deus do Céu; do seu casamento com a Terra, simbolizado na chuva fecundante, brotam as plantas;
[2] é abundante, abunda;
[3] = *humor-oris*; *superat humor*: por todos (os campos) cresce em abundância uma suave linfa;
[4] = *e caelo*.

1. Enumere os elementos que identificam a chegada da Primavera.
2. Na Primavera todos os nossos sentidos são atingidos, como nos mostra o poema. Quais as sensações que o poeta põe em evidência? Identifique-as, salientando a expressividade da linguagem utilizada.

5.2. Elogio da agricultura

Com o arado recurvo, rasga a terra o lavrador:
daí depende o labor do ano, daí o sustento da pátria
e dos netos pequeninos, as manadas de bois e os touros úteis;
não há descanso, enquanto o ano não se encher de frutos,
de crias de gado ou das medas de colmo de Ceres,
não carregar os sulcos com uma colheita que vergue os celeiros.
Eis que chega o inverno: esmagam na prensa as bagas siciónias;
saciados de glandes regressam os porcos; as florestas dão
medronhos,
o Outono larga os seus produtos variados, e lá no alto
a doce vindima recoze nas rochas solheiras.
Entretanto os ternos filhos penduram-se-lhe ao pescoço
para o beijar, a sua casa é morada da castidade,
as vacas deixam pender as lácteas tetas, e na erva viçosa
os pingues cabritos, de chifres em riste, lutam entre si,
com uma fogueira ao meio; os companheiros
coroam de flores o *crater* e ele invoca-te com libações,
ó Leneu; aos pastores convida ao certame
do dardo veloz, atirando ao olmeiro,
e a desnudar os corpos duros na palestra campesina.
Esta foi a vida que levaram outrora os priscos Sabinos,
que levaram Remo e o irmão; assim cresceu a Etrúria forte
e, de tudo quanto há no mundo, Roma se tornou o mais belo,
e com uma só muralha circundou sete colinas.

II, 513-535
(Trad. de Maria Helena da Rocha Pereira,
Romana – Antologia da Cultura Latina)

Mosaico com cena
de vindima (Roma).

11

História Literária:

- Virgílio – a Obra (cont.):
- A *Eneida:*
    - Proposição e Invocação;
    - a fúria de Juno contra os troianos.

Noções de métrica:

- o hexâmetro dactílico.

A *ENEIDA*

1. Introdução

Epopeia de Eneias, a *Eneida* conta a viagem deste herói troiano, de Tróia para Itália onde, por missão divina, irá fundar uma 'nova Tróia'. Embora epopeia de viagem, tendo por herói Eneias, a Eneida é a epopeia do povo Romano, a glorificação desse império florescente da época de Augusto. Procurando as origens mitológicas de Roma, Virgílio vem assim dar maior relevo à grandeza deste povo, protegido pelos deuses, pois o próprio nascimento de Roma tem origem divina. Ao fazer remontar a origem da Cidade a uma decisão divina de reconstruir no Lácio a grandeza de uma outra cidade poderosa do Oriente, Tróia, Virgílio quer, deste modo, justificar as glórias de Roma cujas vitórias e poderio só com o favor divino se podiam explicar. E a Paz de Augusto é o corolário dessa *epopeia* de um povo que domina já grande parte do mundo conhecido.

Inspirando-se em Homero, Virgílio compõe uma epopeia histórica, chegando mesmo à história sua contemporânea. Com uma aliança entre a cultura grega e o espírito nacional romano, Virgílio mergulha nos tempos homéricos e vem até à glória de Augusto. Utilizando um fundo mitológico grego, o poeta reuniu, em perfeita harmonia, elementos gregos e itálicos, religiosos e profanos, factos fabulosos com acontecimentos históricos, características populares e processos literários.

Serve-se de uma lenda vaga que remontava já aos séculos VII e VI e aparecia especialmente nos autores gregos quando se referiam a Roma. Esta ligação da origem de Roma ao filho de Vénus, o troiano Eneias, começa a ganhar mais adeptos na época clássica e até algumas das grandes famílias de Roma pretendem ser descendentes de Eneias. É o caso da família adoptiva de Augusto, da *gens Iulia*, que se dizia descendente de Iulo, o filho de Eneias, que fundou a cidade de Alba.

2. Esquema da obra:

A estrutura da Eneida segue a da Odisseia de Homero. É composta por doze livros, metade dos que compõem a Odisseia. Os seis primeiros livros narram as aventuras de Eneias durante a sua viagem e os seis últimos a guerra com os povos do Lácio. Depois da **Proposição** e **Invocação**, começa a **Narração** *in medias res*. Trata-se de uma epopeia marítima: a viagem de Eneias de Tróia para Itália é o ponto central da obra e é a partir dela que se situam todos os episódios paralelos que nos remetem para tempos diferentes. Eneias e os seus companheiros são atacados por uma grande tempestade provocada por Juno que não quer permitir a chegada dos troianos a Itália. Por intercessão de Vénus, os marinheiros são acolhidos em Cartago pela rainha Dido. É a luta entre Vénus, mãe de Eneias, e Juno, que vai determinar a sorte dos navegantes. No canto II começa uma longa **analepse** em que o herói conta a Dido a queda de Tróia às mãos dos Gregos e a forma como navegou até ali com os seus companheiros procurando alcançar a Itália, as margens do rio Tibre onde, por mandado divino, irá fundar uma nova cidade. Apesar da paixão de Dido que quer reter Eneias na cidade, este, fiel à sua missão divina, acaba por partir (canto IV).

A viagem prossegue, recheada de peripécias várias, até que aportam a Itália, à foz do rio Tibre (canto VII), onde são acolhidos pelo rei Latino, já preparado por um oráculo para a chegada dos estrangeiros. Com a constante intervenção vingativa de Juno, desenrola-se um período de lutas sangrentas com os príncipes locais, que se sentem ofendidos com a chegada destes estranhos, até que, finalmente, Juno aceita as tréguas e acorda com Júpiter o futuro: troianos e latinos irão fundir-se num só povo que usará a língua do Lácio.

Ao longo da obra destacam-se alguns episódios sendo o principal o de Dido e seus amores por Eneias. Merecem referência também a visita à gruta da Sibila e a descida de Eneias aos Infernos, para além da descrição do escudo de Eneias oferecido por Vénus e fabricado por Vulcano.

As profecias de Júpiter e a descrição do escudo de Eneias bem como a passagem deste pelo reino dos mortos são passos importantes de referências históricas do império romano até à época de Augusto (**prolepses** – avanços no tempo em relação à narrativa principal).

* Para desenvolvimento deste tema consulte:

- PEREIRA, Maria Helena da Rocha, *História da cultura clássica. II – Cultura Romana*, Lisboa, Fundação Calouste Gulbenkian, 1984, págs. 241-314.
- RAMALHO, Américo da Costa, ENEIDA, in Verbo – Enciclopédia de Cultura.

Faça um confronto entre a estrutura da Eneida e a estrutura d'*Os Lusíadas* de Camões.

3. Noções, muito gerais, de métrica

Quando, na literatura portuguesa, se fala de métrica, queremos referir-nos a um dos elementos do verso que contribui para o seu ritmo. Assim, quanto ao número de sílabas métricas, temos, por exemplo, versos decassílabos (de dez sílabas), com acentuação na 4.ª, 8.ª e 10.ª ou na 6.ª e 10.ª, versos de cinco sílabas (redondilha menor), de sete sílabas (redondilha maior), etc..

Se, na poesia moderna, o ritmo do verso se baseia na acentuação, na poesia latina o ritmo do verso tem por base a quantidade das sílabas.

Deste modo, cada verso é constituído por determinados agrupamentos de sílabas que têm o nome de **pés**. Um agrupamento constituído por uma sílaba longa seguida de duas sílabas breves (-⌣⌣) é um **dáctilo**; um agrupamento de duas sílabas longas (- -) chama-se **espondeu**; se for uma longa seguida de uma breve (- ⌣) tem o nome de **troqueu**; uma breve seguida de longa (⌣ -) constitui um **iambo**.

O verso nobre por excelência, usado na epopeia (grega e latina) é o **hexâmetro dactílico**. Como o nome indica, o hexâmetro dactílico é constituído por **seis pés dáctilos**. Mas, como os quatro primeiros pés podem ser dáctilos ou espondeus, o 5.º pé é obrigatoriamente um dáctilo e o 6.º pode ser um espondeu ou um troqueu, teremos que o **esquema do hexâmetro dactílico** pode ser:

1.º	2.º	3.º	4.º	5.º	6.º
- -	- -	- -	- -	- ⌣ ⌣	- -
- ⌣ ⌣	- ⌣ ⌣	- ⌣ ⌣	- ⌣ ⌣	- ⌣ ⌣	- ⌣

É necessário, portanto, recordar as regras da quantidade silábica. Nos casos de dúvida recorra ao dicionário.

Por conveniência métrica, no entanto, os poetas podem usar de algumas liberdades:

– elisão da sílaba final de uma palavra terminada em *-m* antes de vogal ou h (**ectlipse**);

– **elisão** – supressão de uma vogal final quando a palavra seguinte começa por vogal ou h;

– **crase** – contracção de duas vogais numa só;

– **sístole** – alongamento de uma sílaba breve;

– **sinérese** – reunião de duas vogais numa só sílaba;

– **diérese** – divisão de uma sílaba em duas.

Exemplos:

1.º 2.º 3.º 4.º 5.º 6.º
- ˘ ˘/- - / - - / - - / - ˘ ˘/ - -
Conticuere‿omnes, intentique‿ora tenebant.
→ elisão → elisão

- ˘ ˘/ - - / - -/ - -/- ˘ ˘/ - -
Litora multum‿ille‿et terris iactatus et alto
→ elisão
→ ectlipse

Como o hexâmetro é um verso longo, há necessidade de uma pausa, **cesura**. A cesura mais corrente é a pentemímere (depois do 5.º meio-pé).

Uma vogal breve por natureza seguida de duas consoantes em que a segunda delas é uma líquida (*l* ,*r* ou *n*), tanto pode ser breve como longa, para efeitos métricos:

Exemplo:

- - /- ˘ ˘/ - ˘ ˘ /- ˘ ˘ /- ˘ ˘ /- -
Nimborum‿in p**a**triam, loca feta furentibus Austris
(En. I, 51)

- - / - ˘ ˘ / - -/ - - / - ˘ ˘ / - -
Natum‿ante‿ora p**a**tris, p**a**trem qui‿obtruncat ad aras
(En., II, 663)

4. Textos

4.1. Proposição e Invocação

Arma [1] uirumque cano, Troiae qui primus ab oris
Italiam fato profugus Lauiniaque uenit
Litora [2], multum ille [3] et terris iactatus et alto [4]
Vi Superum, saeuae memorem Iunonis ob iram [5],
Multa quoque et bello passus, dum conderet urbem 5

Inferretque deos Latio[6], genus unde Latinum
Albanique patres atque altae moenia Romae.
Musa, mihi causas memora, quo numine laeso[7],
Quidue dolens regina deum tot uoluere casus
Insignem pietate[8] uirum, tot adire labores 10
Impulerit[9]: tantaene animis caelestibus irae?

Eneida, I, 1-11.

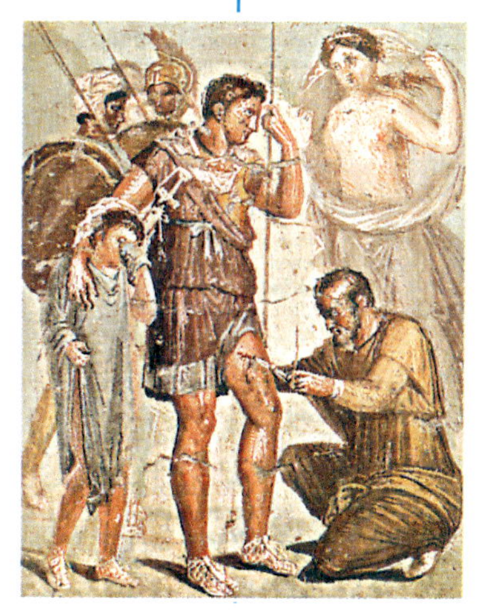

Eneias ferido.

Notas:

[1] = *bella*; *arma uirumque*: as armas (as guerras) e o homem (Eneias);
[2] *litora* tal como *Italiam* são complementos de lugar para onde, sem preposição;
[3] *ille* refere-se ao sujeito;
[4] *alto* = *mari*;
[5] *ob iram memorem*: por causa da ira que não esquece, rancorosa;
[6] dativo, construção poética para indicar o termo do movimento (= *in Latium*);
[7] equivale a um substantivo verbal; *quo numine laeso*: por que desgraça celeste;
[8] *pius* era a grande virtude de Eneias;
[9] com infinitivo: *impulerit...uoluere... adire....*

1. O que é que o poeta se propõe cantar?
2. Qual era a missão do herói?
3. Quem procurava impedir que ele cumprisse a sua missão?
4. Que relação tem este herói com a lendária origem de Roma?
5. Classifique as orações que têm por predicado *conderet* e *inferret*.
6. Que função sintáctica desempenha *Musa* (verso 8)?
6.1. A que musa se refere?
7. Identifique a forma *memora*.
8. Faça a tradução do texto numa linguagem correcta.

Confronte a Proposição e Invocação da *Eneida* com as mesmas partes d'*Os Lusíadas* de Camões e estabeleça as semelhanças e diferenças.

4.2. Cartago protegida de Juno

Vrbs antiqua fuit (Tyrii tenuere coloni),
Carthago, Italiam contra [1] Tiberinaque longe
Ostia, diues opum [2] studiisque asperrima belli;
Quam Iuno fertur terris magis omnibus [3] unam
Posthabita coluisse Samo [4]: hic illius arma,
Hic currus fuit; hoc regnum dea gentibus esse [5],
Si qua fata sinant, iam tum tenditque [6] fouetque.

I, 12-18.

Notas:

[1] *contra Italiam*: em frente de Itália;
[2] genitivo dependente de *diues*;
[3] 2.º termo de comparação;
[4] Samos, ilha do mar Egeu onde havia um famoso templo de Juno;
[5] =*hoc regnum esse regnum gentibus*: que este reino seja o reino das nações, a sede do império;
[6] *tendit*: se esforça.

1. Qual a localização de Cartago?
2. Que origem teve esta cidade?
3. Indique algumas das suas características.
4. Qual a determinação dos deuses sobre esta cidade?
5. Identifique a forma verbal *tenuere*.
5.1. Indique o seu sujeito.
6. Diga a que categoria morfológica pertence *hic* (versos 16,17).
7. Indique o caso e função sintáctica de *illius*.
8. Traduza o texto.

4.3. Juno odeia os troianos e teme pelo futuro de Cartago

Progeniem sed enim [1] Troiano a sanguine duci
Audierat, Tyrias olim quae uerteret arces;
Hinc populum late regem [2] belloque superbum
Venturum [3] excidio [4] Libyae: sic uoluere Parcas.
Id metuens ueterisque memor Saturnia [5] belli,
Prima [6] quod ad Troiam pro caris gesserat Argis:
Necdum [7] etiam causae irarum saeuique dolores
Exciderant animo; manet alta mente repostum [8]
Iudicium Paridis spretaeque iniuria formae [9]
Et genus inuisum et rapti Ganymedis* honores:
His accensa super [10], iactatos aequore toto
Troas, reliquias Danaum [11] atque immitis Achilli [12],

Arcebat longe Latio [13], multosque per annos
Errabant, acti fatis maria omnia circum [14].
Tantae molis erat [15] Romanam condere gentem.

I,19-33

Notas:

Escanção (Túnis).

[1] *sed enim*: mas contudo, porém;
[2] *late regem*: largamente rei;
[3] *uenturum esse*;
[4] dativo de fim;
[5] Satúrnia: epíteto de Juno;
[6] ela, em 1.º lugar;
[7] ainda não;
[8] = *repositum*;
[9] *forma*: beleza;
[10] *his accensa super*: inflamada (enraivecida) por estas coisas;
[11] genitivo objectivo: o que escapou aos golpes dos gregos;
[12] genitivo;
[13] abl. sem preposição;
[14] anástrofe da preposição;
[15] de quanta dificuldade era; quanta dificuldade havia.

* Ganymedes, deorum pincerna

Olim erat in Phrygia adulescentulus formosissimus, nomine Ganymedes, qui Trois regis erat filius. Aliquando, dum oues in monte Ida una cum aequalibus pascebat, raptus est a Ioue in aquilam mutato atque in Olympum subductus. Ibi Ganymedes in deorum symposio uinum temperabat et nectar ministrabat et curam gerebat conuiuii. Nam Hebe, Iunonis filia, quae bibere dis ministrabat, ante omnes ridicule lapsa, eorum risum mouit. Itaque erubescens non solum e symposio discessit, sed etiam in perpetuum se munere abdicauit.

In Olympo igitur Ganymedes in se admirationem omnium deorum dearumque statim traduxit. Iuno autem, quae odium in Troianos habebat, Ganymedem aemulans furebat atque Iouem saepe obiurgabat.

C. A. Louro Fonseca, *Sic itur in Vrbem – Iniciação ao Latim*,
Coimbra, Instituto de Estudos Clássicos, [5]1991.

1. Enumere as razões da ira de Juno.
2. Que segredos os destinos tinham revelado à deusa?
3. Com os conhecimentos que possui sobre a história de Roma, explique essas profecias que Juno tanto temia.
4. De que modo procurava a deusa impedir que os destinos se cumprissem?
5. Traduza o texto.

Confronte o que acabou de ler com *Os Lusíadas* , focando:

1. Quem procurava impedir a viagem da armada portuguesa?
2. Que razões levavam a agir dessa maneira?

3 Leia o texto que se segue:

"Propunha-se-me uma tarefa de muita preocupação para o meu espírito por causa dos louvores e descrédito ou receio de ser açoitado: que dissesse as palavras de Juno encolerizada e cheia de dor por não poder "afastar da Itália o rei dos troianos". Bem sabia que Juno nunca proferira tal coisa, mas obrigavam-nos a seguir errantes, as pegadas das ficções dos poetas e a repetir em prosa o que o poeta cantara em verso."

Santo Agostinho, *Confissões*, I, 17.

Sem querer seguir a pedagogia do tempo de Santo Agostinho, propomos-lhe que faça o mesmo exercício com este texto de Virgílio:

Juno furiosa dizia consigo:

"Mene incepto desistere uictam
Nec posse Italia Teucrorum auertere regem?
...
Ast ego, quae diuum incedo regina, Iouisque
Et soror et coniux, una cum gente tot annos
Bella gero! Et quisquam numen Iunonis adorat
Praeterea, aut supplex aris imponet honorem?"

Eneida, I, 37-38, 46-49.

Avalie os seus conhecimentos:

1. Escreva em Latim:
   a) Eneias veio de Tróia para Itália através dos mares.
   b) Virgílio pede à Musa que lhe recorde as causas da ira de Juno.
   c) Em Cartago Eneias foi recebido pela rainha Dido.
   d) Juno sabia que das margens do Tibre viria, um dia, um povo forte que destruiria as muralhas de Cartago.

2. Indique a origem das palavras portuguesas:
   a) fado, fatal;
   b) jactância;
   c) veterano;
   d) memorável.

2.1. Especifique, para cada uma, se a sua evolução para a língua portuguesa se deu por via erudita ou por via popular.
3. Escreva o acusativo de *Tiberis* e de *uis*.
4. Diga o imperativo do verbo a que pertence a forma *fertur*.
5. Quem foi Ganimedes?
6. Em que consistiu o julgamento de Páris?
7. Qual a obra que tem Aquiles como personagem central?
8. O que significa a expressão "calcanhar de Aquiles"?
9. Leia, analise e comente o texto que a seguir se apresenta:

"*A morte de Virgílio*, de Broch. O relato apaixonante de uma agonia lúcida e dilacerada que culmina no diálogo patético do Poeta com o Imperador Augusto. Dois génios de sinal contrário numa luta titânica. Um, já só a ver do mundo sem redenção que conhecera o redimido que intuíra, determinado a destruir a *Eneida* e a resgatar, nesse gesto de expiação, a alma desesperada de vate comprometido, escravo da circunstância, criador desenganado de símbolos de uma só face, alegorias vãs do transitório; o outro, senhor do momento e cego a qualquer aceno do transcendente, apostado em contrariar-lhe o intento, mais interessado na caução que o poema dava ao renome de Roma e do governante do que na clarividência tardia do autor. O primeiro, nas vascas do derradeiro transe, a ter a iluminação da sua total liberdade de artista e a revelação final de um verbo incorruptível; o segundo, na força da vida e do mando, a sobrepor às razões contritas e visionárias do épico as razões pragmáticas do Estado e do estadista celebrados. Uma grande parábola do difícil relacionamento da lira e do ceptro, atribulado em todas as épocas e latitudes, e tornado mais cruciante na hora da verdade. Um Orfeu atormentado e um César inflexível, às portas da Poesia. O cantor, penitente, a querer resguardar-lhe a independência e a missão reveladora, mesmo que imolando a própria obra; o soberano, imperativo, a objectar-lhe a objecção de consciência com os argumentos do poder, da função nobre mas servidora da arte e do total empenhamento exigido pela glória lácia a qualquer cidadão."

Miguel Torga, *Diário XIII* (Coimbra, 8 de Novembro de 1981)

1. Em situações concretas, na actualidade, podemos, muitas vezes, notar que há sempre os adjuvantes e os oponentes de toda a ordem que procuram, de uma forma ou de outra, impedir a realização de um sonho, de um ideal.

Pense numa situação concreta (pessoal, local, internacional...). Descreva a situação, apresente os elementos adjuvantes e os oponentes, caracterize o herói que luta pela sua causa.

2. Com base nas ideias do texto de Miguel Torga, participe num debate subordinado ao tema:

A "arte pela arte" (ars gratia artis) versus "a arte comprometida".

12

História literária:
Eneida: Canto I – continuação:
- a tempestade;
- o desespero de Eneias;
- o naufrágio da armada de Eneias.

Língua Latina:
- os numerais advérbios;
- os numerais multiplicativos.

1. A tempestade

Juno, para afastar os troianos de Itália, procura Éolo, deus dos ventos, e convence-o a desencadear uma tempestade:

Haec ubi dicta [1], cauum conuersa cuspide montem
Impulit in latus [2]; ac uenti, uelut agmine facto,
Qua data porta, ruunt et terras turbine perflant.
Incubuere mari, totumque a sedibus imis
Vna Eurusque Notusque ruunt creberque procellis
Africus et uastos uoluunt ad litora fluctus.
Insequitur clamorque uirum [3] stridorque rudentum.
Eripiunt subito nubes caelumque diemque
Teucrorum ex oculis: ponto nox incubat atra.
Intonuere poli [4] et crebris micat ignibus aether
Praesentemque uiris intentant omnia mortem.

Eneida, I, 81-91.

Notas:

[1] = *ubi haec dicta sunt*;
[2] Éolo vai soltar os ventos que mantinha encerrados numa caverna e assim desencadear a tempestade;
[3] forma antiga de genitivo = *uirorum*;
[4] o céu.

1. Faça um esquema que sintetize o desenrolar da tempestade.
1.1. Enumere os elementos que a desencadearam.
2. De que modo nos mostra o poeta as consequências da fúria dos elementos?
2.1. Saliente os passos mais expressivos.
3. Como se apresentava a situação para os marinheiros?

1. Procure n'*Os Lusíadas* a descrição da tempestade e compare-a com esta que acabou de analisar.
2. Busque outras descrições de tempestade na literatura portuguesa, nomeadamente na *História Trágico-Marítima.*

2. O desespero de Eneias

Extemplo Aeneae soluuntur frigore membra;
Ingemit, et duplices tendens ad sidera palmas [1],
Talia uoce refert: "O terque quaterque [2] beati
Quis [3] ante ora patrum, Troiae sub moenibus altis,
Contigit oppetere! O Danaum fortissime gentis
Tydide [4], mene Iliacis occumbere campis
Non potuisse tuaque animam hanc effundere dextra,
Saeuus ubi Aeacidae [5] telo iacet Hector, ubi ingens
Sarpedon, ubi tot Simois [6] correpta sub undis
Scuta uirum galeasque et fortia corpora uoluit [7]?"

Eneida, I, 92-101.

Notas:

[1] a súplica aos deuses fazia-se levantando as palmas das mãos para o céu; *duplices palmae*: as duas mãos; *duplex-icis*: numeral multiplicativo;
[2] numerais advérbios: *ter*: três vezes; *quater*:quatro vezes; três e quatro vezes é um número indeterminado = mil vezes;
[3] = *quibus*;
[4] trata-se de Diomedes, filho de Tideu, herói grego que lutou contra Eneias;
[5] refere-se a Aquiles, filho de Peleu, descendente de Éaco;
[6] o Simoente, rio que desce da montanha junto à planície de Tróia;
[7] vide *uoluo*, *uoluere*: fazer rolar, revolver.

1. Qual o estado de espírito de Eneias?

1.1. Que palavras exprimem melhor os seus sentimentos?

2. Interprete o sentido dos quatro últimos versos.

3. Traduza o texto.

1. Confronte estas palavras de Vasco da Gama com as de Eneias e explicite o conceito de glória que elas nos transmitem:

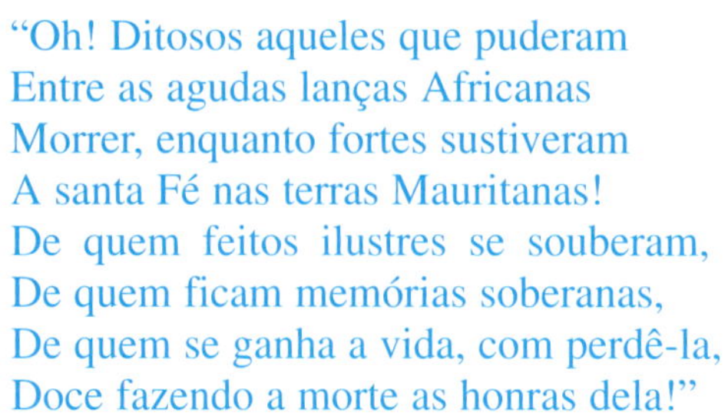

"Oh! Ditosos aqueles que puderam
Entre as agudas lanças Africanas
Morrer, enquanto fortes sustiveram
A santa Fé nas terras Mauritanas!
De quem feitos ilustres se souberam,
De quem ficam memórias soberanas,
De quem se ganha a vida, com perdê-la,
Doce fazendo a morte as honras dela!"

Os Lusíadas, VI, 83.

3. O Naufrágio

3.1.

Talia iactanti [1], stridens Aquilone procella
Velum aduersa ferit fluctusque ad sidera tollit.
Franguntur remi: tum prora auertit et undis
Dat latus; insequitur cumulo praeruptus aquae mons.
Hi summo in fluctu pendent; his unda dehiscens
Terram inter fluctus aperit; furit aestus harenis [2].
Tres Notus abreptas [3] in saxa latentia torquet
(Saxa uocant Itali, mediis quae in fluctibus, Aras [4],
Dorsum immane mari summo), tres Eurus ab alto
In breuia et syrtes urget (miserabile uisu)
Illiditque uadis atque aggere cingit harenae.

I, 102-112.

3.2.

Vnam, quae Lycios fidemque uehebat Oronten,
Ipsius ante oculos ingens a uertice pontus
In puppim ferit: excutitur pronusque magister
Voluitur in caput; ast illam ter fluctus ibidem
Torquet agens circum et rapidus uorat aequore uortex.
Apparent rari nantes in gurgite uasto,
Arma uirum tabulaeque et Troia gaza per undas.
Iam ualidam Ilionei nauem, iam fortis Achatae
Et qua uectus Abas, et qua grandaeuus Aletes,
Vicit hiems[5]; laxis laterum compagibus omnes
Accipiunt inimicum imbrem rimisque fatiscunt.

I, 113-123

Notas:

[1] *iactanti*: dativo; mostra a situação da pessoa enquanto se passa a acção designada pelo verbo principal; *talia iactanti*: enquanto (ele) assim falava;
[2] = *arenis*; ablativo instrumental;
[3] *tres abreptas* [*naues*] ;
[4] ordem: *Itali uocant Aras saxa quae sunt in mediis fluctibus*;
[5] *hiems*: a tempestade.

1. Faça um esquema que mostre a evolução da tempestade e do naufrágio.
2. Seleccione as palavras ou expressões mais significativas.
3. Faça a escansão do verso:
   Apparent rari nantes in gurgite uasto.
3.1. Mostre a carga expressiva destas palavras e a importância da sua harmonia rítmica.
4. Transcreva os versos mais expressivos ao nível do significante.
5. Traduza os textos.

4.

4.1. Os numerais advérbios
4.2. Os numerais multiplicativos

4.1. Os numerais advérbios:

Quantas vezes?
semel: uma vez
bis: duas vezes
ter: três vezes
quater: quatro vezes
quinquies: cinco vezes
sexies: seis vezes
septies: sete vezes
octies: oito vezes
nouies: nove vezes
decies: dez vezes
etc.

4.2. Os numerais multiplicativos

simplex, simplicis: simples, único, singelo
duplex, duplicis: duplo, dividido em dois, dúplice
triplex,triplicis: triplo, tríplice
quadruplex, quadruplicis: quádruplo, quadruplex
quintuplex, quintuplicis: quíntuplo
etc.

Perante os infortúnios dos troianos com esta tempestade, Vénus vai junto de Júpiter pedir protecção para seu filho a quem o ódio de Juno fazia correr tais perigos. O pai dos deuses sossega-a e profetiza as grandes vitórias de Eneias e do povo romano que dele vai descender.

5. Profecias de Júpiter

Olli [1] subridens hominum sator atque deorum
Vultu quo caelum tempestatesque serenat, 255
Oscula libauit [2] natae [3]; dehinc talia fatur:
"Parce metu, Cytherea [4]; manent immota tuorum
Fata tibi; cernes urbem et promissa Lauini [5]
Moenia sublimemque feres ad sidera caeli
Magnanimum Aenean, neque me sententia uertit [6]. 260
Hic tibi (fabor enim, quando haec te cura remordet,
Longius et uoluens fatorum arcana mouebo)
Bellum ingens geret Italia [7] populosque feroces

Contundet moresque uiris et moenia ponet,
Tertia dum Latio regnantem uiderit aestas 265
Ternaque transierint Rutulis hiberna subactis.

I, 254-266.

Notas:

[1] dat.= *illi*;
[2] *libare oscula*: dar um beijo; à letra: tocou de leve os lábios da filha;
[3] Vénus (Afrodite para os Gregos) era filha de Zeus (Júpiter) e de Dione, segundo a Ilíada;
[4] natural de Citera, ilha ao sul do Peloponeso consagrada a Vénus; segundo outra versão da lenda, Vénus terá nascido da espuma do mar perto da ilha de Citera de onde foi levada pela brisa até à ilha de Chipre; as duas ilhas são consagradas a Vénus que além de **Citereia** é também chamada **Cípria**;
[5] = *Lauinii*;
[6] *neque me sententia uertit*: nem mudei de opinião;
[7] *Italia*: construção poética em vez de *in Italia*.

PISTAS DE LEITURA

1. Explicite os factos que Júpiter aqui profetiza.
2. Diga qual o tempo verbal que predomina no texto.
2.1. Justifique a predominância desse tempo.
3. Identifique as formas verbais:
   a) fatur (verso 256);
   b) fabor (verso 261).
4. Classifique morfologicamente:
   a) tertia (verso 265);
   b) terna (verso 266).
5. Diga, justificando, em que modo se encontram as formas verbais:
   a) uiderit (verso 265);
   b) transierint (verso 266).
6. Traduza o texto.

Eneias e Vénus
(Pierre de Cortone).

EXERCÍCIOS

I.

A. Leia, analise e traduza o texto que se segue:

Vénus, temendo o futuro, chorosa, dirige-se ao Olimpo e pede a Júpiter que proteja Eneias, seu filho, e os companheiros, da fúria de Juno.

"O tu, qui sempiterna potentia moderaris res hominum ac deorum, et fulmine omnes terres mortales: quid meus Aeneas tam graue peccare contra te potuit? Nam ille, cui olim maria montesque promisisti, nunc oppressus tam multiplici clade repellitur procul a Latio. Quodnam consilium mutauit te, o pater? Amissis nauibus, Aeneas procul eiicitur ab Italis litoribus. Hocne praemium est uirtutis pietatisque?"

C.A. Louro Fonseca, *Boletim de Estudos Clássicos*, n.º 22, Dez. 1994.

Analise estas palavras de Vénus:

1. Qual a intenção da forma como se dirige ao pai?
2. Que queixumes apresenta?
3. Quais os argumentos usados para convencer Júpiter?
4. Atente na estrutura do discurso:

4.1. Indique a sequência dos tipos de frase e explicite o seu valor.

B. Faça agora o estudo deste texto de Virgílio que inspirou o anterior:

O pedido de Vénus:

"O qui res hominumque deumque
Aeternis regis imperiis et fulmine terres,
Quid meus Aeneas in te committere tantum,
Quid Troes potuere, quibus tot funera passis
Cunctus ob Italiam terrarum clauditur orbis?
Certe hinc [1] Romanos olim, uoluentibus annis,
Hinc fore ductores [2] reuocato a sanguine Teucri,
Qui mare, qui terras omni dicione tenerent.
Pollicitus [3]: quae te, genitor, sententia uertit?
(...)
Nos, tua progenies, caeli quibus annuis arcem,
Nauibus (infandum!) amissis, unius [4] ob iram
Prodimur atque Italis longe disiungimur oris.
Hic pietatis honos? Sic nos in sceptra reponis?"

Eneida, I, 229-237, 250-253.

Notas:

[1] quer dizer: destes Troianos;
[2] *fore*: infinitivo futuro de *esse* = que hão-de vir; *Romanos... du*[illegible]*es*;
[3] *pollicitus es*: tu prometeste;
[4] refere-se a Juno.

C. Exercícios de análise dos textos anteriores:

Confronte o texto de Louro Fonseca com o de Virgílio:

1. No texto de Virgílio, há um acento mais forte nas últimas palavras de Vénus que não aparece no texto de Louro Fonseca.
1.1. Refira os versos em que tal acontece.
1.2. Explique a sua funcionalidade do ponto de vista da emoção que pretende despertar no interlocutor.
2. Enriqueça o seu vocabulário fazendo a correspondência dos vocábulos e expressões usadas nos dois textos:

texto de Louro Fonseca:	**texto de Virgílio**:
– sempiterna potentia	: ....
– moderaris	: ....
– Quodnam consilium mutauit te	: ....

II. Leia e analise este texto de Camões:

Profecias de Júpiter:

"*Fermosa* filha minha, não temais
Perigo algum nos vossos Lusitanos,
Nem que ninguém comigo possa mais
Que esses chorosos olhos soberanos;
Que eu vos prometo, filha, que vejais
Esquecerem-se Gregos e Romanos,
Pelos ilustres feitos que esta gente
Há-de fazer nas partes do Oriente.

....

Fortalezas, cidades e altos muros
Por eles vereis, filha, edificados;
Os Turcos belacíssimos e duros
Deles sempre vereis desbaratados.
Os Reis da Índia, livres e seguros,
Vereis ao Rei potente *sojugados*,
E por eles, de tudo, enfim, senhores,
Serão dadas na Terra leis *milhores*.

Camões, *Os Lusíadas*, II, 44, 46.

1. Faça um confronto entre as duas profecias de Júpiter (n'*Os Lusíadas* e na *Eneida*).

13

A Eneida
(conclusão do Canto I; Cantos II-IV):

- Eneias em Cartago;
- A recordação da queda de Tróia;
- O episódio de Dido;
- Dido e Eneias na Literatura e nas Artes Plásticas.

O episódio de Dido

1.

"O episódio de Dido constitui uma unidade narrativa perfeitamente delimitável na Eneida. A acção apresenta um delineamento próprio, e desenrola-se num tempo e num espaço bem definidos e diferenciados, abrangendo a estadia de Eneias e dos Troianos em Cartago.

A uma primeira leitura, faz lembrar uma pequena novela amorosa do tipo alexandrino cujo enredo se pode reduzir a três momentos dominantes: 1. o *encontro* de Dido e Eneias, o conhecimento mútuo e o nascimento do amor; 2. a *realização* do amor; 3. o *desenlace*, com separação dos amantes. Como vemos, uma novela onde o "happy-ending" é contrariado, mas que mantém as linhas gerais da novela alexandrina.

Contudo, e como é natural, o episódio só completa o seu significado ao nível de integração na estrutura global do Poema. Uma leitura um pouco mais profunda manifesta imediatamente os elementos que operam essa integração, quebrando o aparente fechamento do episódio: em cada facto narrado, em cada pormenor descrito, fazem-se sentir as grandes forças temáticas que modelam coesamente o Poema de Virgílio."

Manuel dos Santos Rodrigues, O episódio de Dido na Eneida, *Estudos sobre a Eneida*, CLASSICA, Lisboa, 1990.

Chegada de Eneias a Cartago
- Mosaico romano do séc. IV d.C.

2. Textos

2.1. Eneias dirige-se a Dido e agradece a recepção

2.1.1.

Tum sic reginam alloquitur cunctisque repente
Improuisus ait: "Coram, quem quaeritis, adsum,
Troius Aeneas, Libycis ereptus ab undis.
O sola infandos Troiae miserata labores,
Quae nos, reliquias Danaum, terraeque marisque
Omnibus exhaustos iam casibus, omnium egenos,
Vrbe, domo socias [1], grates persoluere dignas
Non opis est [2] nostrae, Dido, nec quidquid ubique est [3]
Gentis Dardaniae, magnum quae sparsa [4] per orbem.

Eneias e Dido em Cartago (Claude Lorrain).

2.1.2.

Di tibi, si qua pios respectant numina, si quid
Vsquam iustitia est et mens sibi conscia recti,
Praemia digna ferant! Quae te tam laeta tulerunt
Saecula [5]? qui tanti talem [6] genuere parentes?
In freta dum fluuii current, dum montibus umbrae
Lustrabunt conuexa, polus dum sidera pascet,
Semper honos nomenque tuum laudesque manebunt.
Quae [7] me cumque [7] uocant terrae."

Eneida, I, 594-610.

Notas:

1 *socias*: verbo *sociare*; *sociare domo*: oferecer asilo; *urbe, domo socias*: abres a cidade, a casa;

2 *non opis est nostrae persoluere*: não está no nosso poder pagar; *persoluere grates dignas*: testemunhar dignos agradecimentos; agradecer dignamente;

3 *quidquid ubique est*: o que quer que existe em qualquer parte; o que resta;

4 =*sparsa est*; os troianos que escaparam à destruição de Tróia procuraram refúgio junto de vários povos vizinhos;

5 *quae saecula tam laeta te tulerunt*?: que séculos (tempos) tão felizes te produziram (te trouxeram à vida)?;

6 *tanti talem*: uma tal (princesa) de tanto valor; uma princesa como tu;

7 *quaecumque*: seja onde for.

1. De que modo se apresenta Eneias perante Dido?
2. Como agradece o acolhimento dado a si e aos seus companheiros?
3. Indique o valor estilístico das expressões:
   a) dum fluuii in freta current;
   b) dum montibus umbrae lustrabunt conuexa;
   c) dum polus sidera pascet.
4. Traduza o texto.

Eneias conta a Dido a queda de Tróia (Guérin séc. XVIII-XIX) – Museu do Louvre.

2.2. Resposta de Dido a Eneias

"Quis te, nate dea, per tanta pericula casus
Insequitur? quae uis immanibus applicat oris?
Tune ille Aeneas, quem Dardanio Anchisae
Alma Venus Phrygii genuit Simoentis ad undam?
Atque equidem Teucrum [1] memini Sidona uenire,
Finibus expulsum patriis, noua regna petentem 620
Auxilio Beli; genitor tum Belus opimam
Vastabat Cyprum et uictor dicione tenebat.
Tempore iam ex illo [2] casus mihi cognitus urbis
Troianae, nomenque tuum regesque Pelasgi.
Ipse hostis Teucros [3] insigni laude ferebat 625
Seque ortum antiqua Teucrorum ab stirpe uolebat [4].
Quare agite, o, tectis, iuuenes, succedite nostris.
Me quoque per multos similis fortuna [5] labores
Iactatam hac demum uoluit consistere terra;
Non ignara mali, miseris succurrere disco."

Eneida, I,615-630.

Notas:

[1] Teucro, um dos heróis gregos da guerra de Tróia, irmão de Ájax, filho de Télemon, rei de Salamina. Ao regressar de Tróia foi desterrado pelo pai que o considerou responsável pela morte do irmão. Pediu então o auxílio de Belo, rei de Sídon, para fundar uma nova Salamina na ilha de Chipre;
[2] *ex illo tempore*;
[3] *Teucer* ou *Teucrus* era o filho do rio Escamandro e da ninfa do monte Ida que foi o 1.º rei da Tróade, daí o nome *Teucri* dado aos Troianos;
[4] *uolebat*: pretendia; *uolebat se ortum (esse) ab antiqua stirpe Teucrorum*;
[5] ordem: *similis fortuna uoluit me quoque iactatam per multos labores consistere demum hac terra.*

1. Que conhecimentos tinha Dido acerca de Eneias?
2. A quem tinha ouvido louvores aos Troianos?
3. Que razão forte a leva a socorrer os navegantes?
4. Identifique a forma *petentem* (verso 620).
4.1. A quem se refere?
4.2. Que função sintáctica desempenha?
5. Traduza o texto.

1. Procure numa enciclopédia informação sobre Dido, sua origem e forma como veio para Cartago.
2. Confronte o pedido de Dido a Eneias com o do Rei de Melinde a Vasco da Gama. n'*Os Lusíadas.*

Atendendo ao pedido de Dido, Eneias conta a queda de Tróia e a sua viagem pelos mares.

O cerco de Tróia (Miniatura). Crónica troiana de Guido de Colonna.

2.3.Início da narrativa de Eneias

Conticuere omnes, intentique ora tenebant [1]:
Inde toro pater [2] Aeneas sic orsus ab alto:
" Infandum [3], regina, iubes renouare dolorem,
Troianas ut opes et lamentabile regnum
Eruerint Danai [4]; quaeque ipse miserrima uidi,
Et quorum pars magna fui. Quis talia fando [5]
Myrmidonum [6] Dolopumue [7] aut duri miles Vlixi [8]
Temperet a lacrimis? Et iam nox umida caelo
Praecipitat suadentque cadentia sidera somnos [9].
Sed si tantus amor [10] casus cognoscere nostros
Et breuiter Troiae supremum audire laborem [11]
Quamquam animus meminisse horret luctuque refugit,
Incipiam."

Eneida, II, 1-13.

Notas:

[1] *ora tenebant*: tinham os rostos suspensos;
[2] *pater Aeneas*: o venerável Eneias;
[3] *infandum* (*in-fandus*): o que não deve ser contado; horrível, monstruoso;
[4] os gregos, descendentes de Dânao, rei de Argos;
[5] gerúndio: ao dizer, ao contar;
[6] dos **mirmidões**, nome dado aos soldados de Aquiles, filho de Peleu; Peleu era um homem muito piedoso e quando os habitantes da sua ilha, Egina, foram dizimados por uma epidemia, Zeus compensou-o povoando a ilha de seres humanos a partir de formigas (em grego: myrmekes). Daí o povo ficar a chamar-se **mirmidões**;
[7] dos Dólopes, povo da Tessália no norte da Grécia;
[8] *Vlixi*: gentivo de *Vlixes*;
[9] *suadent somnos*: aconselham o sono;
[10] *si tantus amor (est) cognoscere*: se é tão grande o desejo de conhecer;
[11] *supremum laborem*: a última desventura.

2.4. O cavalo de Tróia

O cavalo de Tróia.

Fracti bello fatisque repulsi,
Ductores Danaum, tot [1] iam labentibus annis,
Instar montis equum, diuina Palladis [2] arte,
Aedificant sectaque intexunt abiete costas;
Votum pro reditu simulant; ea fama uagatur.
Huc delecta uirum [3] sortiti corpora furtim

Includunt caeco lateri, penitusque cauernas
Ingentes uterumque armato milite complent.

Eneida, II, 13-20.

Notas:

[1] o cerco a Tróia durou dez anos;
[2] Palas Atena, a Minerva dos Romanos;
[3] = *uirorum*.

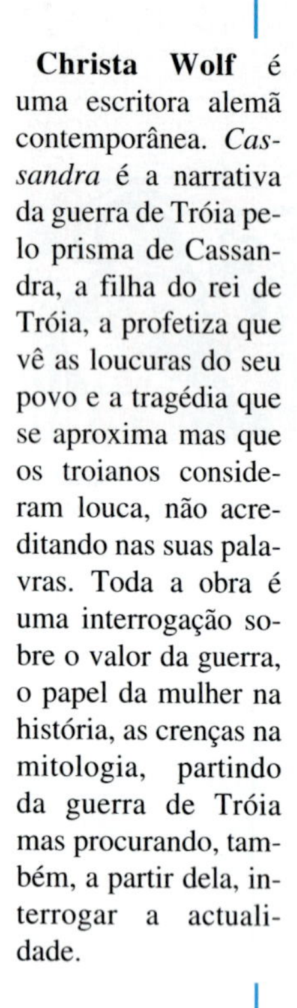

Christa Wolf é uma escritora alemã contemporânea. *Cassandra* é a narrativa da guerra de Tróia pelo prisma de Cassandra, a filha do rei de Tróia, a profetiza que vê as loucuras do seu povo e a tragédia que se aproxima mas que os troianos consideram louca, não acreditando nas suas palavras. Toda a obra é uma interrogação sobre o valor da guerra, o papel da mulher na história, as crenças na mitologia, partindo da guerra de Tróia mas procurando, também, a partir dela, interrogar a actualidade.

3. A Guerra de Tróia e a sua fortuna literária:

3.1.

As profecias de Cassandra

"Tinha chegado o fim. À noite, nas muralhas, tive com Eneias a conversa depois da qual nos separámos. Mirina não me deixava. É com certeza uma ilusão o dizer que a luz sobre Tróia nestes últimos dias era pálida, pálidos os rostos, vago o que dizíamos.

Esperávamos.

A derrocada não se fez esperar. O fim desta guerra esteve à altura do seu começo, uma intrujice degradante. E os meus troianos não acreditavam no que viam, no que sabiam. Que os gregos se iam embora! E deixavam aquele monstro diante das muralhas, a que todos os sacerdotes de Atena, a quem a coisa era consagrada, ousaram chamar apressadamente "cavalo". Com que então aquela coisa era um "cavalo"? Mas porquê tão grande? Vá lá saber-se! Tão grande como a veneração que os inimigos vencidos sentiam por Palas Atena, que protegia a nossa cidade."

Christa Wolf, *Cassandra*, Lisboa, Edições Cotovia, 1989.

Cassandra. Fresco de Pompeios.

3.2.

"– Bem, eu sobrevivi e consegui aqui chegar – disse Cassandra, e começaram a falar de outros sobreviventes de Tróia. Helena e Menelau, segundo constava, continuavam a reinar em Esparta e a filha de Helena, Hermíone, estava prometida ao filho de Odisseu [1]. Clitemnestra morrera de parto havia um ano e o filho dela, Orestes, matara Egisto e recuperara o Trono do Leão de Agamémnon.

– E ouviste dizer alguma coisa de Eneias? - perguntou Cassandra, recordando com terna amargura as noites estreladas do último e amaldiçoado Verão de Tróia.

– Sim, as aventuras dele são entusiasticamente contadas; visitou Cartago e teve um caso amoroso com a rainha. Dizem que, quando os deuses o chamaram para longe dali, ela se matou de desespero; mas eu não acredito. Se alguma rainha for suficientemente idiota para se matar por causa de um homem, pior para ela; não deve ter muito de mulher, e ainda menos de rainha. Depois os deuses chamaram-no para o Norte, para onde, segundo dizem, ele levou o Paládio do Templo Troiano da Virgem, e fundou uma cidade.

– Folgo em saber que ele se salvou – disse Cassandra. Talvez devesse ter ido com Eneias para o seu mundo novo; mas nenhum deus a chamara. Eneias tinha o seu próprio destino, e não era igual ao dela."

Marion Zimmer Bradley, *Presságio de Fogo*, Lisboa, Difel,1990.

Marion Zimmer Bradley, escritora americana contemporânea. Em *Presságio de Fogo* ela reimagina a guerra de Tróia e reconta-a sob o ponto de vista de Cassandra. "Articulando o facto arqueológico com a lenda, os mitos dos deuses com os feitos dos heróis, o facto e a ficção, Marion Zimmer Bradley insufla uma vida nova, num conto antigo."

Nota:

[1] *Odisseu* é *Ulisses*. O nome grego era 'Οδυσσεύς (Odysseus), daí Odisseu (tradução directa do inglês Odysseus); o português *Ulisses* vem através do latim *Vlixes*.

4. Leituras

4.1.

" Aos olhos do homem do nosso tempo, não é a glorificação da missão de Roma que faz a grandeza do poema: depois da Revolução Francesa, depois da Revolução Russa, depois das grandes conquistas espaciais, o homem do nosso tempo sente-se mais cidadão do universo do que cidadão de qualquer pátria. Também não é a arte admirável de Virgílio que nos atrai para o estudo da *Eneida* – porque o homem do nosso tempo aprendeu a desconfiar da arte que não sirva a convivência com a sorte dos seus irmãos. Para o homem do nosso tempo, a grandeza da *Eneida* está na sua própria contradição: na afirmação, profundamente vivida e profundamente trágica, da infelicidade dos seus heróis, da infelicidade da própria condição humana.

Eneias está diante da evocação da guerra de Tróia, nas pinturas de um templo, em Cartago. E ei-lo que chora, como Ulisses chorou, na corte de Alcínoo, ao ouvir o canto de Demódoco. Mas as suas lágrimas são mais dolorosas: Ulisses era um vencedor, Eneias é um vencido; Ulisses ia regressar a casa, e para Eneias não há casa nem regresso - não há *nostos*, mas só *nostalgia*. Eneias chora sobre si mesmo, sobre a miséria dos homens – como choraram dois inimigos, Aquiles e Príamo, na mesma tenda, diante do cadáver dilacerado de Heitor; como chorava Virgílio, desoladamente, quando perdia um amigo querido:

Aen. I,46:

sunt lacrimae rerum et mentem mortalia tangunt.

"há lágrimas para o infortúnio e o destino dos mortais comove os corações."

(Walter de Medeiros, A outra face de Eneias,
A Eneida em contraluz, Coimbra, 1992.)

Virgílio lê a Eneida a Augusto e Octávia (Jean-Joseph Tailasson – Londres: National Gallery).

4.2. Júpiter manda advertir Eneias

Então dá a Mercúrio estas ordens:
"Anda, filho, chama os Zéfiros e desliza com as tuas asas.
Dirige-te ao chefe dos Dardânios, que ora permanece
na tíria Cartago, e não cura da cidade que o destino lhe outorgou.
Através das auras velozes, leva-lhe as minhas palavras.
Não era um homem assim que sua mãe formosíssima
nos prometeu, e que por isso duas vezes livrou das armas gregas;
mas pessoa capaz de governar a Itália grávida de impérios,
de bélico ardor, de prolongar a raça descendente
do nobre sangue de Teucro, e de impor a sua lei a todo o orbe.
Se a glória de tais feitos não o abrasa,
e não mete ombros à empresa para sua própria honra,
há-de o pai recusar a Ascânio a Romana cidadela?
Que está ele a fazer? Ou com que esperança se detém
com gente inimiga, sem olhar à ausónia descendência, aos campos lavínios?
Que se faça ao mar! É o que quero dizer!Seja esta a nossa mensagem."

IV. 222-237. (Tradução de Maria Helena da Rocha Pereira, *Romana – Antologia da Cultura Latina*.)

5. Textos

5.1. Eneias parte de Cartago

Tum uero Aeneas, subitis exterritus umbris
corripit e somno corpus sociosque fatigat:
"praecipites uigilate, uiri, et considite transtris
soluite uela citi. Deus aethere missus ab alto
festinare fugam tortosque incidere funes
Ecce iterum stimulat. Sequimur te, sancte deorum
Quisquis es, imperioque iterum paremus ouantes
Adsis o placidusque iuues, et sidera caelo
Dextra[1] feras!" Dixit, uaginaque eripit ensem
Fulmineum strictoque ferit retinacula ferro[2]
Idem omnes simul ardor habet, rapiuntque ruuntque.
Litora deseruere[3]; latet sub classibus aequor:
Annixi[4] torquent spumas et caerula uerrunt.

IV. 571-583.

Notas:

[1] *sidera dextra*: astros favoráveis
[2] *stricto ferro*: com a espada de[illegible]bainhada, empunhando o ferro; *ferire*: cortar;
[3] [illegible] *deseruerunt*
[4] [illegible] de *anni*[illegible]

5.2. A morte de Dido

At trepida et coeptis immanibus effera Dido,
Sanguineam uoluens aciem [1] maculisque trementes
Interfusa genas [2] et pallida morte futura,
Interiora domus irrumpit limina et altos
Conscendit furibunda rogos ensemque recludit [3]
Dardanium, non hos quaesitum munus in usus [4].
Hic, postquam Iliacas uestes notumque cubile
Conspexit, paulum lacrimis et mente morata
Incubuitque toro [5] dixitque nouissima uerba [6]:
"Dulces exuuiae, dum fata deusque sinebat,
Accipite hanc animam meque his exoluite curis.
Vixi, et, quem dederat cursum Fortuna peregi;
Et nunc magna mei sub terras ibit imago.
Vrbem praeclaram statui; mea moenia uidi;
Vlta uirum [7] poenas inimico a fratre recepi;
Felix, heu! nimium felix, si litora tantum
Nunquam Dardaniae tetigissent nostra carinae!"
Dixit, et os impressa toro: "Moriemur inultae!
Sed moriamur, ait. Sic, sic iuuat ire sub umbras.
Hauriat hunc oculis ignem crudelis ab alto
Dardanus et nostrae secum ferat omina mortis."

IV, 642-662.

A morte de Dido, de Simon Vouet (séc. XVII).

Notas:

[1] *aciem sanguineam*: olhos ensanguentados (da cor do sangue);
[2] *genas trementes*: faces trementes;
[3] *recludit ensem*: puxa pela espada;
[4] *munus non quaesitum in hos usus*: presente não destinado a este uso;
[5] dativo, complemento de *incubuit* : deitou-se sobre o leito;
[6] palavras extremas
[7] Dido refere-se ao seu primeiro marido, Siqueu; *ulta uirum poenas... recepi*: com a vingança do meu esposo puni o crime dum irmão inimigo.

1. Qual o estado de ânimo de Dido?

1.1. Que vocábulos ou expressões melhor o exprimem?

2. Que sentimentos manifesta em relação a Eneias?

3. A quem atribui a culpa da sua situação presente?

6. O episódio de Dido e as artes:

Os amores de Dido e Eneias transformaram-se num tema apaixonante do agrado dos artistas de todas as épocas. O estudioso René Martin[1] inventariou 125 títulos na arte literária, desde a Idade Média até à actualidade, inspirados neste episódio. Obras que vão de pequenos ou grandes poemas, dramas, tragédias, romances, óperas, operetas até ao filme, ao telefilme, à banda desenhada e espectáculo cénico. Quanto a nacionalidade, o mito aparece nos mais variados países: Itália, Holanda, Espanha, Inglaterra, Alemanha, França, Rússia e, no século XX (essencialmente a partir dos anos 60), é importante notar a frequência do mito na Tunísia – um filme (em 1970), um drama (de 1968), um telefilme (de 1972), poemas (1980), continuando com poemas em 1986 e o romance "Elissa, reine vagabonde" de Fawzi Mellah (1988).

Na pintura, Michel Hano refere cerca de 78 obras dos séculos XVI, XVII e XVIII[1] com temas como: na corte de Dido; Eneias conta a Dido a queda de Tróia; Dido e a construção de Cartago; Dido e Eneias na caça; Mercúrio lembra a Eneias a sua missão e ordena-lhe que deixe Dido; separação de Dido e Eneias; a morte de Dido; encontro de Dido e Eneias no reino dos mortos.

6.1. Na literatura portuguesa:

Cantata de Dido

Já no roxo Oriente, branqueando,
As prenhes velas da troiana frota
Entre as vagas azuis do mar dourado
Sobre as asas do vento se escondiam.
   A misérrima Dido
Pelos paços reais vaga ululando,
C'os turvos olhos inda em vão procura
   O fugitivo Eneias.
Só ermas ruas, só desertas praças
A recente Cartago lhe apresenta.
Com medonho fragor na praia nua
Fremem de noite as solitárias ondas;
   E nas douradas grimpas
   Das cúpulas soberbas
Piam nocturnas, agoureiras aves.
   Do marmóreo sepulcro

[1] Martin, René (ed.), *Énée & Didon – naissance, fonctionnement et survie d'un mythe*, Paris, Éditions du Centre National de la Recherche Scientifique, 1990.

Atónita imagina
Que mil vezes ouviu as frias cinzas
Do defunto Siqueu com débeis vozes.
Suspirando chamar: Elisa, Elisa!
D'Orco aos tremendos númens
Sacrifícios prepara;
Mas viu esmorecida
Em torno dos turícremos altares
Negra escuma ferver nas ricas taças
E o derramado vinho
Em pélagos de sangue converter-se.
Frenética delira;
Pálido o rosto lindo,
A madeixa subtil desentrançada,
Já com trémulo pé entra sem tino
No ditoso aposento,
Onde do ínfido amante
Ouviu enternecida
Magoados suspiros, brandas queixas.
Ali as cruéis Parcas lhe mostraram
As ilíacas roupas que pendentes
Do tálamo dourado descobriam
O lustroso pavês, a teucra espada.
Com a convulsa mão súbito arranca
A lâmina fulgente da bainha,
E sobre o duro ferro penetrante
Arroja o tenro cristalino peito.
E em borbotões de espuma murmurando
O quente sangue da ferida salta.
De roxas espadanas rociadas
Tremem da sala as dóricas colunas.
Três vezes tenta erguer-se,
Três vezes desmaiada sobre o leito,
O corpo revolvendo, ao céu levanta
Os macerados olhos.
Depois, atenta na lustrosa malha
Do prófugo Dardânio,
Estas últimas vozes repetia,
E os lastimosos, lúgubres acentos,
Pelas áureas abóbadas voando
Longo tempo depois gemer se ouviram:
Doces despojos
Tão bem logrados
Dos olhos meus,
Em quanto os fados,
Em quanto Deus
O consentiam.

Passeio de Eneias e Dido – Mosaico Romano do séc. IV d.C..

Da triste Dido
A alma aceitai,
Destes cuidados
Me libertai.
Dido infelice
Assás viveu;
D'alta Cartago
O muro ergueu:
Agora, nua,
Já de Caronte
A sombra sua
Na barca feia
De Flegetonte
A negra veia
Sulcando vai.

Correia Garção

Correia Garção, poeta do século XVIII que pertenceu à Arcádia Lusitana. (Córidon Erimanteu era o seu nome arcádico, bem ao jeito dos pastores da Arcádia grega e das Bucólicas de Virgílio).

A Cantata de Dido é recitada por uma personagem da obra *Assembleia ou Partida*..

Dido. Esmalte da Renascença.

6.2. Noutras literaturas:

ÉLÉGIE DE CARTHAGE

II

C'est donc ici qu'abordèrent jadis le courage et l'audace
En cette Afrique ici, qu'affadis par la lymphe consanguine,
les Tyriens s'en vinrent chercher
Une seconde fois le fondement et floraison. Souvenir souvenir!
De nouveau tu me soulèves, souvenir, au battement du tamtam
De nouveau me monte à la nuque ton long corps d'ambre à l'odeur de jasmin
L'odeur de ton élan rythmé, Didon; mais non! Devant les belles-de-nuit qui m'encerclaient m'obsédaient
Je fermais et je ferme toutes mes fenêtres.
N'empêche. Que baveuses débouchent de ma bouche les paroles, comme l'écume semence de Cumes
Qu'importe? Je dis je suis rythmé par la loi du tamtam.
Je me rappelle, Didon, le chant de ta douleur qui charmait mon enfance
Austère – je fus longtemps enfant. Et je te sentais si perdue
Que pour toi j'aurais bien donné – que n'aurais-je donné?
la ceinture de Diogoye-le-Lion.
Tu pleurais ton dieu blanc, son casque d'or sur ses lèvres vermeilles
Et merveilleuses, tu pleurais Énée dans ses senteurs de sapin
Ses yeux d'aurore boréale, la neige d'avril dans sa barbe diaprée.

Léopold Sédar Senghor, *Poèmes*, Paris, 1964

Léopold Sédar Senghor é natural do Senegal onde nasceu em 1906 e foi presidente da República de 1960-1980. É membro da Academia francesa. Como escritor tem publicado, para além de ensaios, várias colectâneas de poemas. É notória, em toda a sua obra, a sua profunda formação clássica e humanística.

14

A Eneida: Canto VI:
- A chegada a Itália;
- A Sibila de Cumas;
- A descida de Eneias aos Infernos:
  - Profecias.

1.

"É chegado o momento crucial do poema e da viagem; o livro VI é o núcleo central do edifício épico, como a écloga V o era do bucólico. Virgílio tinha de exprimir, na transmissão do passado para o futuro, o tema da morte e ressurreição, unificador de *Bucólicas* e *Geórgicas*, e adaptá-lo ao *status* do seu herói. E fá-lo de modo magistral: o Hades é o encontro com a morte e o passado para a preparação da vida e do futuro. "A catábase de Eneias é um esforço para entender, para matar o passado, para renascer para uma vida nova."

Eneias irá fazer o seu percurso através do mundo dos mortos para se encontrar, uma última vez, com Anquises; e é ele próprio que vai morrer, para nascer outra vez, pronto para uma nova existência que lhe está destinada."

Carlos Ascenso André, "Morte e Vida na *Eneida*", in *A Eneida em Contraluz*, Coimbra, Instituto de Estudos Clássicos, 1992.

Texto

Eneias procura a gruta da Sibila

Eneias chega a Itália e procura o oráculo de Apolo:

Sic fatur lacrimans classique immittit habenas,
Et tandem Euboicis Cumarum allabitur oris.
Obuertunt pelago proras, tum dente tenaci
Ancora fundabat naues, et litora curuae
Praetexunt puppes.Iuuenum manus emicat ardens
Litus in Hesperium; quaerit pars semina flammae

Cumas. A Gruta da Sibila

Abstrusa in uenis silicis; pars, densa ferarum
Tecta, rapit siluas inuentaque flumina monstrat.
At pius Aeneas arces quibus altus Apollo
Praesidet horrendaeque procul secreta Sibyllae,
Antrum immane, petit; magnam cui mentem animumque
Delius inspirat uates aperitque futura.

Eneida, VI, 1-12.

Tradução:

Assim fala a chorar, volta as rédeas da frota
e chega enfim às plagas eubóicas de Cumas.
As proas voltam-se para o pélago; então,com o dente tenaz,
a âncora começa a prender as naus, e as popas recurvas
bordejam o litoral. O grupo dos jovens precipita-se,ardoroso,
para as praias da Hespéria. Uns buscam as sementes da chama
ocultas nas veias do sílex; outros saqueiam as florestas, denso
abrigo das feras, vão à procura dos rios e mostram-nos.
Mas o piedoso Eneias dirige-se às alturas, onde o excelso Apolo
preside, e aos recessos, mais além, da tremenda Sibila,
– gruta imensa – a quem o vate Délio inspira
o seu poderoso pensar e querer, e desvenda o futuro.

Tradução de Maria Helena da Rocha Pereira,
Romana – Antologia da Cultura Latina.

2. A descida de Eneias aos Infernos

Eneias chega às costas de Itália. Dirige-se ao templo de Apolo e consulta a Sibila de Cumas. Ele quer visitar, no reino dos mortos, o seu pai Anquises. Analisemos alguns passos significativos.

2.1.

Eneias dirige-se à Sibila de Cumas:

Vnum oro: quando hic inferni ianua regis
Dicitur et tenebrosa palus Acheronte refuso[1],
Ire ad conspectum cari genitoris et ora
Contingat; doceas iter et sacra ostia pandas.

Eneida, VI, 106-109.

[1] ou *palus Acherusia*, hoje lago de Fusaro, entre Cumas e o Cabo Miseno; segundo a tradição, era formada pelas águas que transbordavam do rio dos Infernos, o Aqueronte.

2.2.

A resposta da Sibila dá-lhe a pista que permitirá a Eneias a entrada no Reino das Sombras: procurar no bosque sagrado o ramo de ouro, presente para Prosérpina, rainha dos Infernos.

Latet arbore opaca
Aureus et foliis et lento uimine ramus,
Iunoni infernae [1] dictus sacer; hunc tegit omnis
Lucus et obscuris claudunt conuallibus umbrae.
Sed non ante datur telluris operta subire,
Auricomos quam qui decerpserit arbore fetus.
Hoc sibi pulchra suum ferri Proserpina munus
Instituit.

Eneida, VI, 136-143.

[1] *Iunoni infernae*: trata-se de Prosérpina, filha de Júpiter e de Ceres que, por causa da sua beleza foi raptada por Plutão quando colhia flores, no bosque, com as amigas.

2.3. A entrada do Averno

Mesmo antes da entrada, no início das fauces do Orco,
instalaram-se o Luto e o Remorso vingador,
habitam as pálidas Doenças e a triste Senectude,
o Medo, a Fome má conselheira e a feia Miséria,
formas que causam terror à vista, a Morte e o Esforço;
segue-se-lhe o Sono, irmão da Morte, e da alma
as Alegrias Perversas, e, em frente à entrada, a Guerra mortífera,
das Euménides os férreos tálamos, a louca Discórdia,
com os cabelos de víboras atados com fitas sangrentas.
No meio, um olmeiro sombrio, ingente, estende os ramos,
os anosos braços; conta o vulgo que é sede
dos Sonhos vãos, pendentes debaixo de todas as folhas.

VI, 273-284.
(tradução de M.H.da Rocha Pereira, *Romana*)

O barqueiro Caronte recebe mal Eneias e não quer permitir a sua entrada. Ali apenas podem penetrar aqueles que não mais voltam ao reino dos vivos. É então que a Sibila intervém esclarecendo quem é Eneias e mostrando o presente para Prosérpina.

2.4.

"Casta licet patrui seruet Proserpina limen.
Troius Aeneas, pietate insignis et armis,
Ad genitorem imas Erebi descendit ad umbras.

Si te nulla mouet tantae pietatis imago,
At ramum hunc (aperit ramum qui ueste latebat)
Agnoscas." Tumida ex ira tum corda residunt [1].
Nec plura his [2]: ille admirans uenerabile donum
Fatalis uirgae, longo post tempore uisum,
Caeruleam aduertit puppim ripaeque propinquat.

Eneida, VI, 402-410.

Notas:

[1] *corda residunt* : o coração apazigua-se;
[2] *nec plura his* : não diz mais nada.

1. Veja como Eneias é apresentado pela Sibila: *pietate insignis et armis*.
1.1. Em que consistia a *pietas* de Eneias? (consulte pág. 299-300).
1.2. Dê exemplos extraídos da obra que documentem a sua resposta.
2. Que levou Caronte a mudar de opinião?

2.5. Descreve-se a entrada das regiões infernais guardada pelo cão trifauce:

Cerberus haec ingens latratu regna trifauci
Personat aduerso recubans immanis in antro.
Cui uates, horrere uidens iam colla colubris,
Melle soporatam et medicatis frugibus offam
Obiicit.

Eneida, VI, 417-421.

2.6. O Reino dos mortos está dividido em partes:

2.6.1. Os *lugentes campi*:

Nec procul hinc partem fusi monstrantur in omnem
Lugentes campi; sic illos nomine dicunt.
Hic, quos durus amor crudeli tabe peredit,
Secreti celant calles et myrtea [1] circum
Silua tegit; curae non ipsa in morte relinquunt.

Eneida, VI, 440-444.

Nota:

[1] o mirto era consagrado a Vénus.

Aí se encontra também Dido que morreu por amor:

Inter quas Phoenissa, recens a uulnere, Dido
Errabat silua in magna;

VI, 450-451.

2.6.2. Vem depois o Tártaro, que a Sibila vai descrevendo a Eneias: uma imensa cidade rodeada de três muralhas:

Respicit Aeneas, subito et sub rupe sinistra
Moenia lata uidet, triplici circumdata muro,
Quae rapidus flammis ambit torrentibus amnis
Tartarcus Phlegethon torquetque sonantia saxa.

VI, 548-551.

2.6.3. Os Campos Elísios

His demum exactis, perfecto munere diuae,
Deuenere locos laetos et amoena uirecta
Fortunatorum nemorum sedesque beatas.

VI, 637-639.

Anquises nos Elísios

Eneias vê, então, o pai Anquises que lhe serve de guia nesta parte dos Campos Elísios.

At pater Anchises penitus conualle uirenti
Inclusas animas superumque ad lumen ituras
Lustrabat studio recolens omnemque suorum
Forte recensebat numerum carosque nepotes,
Fataque fortunasque uirum moresque manusque.
Isque ubi tendentem aduersum per gramina uidit
Aenean, alacris palmas utrasque tetendit,
Effusaeque genis lacrimae et uox excidit ore:
"Venisti tandem tuaque exspectata parenti
Vicit iter durum pietas! datur ora tueri,
Nate, tua, et notas audire et reddere uoces!"

VI, 679-689.

Aqui se encontram as almas que estão destinadas a retomar os corpos. É aqui que, pela boca do pai, Eneias vai conhecer toda a sua descendência em terras de Itália.

"Volta agora para aqui os olhos ambos, olha para este povo,
os teus Romanos. Aqui está César, e toda a descendência
de Iulo que há-de vir sob o magno pólo celeste:
É este o homem, é este, o que muitas vezes ouviste prometer,
Augusto César, filho de um deus, que a idade do ouro
há-de inaugurar de novo no Lácio, nos campos
onde outrora Saturno reinou, e, para além dos Garamantes e Índios
dilatará o império;"

VI, 788-795.

(trad. de Maria Helena da Rocha Pereira, *Romana – Antologia da Cultura Latina*)

1. Especifique o conceito de Além presente nos versos que analisou.

2. Refira os valores romanos que podemos encontrar expressos nestes passos da Eneida.

3. O tema da metempsicose aparece aqui através da descrição de Anquises. Explique a importância deste tema na estrutura da obra.

4. Que recurso de estilo há no emprego dos vocábulos *palmas*, *nate* e *uoces* ?

Leitura

"Eneias está pronto para voltar ao mundo dos vivos. Fá-lo pela porta dos sonhos, como que a dizer que a experiência não fora inteiramente real. A mesma via que levara à morte de Palinuro conduz Eneias de novo à vida. Sugestão de que o sono, como a morte, constitui a única possibilidade de acesso aos segredos do mundo inferior, inacessíveis para a consciência plena? De que a morte, como o sono, mais não é do que a outra face – adormecida – da vida?

A morte trouxe novas certezas, trouxe segurança à vida. A partir daqui Eneias fica entregue a si próprio."

Carlos Ascenso André, "Morte e Vida na *Eneida*", in *A Eneida em Contraluz*, Coimbra, Instituto de Estudos Clássicos, 1992.

Leia atentamente o texto que se segue:

"Preciso falar com um ilustre finado, preciso de evocar a sombra de um grande génio que hoje habita com os mortos. E onde irei eu? Ao inferno? Espero que a divina justiça se apiedasse dele na hora dos últimos arrependimentos. Ao purgatório, ao empírio? Apesar do exemplo da *Divina Comédia*, não me atrevo a fazer comédias com tais lugares de cena, – e não sei, não gosto de brincar com essas coisas.

Não lhe vejo remédio senão recorrer ao bem parado dos Elísios, da Estige, do Cocito e seu termo: são terrenos neutros em que se pode parlamentar com os mortos sem comprometimento sério, e... (...)

Quero procurar no reino das sombras não menor pessoa que o marquês de Pombal: tenho que lhe fazer uma pergunta séria antes de chegar ao Cartaxo. E nós já vamos por entre as ricas vinhas que o circundam com uma zona de verdura e alegria. Depressa o ramo de oiro que me abra ao pensamento as portas fatais – depressa a untuosa sopetarra com que hei-de atirar às três gargantas do canzarrão. Vamos...

Mas em que distrito daquelas regiões acharei eu o primeiro-ministro de el-rei D.José? Por onde está Ixião e Tântalo, por onde demora Sísifo e outros manganões que tais? Não; esse é um bairro muito triste, e arrisca-se a ter por administrador algum escandecido que me atice as orelhas.

Nos Elísios com o pai Anquises e outros barbaças clássicos do mesmo jaez? Eu sei? também isso não. Há-de ser naquelas ilhas bem-aventuradas de que fala o poeta Alceu e onde ele pôs a passear, por eternas verduras, as almas tiranicidas de Harmódio e Aristógiton. (...)

O homem há-de estar nas ilhas *beatas*. Vamos lá..."

Almeida Garrett, *Viagens na Minha Terra* , cap. VI (ed. Portugália Editora)

O desejo de conhecer o mundo do Além sempre constituiu preocupação do homem e foi tema de muitos escritores e artistas plásticos.

I.

1. Faça um confronto entre os versos da *Eneida* que nos falam da descida de Eneias aos Infernos e este texto de Garrett.

1.1. Identifique as referências clássicas do texto de Garrett.

1.2. Explicite a conotação que estas referências adquirem no texto das *Viagens na Minha Terra*.

2. Relembre outros textos da Literatura Portuguesa em que se faça referência ao mundo do Além.

II.

Recuemos até à Idade Média e à Literatura Italiana. No início do século XIV, Dante escreveu uma obra que é um marco significativo na literatura universal, a **Divina Comédia**. Trata-se de um poema épico dividido em três partes, o Inferno, o Purgatório e o Paraíso. É uma viagem simbólica do poeta ao Além, onde vai encontrar os seus adversários políticos, nos Infernos, mas também a sua amada Beatriz e outras personagens da Itália do seu tempo ou ainda bastante próximas, de mistura com os grandes sábios da Antiguidade e figuras da lenda e da mitologia clássicas.

A influência virgiliana é muito nítida. É mesmo o poeta mantuano que serve de guia ao florentino.

Delacroix: a Barca de Dante.

Nos Infernos, tendo como guia o poeta Virgílio, Dante descreve o que vê:

"Depois, olhando mais ao longe, vi gente na margem de um grande curso de água, razão pela qual disse: "Mestre, digna-te dizer-me quem são e o que os leva a tão ansiosos parecerem por atravessar, como se me afigura a esta luz tão débil." E ele respondeu:"Ser-te-á dito quando detivermos a nossa caminhada na triste margem do Aqueronte. (...)

E disse-lhe o meu guia:"Caronte, não te zangues. Assim ordenam donde se pode tudo o que se quer, e mais não me perguntes." Suavizou-se então o barbado rosto do barqueiro da lagoa pantanosa, que em redor dos olhos tinha um círculo de chamas."

DANTE, *A Divina Comédia – O Inferno*,Cap.III.

"Chegámos junto de um nobre castelo sete vezes cercado de altos muros e em volta protegido por um belo riacho. Passámos este como se terra firme fosse e por sete portas entrei com esses sábios, reunindo-nos num prado de fresca verdura. Havia ali gente de olhar calmo e grave, cujo semblante respirava autoridade; falavam devagar e em voz suave. Dali nos apartámos para um lugar aberto, alto e luminoso de onde a todos eles pudéssemos ver. Ali mesmo, sobre o verde-esmalte, me foram mostrados os espíritos grandes, cuja visão para mim foi exaltante."

id., Cap.IV.

"Estava no círculo terceiro, o da chuva eterna, pesada, fria e amaldiçoada, sempre igual em regime e qualidade. Espesso granizo, água turva e neve cruzavam o ar tenebroso e, ao cair sobre a terra, fétida a tornavam. Cérbero, estranha e cruel fera, com três fauces ladra aos que aqui estão submergidos.

Logo que se apercebeu de nós, Cérbero, o grande verme, abriu a boca e mostrou-nos as fauces, tremendo-lhe os membros todos. O meu guia estendeu as mãos abertas, pegou em terra e atirou-a às ventas da fera esfomeada."

id., Cap.VI.

1. Saliente os pontos de contacto entre o texto de Dante e o de Virgílio.

III.

Analise o tema do ponto de vista filosófico.

Podemos viajar até à Antiguidade grega e até Platão. O *Fédon* trata o tema da imortalidade da alma e do mundo do Além. Na última parte aparece-nos desenvolvido o mito sobre a morada dos mortos:

"Ora, quando os mortos chegam ao lugar onde o respectivo génio os conduz, são, antes de mais, submetidos a julgamento, tanto os que viveram de forma irrepreensível e santa, como os que o não fizeram. Aqueles que, no entender dos juízes, estão no meio-termo, são encaminhados para o Aqueronte e, subindo para embarcações que lhes estão destinadas, seguem nelas viagem para o lago; ali ficam a habitar, purificando-se e expiando as suas culpas, se as houver, até se libertarem delas, e recebendo por igual a recompensa das suas boas acções, de acordo com o que cada um merece. Pelo contrário, aqueles que não são considerados susceptíveis de cura devido à magnitude dos seus crimes - assim, a prática de roubos sacrílegos, numerosos e avultados, de homicídios voluntários e injustificáveis à face de qualquer lei, e de outros crimes de não menor gravidade – a esses, o seu próprio destino os impele a despenharem-se no Tártaro, donde não mais regressam. (...)

Enfim, aqueles que os juízes consideram ter levado uma vida excepcionalmente santa, esses, emancipando-se destas regiões terrenas, e como que libertando-se de uma prisão, ascendem lá ao cimo, às regiões puras da Terra, e aí estabelecem a sua morada. Ainda dentre estes, os que, através da filosofia chegaram a um estado suficiente de purificação, passam a viver para todo o sempre livres do corpo, indo habitar moradas ainda mais esplendorosas, que não seria fácil, nem o tempo que nos resta seria suficiente para descrever."

Platão, *Fédon*.

(tradução de Maria Teresa Schiappa de Azevedo, Coimbra, INIC, 1989)

IV. Faça uma pesquisa sobre o tratamento do tema nas artes plásticas, sobretudo na pintura.

Confronte-a com as descrições literárias e relacione-as com as crenças da época a que as obras pertencem.

15

Eneida: Cantos VII-XII (resumo):
- O escudo de Eneias;
- Eneias estabelece-se no Lácio.

1. Saindo de Cumas, a armada continua a sua viagem por mar. Com a ajuda de Neptuno, que envia ventos favoráveis, os troianos chegam à foz do Tibre.

Textos

1.1.

Iamque rubescebat radiis mare et aethere ab alto
Aurora in roseis fulgebat lutea [1] bigis,
Cum uenti posuere [2] omnisque repente resedit
Flatus et in lento luctantur marmore [3] tonsae.
Atque hic Aeneas ingentem ex aequore lucum [4]
Prospicit. Hunc inter [5] fluuio Tiberinus amoeno,
Verticibus rapidis et multa flauus harena,
In mare prorumpit. Variae circumque supraque
Assuetae ripis uolucres et fluminis alueo
Aethera mulcebant cantu lucoque uolabant.
Flectere [6] iter sociis terraeque aduertere proras
Imperat, et laetus fluuio succedit opaco.

VII, 25-36.

Notas:

[1] *luteus-a-um*: de cor amarela, amarelo; de *lutum-i*: planta que serve para tingir de amarelo;
[2] vide *pono*: cessar; *uenti posuere*: os ventos amainaram;
[3] mar calmo;
[4] *lucus-i*: bosque sagrado;
[5] = *inter hunc* (anástrofe): através dele;
[6] infinitivo dependente de *imperat* (construção poética, em vez de *ut* e conjuntivo).

2. Eneias tem a confirmação de que chegaram à terra que os deuses lhes destinam. Cumprira-se a profecia de seu pai Anquises. É recebido pelo rei Latino. No entanto, começam as movimentações dos outros príncipes vizinhos para combater os estrangeiros.

É o próprio rio Tibre que, em sonhos, aparece a Eneias e o aconselha a pedir aliança ao rei Evandro, também ele inimigo dos latinos.

Pela boca de Evandro, Eneias fica a conhecer aquela região:

2.1.

Haec nemora indigenae Fauni Nymphaeque [1] tenebant,
Gensque uirum [2] truncis et duro robore nata,
Quis [3] neque mos neque cultus [4] erat, nec iungere tauros
Aut componere opes norant [5] aut parcere parto [6];
Sed rami atque asper uictu uenatus alebat.
Primus ab aetherio uenit Saturnus Olympo,
Arma Iouis fugiens et regnis exsul ademptis [7].
Is genus indocile ac dispersum montibus altis
Composuit [8] legesque dedit Latiumque uocari
Maluit, his quoniam latuisset tutus in oris.
Aurea quae perhibent, illo sub rege fuere
Saecula; sic placida populos in pace regebat:
Deterior donec paulatim ac decolor aetas,
Et belli rabies et amor successit habendi.

VIII, 314-327.

Notas:

[1] *Fauni Nymphaeque*: génios protectores dos bosques e das águas;
[2] = *uirorum*;
[3] = *quibus*: dativo de possuidor;
[4] *mos*: a tradição, fundamento das leis e dos costumes; *cultus*: as artes da vida civilizada;
[5] = *nouerant*;
[6] os bens adquiridos; *parcere parto* : poupar as provisões;
[7] *regnis ...ademptis*: desapossado (Saturno) do seu reino;
[8] *componere genus dispersum*: reunir homens dispersos, quer dizer, de uma vida nómada passaram à vida de sociedade, sedentária.

3. Vénus, preocupada, pede a Vulcano que fabrique as armas para Eneias.

No escudo, Vulcano gravou a história de Itália, os triunfos dos Romanos.

3.1. O escudo de Eneias

Sabedor das profecias e conhecedor do futuro,
aí forjara o Deus Ignipotente os Ítalos feitos
e os Romanos triunfos; aí, forjara a raça toda

da estirpe futura, descendente de Ascânio, e as guerras na sua
ordem.
Esculpira, na verdejante gruta de Marte, a loba de há pouco
parida, e penduradas dos seus úberes, as duas crianças
que brincavam, e, impávidas, tocavam na mãe,
e ela, volvendo a cabeça bem torneada,
acarinhava-os ora um ora outro, e com a língua amoldava-lhes o
corpo.
Não longe desta cena, acrescentara a de Roma e do rapto ilegal
das Sabinas,
no anfiteatro, no meio dos jogos de circo,
e o deflagrar súbito da nova guerra
entre os Romúlidas e o velho Tácio e os austeros Cures.

VIII, 626-638.

(trad.de Maria Helena da Rocha Pereira,
Romana – Antologia da Cultura Latina)

3.2.
In medio classes aeratas, Actia bella,
Cernere erat [1], totumque instructo Marte [2] uideres
Feruere Leucaten auroque effulgere fluctus.
Hinc Augustus agens Italos in proelia Caesar,
Cum Patribus populoque, Penatibus et magnis Dis,
Stans celsa in puppi; geminas cui tempora [3] flammas
Laeta uomunt patriumque aperitur uertice sidus [4].

VIII, 675-681.

Notas:

[1] *cernere erat*: era possível ver;
[2] *instructo Marte*: armada em guerra (metonímia);
[3] *tempora-um*: têmporas; rosto, cara;
[4] *sidus patrium*: a estrela dos antepassados (Vénus ?); em Buc. (IX, 47) lê-se *Caesaris astrum* 'o astro de César', isto é, a fortuna, a sorte de César. e Horácio (*Odes*, I,12) fala do *Iulium sidus* 'a fortuna da *gens Iulia*'; a *gens Iulia* dizia-se descendente de Iulo, filho de Eneias e, por isso, relacionada com Vénus, mãe de Eneias; haverá aqui uma alusão à sorte de César e do seu sucessor, que serão os grandes impulsionadores do destino de Roma.

3.3.
At Caesar, triplici inuectus Romana triumpho
Moenia, Dis Italis uotum immortale sacrabat,
Maxima ter centum totam delubra per urbem.
Laetitia ludisque uiae plausuque fremebant;
Omnibus in templis matrum chorus, omnibus arae;
Ante aras terram caesi strauere [1] iuuenci.

VIII, 714-719.

Nota:

[1] vide *sterno* .

3.4.
Talia per clipeum Vulcani, dona parentis [1],
Miratur rerumque ignarus [2] imagine gaudet,
Attolens umero [3] famamque et fata nepotum.

VIII, 729-731.

Notas:

[1] *dona parentis* : dádiva de sua mãe;
[2] refere-se a Eneias;
[3] *attolens umero* : carregando nos ombros.

4. Juno, vencida, só pede a Júpiter que o povo latino não acabe.

4.1.
Sit Latium, sint Albani per saecula reges,
Sit Romana potens Itala uirtute propago;
Occidit occideritque sinas[1] cum nomine Troia.

XII, 826-828.

Nota:

[1] *sinas occiderit*: que tu permitas que ela tenha morrido; conjuntivo sem conjunção dependente de *sinas*, é construção própria da linguagem familiar.

4.2. Júpiter decreta:

"Sermonem Ausonii patrium moresque tenebunt,
Vtque est, nomen erit: commixti corpore tantum[1]
Subsident Teucri; morem ritusque sacrorum
Adiiciam faciamque omnes uno ore[2] Latinos.
Hinc genus, Ausonio mixtum quod sanguine surget,
Supra homines, supra ire deos pietate uidebis;
Nec gens ulla tuos aeque celebrabit honores."
Annuit his Iuno et mentem laetata retorsit[3].

XII, 834-841.

Júpiter (Museus do Vaticano).

Notas:

[1] *corpore tantum*: apenas no corpo, quer dizer, sem misturar qualquer elemento espiritual e moral;
[2] *uno ore*: numa só língua;
[3] *retorsit*: *mutauit*.

Avalie os seus conhecimentos:

I.

Os Troianos tentam levar o cavalo de madeira para dentro da cidade. No entanto, alguém lança um aviso...

Primus ibi ante omnes, magna comitante caterua,
Laocoon ardens summa decurrit ab arce,
Et procul: "O miseri, quae tanta insania, ciues?
Creditis auectos hostes? aut ulla putatis
Dona carere dolis Danaum? Sic notus Vlixes?
(...)   equo ne credite, Teucri,
Quidquid is est, timeo Danaos et[1] dona ferentes."

Virgílio, *Eneida*,II, 40-49.

Nota:

[1] *et*: mesmo.

Laocoonte. (Museu Pio-Clementino.)

Leia com atenção o texto.

A.

I.

1. Identifique a personagem que fala e explique o que pretendem as suas palavras.
2. De acordo com o que conhece da obra e da história mostre se ele tinha ou não razão no que dizia.

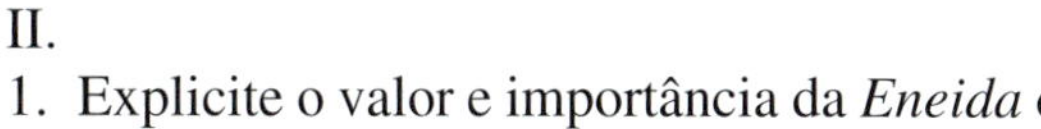

II.

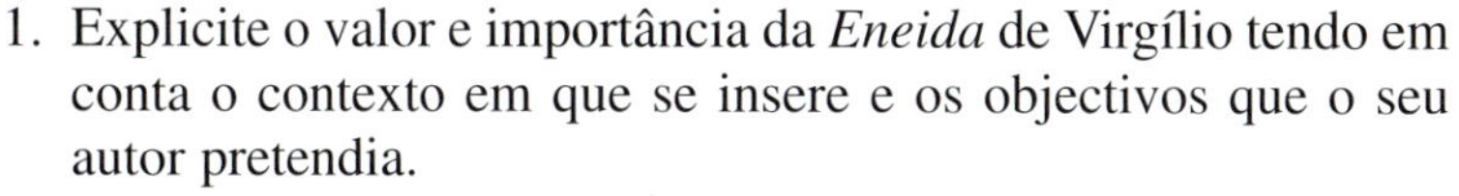

1. Explicite o valor e importância da *Eneida* de Virgílio tendo em conta o contexto em que se insere e os objectivos que o seu autor pretendia.

B.

1. Identifique a construção presente em *magna comitante caterua* (verso 1).

1.1. Substitua-a por uma oração de valor equivalente.

2. Faça a análise sintáctica da frase: *creditis auectos hostes*?
3. Indique, justificando o caso das palavras:
   – summa (verso 41);

- ulla (verso 43);
- dolis (verso 44);
- equo (verso 48);
- ferentes (verso 49).

4. Traduza o texto.
5. Escreva em Latim:

Virgílio conta-nos que os troianos, embora lutassem há dez anos com os gregos, acreditaram que eles tinham partido [1]. Deviam, portanto, agradecer [2] aos deuses porque chegara, enfim, a paz.

Notas

[1] partir : proficiscor;
[2] agradecer: gratias agere.

II.

Eneias e os seus companheiros chegam a Itália. Pressentem que aquele é o local que os deuses determinaram. Eneias manda enviados a terra. O rei Latino, já avisado pelos oráculos, recebe os embaixadores e os presentes de Eneias e responde:

Tandem laetus ait: "Di nostra incepta secundent
Auguriumque suum! Dabitur, Troiane, quod optas,
Munera nec sperno: non uobis, rege Latino,
Diuitis uber [1] agri Troiaeue opulentia deerit.
Ipse modo Aeneas, nostri si tanta cupido est [2],
Si iungi [3] hospitio properat [4] sociusque uocari,
Adueniat, uultus neue exhorrescat amicos."

VII, 259-265.

Notas:

[1] *uber*: fecundidade;
[2] = se é tão grande o desejo de nos conhecer;
[3] infinitivo presente passivo de *iungo*:unir;
[4] *properare*: ter pressa de.

Eneias é recebido pelo rei Latino. Manuscrito do séc. IV d.C. (Biblioteca do Vaticano).

A. Análise morfo-sintáctica.

1. Indique o caso e função sintáctica de *Di.*
2. Identifique a construção presente em *rege Latino.*
3. Transcreva o sujeito de *deerit* (verso 262).
4. Classifique morfologicamente *aduenìat.*

4.1. Aponte o seu valor modal.

B. Traduza o texto para português correcto.

C. Exercícios:

1. De que modo concretizou o rei Latino esta recepção aos Troianos?
2. Que propósitos pretendia Vergílio alcançar ao escolher como tema central da sua obra a viagem de Eneias?
3. Substitua *rege Latino* por outra construção de valor equivalente.
4. Indique palavras portuguesas etimologicamente aparentadas com *augurium.*

III.

1. Com base no estudo feito sobre a *Eneida* e tendo em conta os exemplos da mesma, comente a seguinte afirmação:

   "Na Eneida se concentra toda a cultura romana".

2. Compare a *Eneida* e *Os Lusíadas* à luz da época a que cada uma das obras pertence. Explicite a importância de cada uma das epopeias no contexto histórico em que aparecem.

IV. Analise estes versos da epopeia portuguesa:

Arma uirosque pariter insignes
Lusitanis qui occiduis ab oris
Profecti, ignotis, metuendis altis
Nauigatis, Taprobanem et ipsam
Praeteriere, periclisque et bellis
Super naturam fortes imbecillam,
Inter remotas gentes nouum regnum
Finxerunt, quod sublime reddidere;

Gloria item praestantes omnes reges
Qui christianam Fidem dilatarunt
Imperiumque simul lusitanum,
Errantes, Asiam, Africam uastantes;
Qui, grandium memoria factorum,
Sempiternum supererunt in aeuum,
Canens, fauentibus et Musa et arte,
Per totum prorsus orbem diuulgabo.

Lusiadae, Clemente de Oliveira, O.P. interprete,
Editio Secunda, Olisipone, MCMLXXXVIII.

HORÁCIO

À MANEIRA DE HORÁCIO

Feliz aquele que disse o poema ao som da lira
À mesa do banquete entre os amigos
E coroado estava de rosas e de mirto

Seu canto nascia da solar memória dos seus dias
E da pausa mágica da noite –
Seu canto celebrava
Consciente da areia fina que escorria
Enquanto o mar as rochas desgastava

1994

Sophia de Mello Breyner Andresen, *Musa*, Caminho, 1994

16

Horácio:

- Vida e obra.
- a temática das *Odes*:
  - a natureza;
  - a mudança das estações;
  - a vida humana;
  - o fluir do tempo.
- influência de Horácio na literatura portuguesa.

1. Introdução

Quinto Horácio Flaco (65-8 a.C.) nasceu em Venúsia, na Apúlia. Era cinco anos mais novo que Virgílio. As notícias da sua vida chegaram até nós através de Suetónio e de testemunhos do próprio poeta. O pai, um liberto, procurou dar-lhe a melhor formação moral e educação. Fazendo de pedagogo, acompanhou-o até Roma onde ele fez os seus estudos junto do gramático Orbílio. Deste mestre o poeta recordará mais tarde a 'pedagogia da férula'. Na Epístola I do livro II refere-se ao *plagosus Orbilius*, mestre de carácter duro que parece ter deixado nos seus alunos as más recordações dos castigos corporais. Em Suetónio encontramos a referência ao testemunho de um outro discípulo, Domitius Marsus:*si quos Orbilius ferula scuticaque cecidit*. Estudou o grego pela *Ilíada* de Homero e a *Odisseia* pela tradução de Lívio Andronico. Continuou depois os estudos de retórica e de filosofia em Atenas.

Coube-me em sorte ser criado em Roma e aprender
quanto mal fez aos Gregos a cólera de Aquiles.
A boa Atenas ampliou um pouco a minha cultura,
a saber, deu-me o desejo de distinguir curvas de rectas
e procurar a verdade nos bosques de Academos.

Epístolas, II, 2, 41-45

(Trad. de Maria Helena da Rocha Pereira,
Romana – Antologia da Cultura Latina)

Entre 44-42 a.C. fez parte do exército de Bruto, como tribuno militar, e lutou na batalha de Filipos (42) ao lado dos derrotados. Ao regressar a Roma, arruinado, aceitou o cargo de *scriba* junto de um questor e começou a escrever poesia. Virgílio e Vário, em 39, apresentaram-no a Mecenas que acabou por apoiá-lo nas letras. De Mecenas recebeu também uma *uilla* nas colinas Sabinas, facto que constituiu para o poeta uma grande felicidade.

.... Não poderia dizer que fui feliz
porque o acaso me trouxe em sorte a tua amizade.
Pois não foi acaso algum que te levou ao meu encontro; um dia,
o excelente Virgílio, depois dele Vário,disseram-te quem eu era.
Levado à tua presença, falei pouco e entrecortado
- pois uma timidez emudecedora impedia-me de falar mais -,
não digo que nasci de pai ilustre, nem que dou a volta
em cavalo de Satúrio aos meus campos,
mas conto quem era; respondes, segundo o teu costume,
pouca coisa; retiro-me; passados nove meses, chamas-me
e mandas-me contar no número dos amigos. Em grande conta tenho
o ter-te agradado, a ti que distingues o honesto do torpe,
não pela ilustração do pai, mas pela pureza da vida e do coração.

Sátiras, I, 6, 52-64

(trad. de Maria Helena da Rocha Pereira, *op. cit.*)

Horácio pode ser definido como um homem delicado e afável, bom observador, de fina psicologia, tolerante e gracioso, amante das coisas boas da vida, características que o tornaram muito apreciado pela mais selecta sociedade de Roma.

A sua poesia reflecte toda a sua sensibilidade artística e revela uma perfeição formal que fazem dele um dos maiores poetas da literatura latina. Foi influenciado pelos poetas Arquíloco, Alceu, alexandrinos (gregos) e Lucílio (latino).

Das influências sofridas ele próprio nos fala:

Parios ego primus iambos
Ostendi Latio, numeros animosque secutus
Archilochi, non res et agentia uerba Lycamben.

Epist. I, 19, 23-25.

Diz Horácio que foi o primeiro a introduzir no Lácio a poesia iâmbica, seguindo o ritmo e o espírito de Arquíloco mas não seguiu o poeta grego no assunto e nas palavras lançadas contra Licamba.

Arquíloco, poeta grego de meados do século VII a.C., era natural da ilha de Paros. Nos seus poemas, iambos, fez uma crítica feroz a Licamba que não lhe concedeu a sua filha, Neobule, em casamento. Diz a tradição que essa crítica foi tão mordaz que pai e filha se suicidaram.

E neste passo:
.... *me pedibus delectat claudere uerba*
Lucili ritu,

Sátiras, II, 1, 28-29.

Segue os poetas gregos, essencialmente Alceu e os poetas alexandrinos, nos temas e na métrica que adapta ao ritmo latino. Mas também sofre a influência de Lucílio, sobretudo nas sátiras.

2. A obra:

Epodos: 17 peças curtas de tom por vezes violento e sarcástico; uma obra de transição entre o género satírico e a poesia lírica;

Sátiras (sermones): reunidas em 2 livros, com um total de 18 composições poéticas;

Odes (carmina): reunidas em 4 livros;

Epístolas: destaca-se a **Epístola aos Pisões**, mais conhecida por **Arte Poética**;

Carmen Saeculare: escrito no ano 17, a pedido de Augusto, para celebrar os Jogos Seculares.

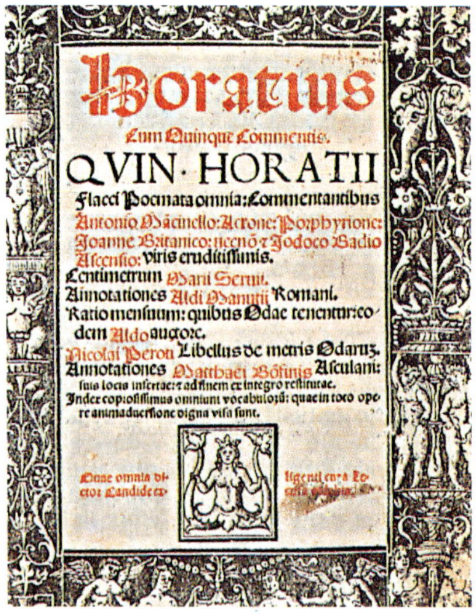
Horatius
Cum Quinque Commentis.
QVIN· HORATII
Flacci Poemata omnia: Commentantibus
Antonio Mancinello: Acrone: Porphyrione:
Joanne Britanico: necnõ & Jodoco Badio
Ascensio: viris eruditissimis.
Centimetrum Mari Servii.
Annotationes Aldi Manutii Romani.
Ratio mensuum: quibus Odae tenentur: eodem Aldo auctore.
Nicolai Peroti Libellus de metris Odarum.
Annotationes Matthaei Bõfinis Asculani:
suis locis insertae: & ad finem ex integro restitutae.
Index copiosissimus omnium vocabulorũ: quae in toto opere animaduersione digna visa sunt.

"Poemata Omnia" de Horácio.
(Bibl. Nac. de Madrid).

Horácio é notável no género satírico. As sátiras expõem os males da sua época, numa autêntica pintura do desequilíbrio moral da sociedade, dos vícios públicos às paixões particulares, como a avareza e a ambição. A par da crítica dá-nos uma lição de moderação, de gosto pelas coisas simples. As suas sátiras são cheias de vivacidade, nunca caindo na monotonia, pela variedade de temas, de cenas pitorescas, fábulas, reflexões pessoais, que tornam agradável a leitura destes poemas.

Os temas líricos são também os mais variados. Nas **Odes** encontramos assuntos mitológicos e pessoais; reflexões filosóficas; descrição de paisagens. É nas **Odes** que se encontram os temas que fizeram de Horácio o poeta clássico mais seguido ao longo dos tempos. Nelas trata o tema da brevidade da vida, da caducidade de todas as coisas, que dá lugar a outro grande tema horaciano, o *carpe diem*, gozar o dia que passa; o conselho à moderação, à *aurea mediocritas*, convidando a apreciar as coisas simples e belas da vida, recusando o supérfluo, numa redução ao essencial que se reflecte no próprio estilo do poeta. A incapacidade do homem perante a morte e a força do destino implacável aliada à consciência da temporalidade será uma constante nos poemas de Horácio. Na sequência deste pessimismo sobre o destino humano vem a busca de uma estabilidade interior que procura, assim, abrir caminho para uma eternidade impossível.

3. Textos

3.1. O Regresso da Primavera

A Ode seguinte é dedicada a L. Sestius, um antigo partidário de Pompeu que se tornou amigo de Augusto e foi cônsul no ano 23. O poeta com esta descrição da Primavera convida o amigo a sonhar porque a vida é breve e é necessário gozá-la.

Cartaz da Comemoração do Bimilenário de Horácio, da autoria de C. A. Louro Fonseca.

Soluitur acris hiems grata uice [1] ueris et Fauoni [2]
  Trahuntque siccas machinae carinas [3],
Ac neque iam stabulis gaudet pecus aut arator igni [4]
  Nec prata canis [5] albicant [6] pruinis.
Iam Cytherea [7] choros ducit Venus imminente luna
  Iunctaeque Nymphis Gratiae decentes
Alterno terram quatiunt pede, dum graues Cyclopum
  Volcanus [8] ardens urit officinas.
Nunc decet aut uiridi nitidum caput impedire myrto
  Aut flore, terrae quem ferunt solutae [9];
Nunc et in umbrosis Fauno decet inmolare lucis [10],
  Seu poscat agna [11] siue malit haedo [11].
Pallida mors aequo pulsat pede pauperum tabernas [12]
  Regumque turres [13]. O beate Sesti,
Vitae summa breuis [14] spem nos uetat inchoare longam.
  Iam te premet nox fabulaeque Manes [15]
Et domus exilis [16] Plutonia, quo simul mearis,
  Nec regna uini [17] sortiere [18] talis...

Odes, I, 4.

Notas:

[1] *uice*: ablativo de um desusado *uix*: volta, regresso;
[2] vento do oeste que soprava no início de Fevereiro; a Primavera, entre os Romanos, começava no dia 4 dos Idos deste mês (10 de Fevereiro);
[3] refere-se aqui o mês de Março, porque a navegação parava de 3 dos Idos de Novembro a 6 dos Idos de Março (11 Nov.-10 Março);
[4] = *igne*;
[5] ablativo do adjectivo *canus-a-um*: branco; cf. o português *cãs*;
[6] *albicare*: alvejar, branquear;
[7] Vénus Citereia: Vénus era, inicialmente, a deusa da Primavera e da vegetação; a Vénus era consagrado o mês de Abril;
[8] Vulcano, marido de Vénus, era o deus ferreiro;
[9] *terrae solutae*: as terras soltas, isto é, libertas do gelo do Inverno;
[10] *lucus-i*: bosque;
[11] ablativo instrumental; *haedus* ou *hoedus-i*: bode, cabrito;
[12] *pauperum tabernas*: as cabanas dos pobres;
[13] *regum turres*: os palácios dos ricos;
[14] *summa breuis*: a soma (duração) breve;

[15] *fabulae Manes*:os Manes da fábula (fabulosos); os Manes eram os espíritos dos mortos; ao apelidá-los de 'fabulosos' o poeta pretende dizer-nos que depois da morte é *o nada*;

[16] *exilis*: vã; *domus exilis Plutonia*: a vã (vazia) morada de Plutão (deus dos Infernos);

[17] *regna uini*: o reinado do vinho; refere-se ao costume de nomear no banquete (tirando à sorte, lançando os dados: *talis*) o *rex conuiuii* que tinha por missão determinar a quantidade de vinho que cada um devia beber, e dirigir os divertimentos;

[18] = *sortieris*.

I.

1. Destaque os elementos que o poeta apresenta como anunciadores da Primavera.

1.1. Distinga os elementos naturais e os mitológicos.

2. Divida o poema em partes e explicite o sentido de cada uma.

3. Explique o valor expressivo da repetição de *nunc* (9.º verso e 11.º).

4. O poema começa, logo no primeiro verso, pelo contraste entre *hiems* e *ueris*.

4.1. Procure no poema outros contrastes e mostre a sua significação e expressividade.

II.

5. Indique o caso de *grata* (v.1) destacando o nome que ele qualifica.

6. Transcreva o sujeito de *trahunt* (v.2).

7. Identifique a forma *imminente* (v.5) e diga a que nome se refere.

8. Faça a análise sintáctica da oração iniciada por *O beate Sesti*.

9. Traduza o texto procurando uma linguagem expressiva que, obedecendo ao sentido do poema, não esqueça a correcta estrutura da língua portuguesa.

3.2. As estações do ano e a vida humana

Diffugere [1] niues, redeunt iam gramina campis
  Arboribusque comae [2];
Mutat terra uices [3] et decrescentia ripas
  Flumina praetereunt;
Gratia cum Nymphis geminisque sororibus [4] audet
  Ducere nuda choros.
Inmortalia ne speres [5], monet annus et almum [6]
  Quae rapit hora diem.
Frigora mitescunt Zephyris [7], uer proterit aestas
  Interitura [8], simul
Pomifer [9] autumnus fruges effuderit, et mox

Flora (Museu de Nápoles).

Bruma recurrit iners.
Damna tamen celeres reparant caelestia lunae:
Nos ubi decidimus,
Quo pius Aeneas, quo Tullus diues et Ancus,
Puluis et umbra sumus [10].
Quis scit an adiciant hodiernae crastina summae
Tempora di superi?
Cuncta manus auidas fugient heredis, amico
Quae dederis animo.
Cum semel [11] occideris et de te splendida [12] Minos
Fecerit arbitria,
Non, Torquate, genus, non te facundia [13], non te
Restituet pietas;
Infernis neque enim tenebris Diana pudicum
Liberat Hippolytum [14]
Nec Lethaea [15] ualet Theseus abrumpere caro
Vincula Pirithoo [16].

Odes, IV, 7.

Notas:

[1] = *diffugerunt;*
[2] *comae*: as folhas;
[3] vide Ode anterior, nota 1; *mutat terra uices*: a terra toma outro aspecto;
[4] as Graças, filhas de Zeus (Júpiter) eram três; personificam a graça e a beleza que dão o prazer à vida; acompanham as Musas na inspiração das obras de arte; as Musas, de acordo com Hesíodo (poeta Grego), eram nove e também filhas de Zeus;
[5] *monet... ne speres*: oração completiva;
[6] *almus-a-um*: que alimenta; criador;
[7] ablativo instrumental;
[8] *interitura*: particípio futuro; *aestas interitura*: o Estio que há-de morrer;
[9] *pomifer* (de *pomum* 'fruto' + *fero* 'produzir'): frutífero;
[10] *puluis et umbra sumus*: o poeta quer dizer-nos que depois da morte somos nada: reduzidos a pó (a matéria) e a sombra (o espírito) nos Infernos;
[11] *cum semel:* uma vez que; desde o momento em que;
[12] *splendida... arbitria*: magnífico julgamento; Minos, filho de Zeus e Europa, foi rei de Creta e, depois, juiz dos mortos no Hades;
[13] *facundia*: Torquato era um famoso orador mas a sua oratória de nada valeria no reino dos mortos;
[14] Hipólito era filho de Teseu; dedicando-se inteiramente à caça, desprezava Afrodite (Vénus), deusa do amor, apenas venerando Diana, e por isso resistiu à sedução amorosa da madrasta, Fedra; esta vingou-se, acusando-o ao pai, ao mesmo tempo que se suicidava; o pai expulsa-o de casa; Hipólito é atacado na viagem por vingança de Afrodite; veio a morrer junto ao pai que sabe, finalmente, da sua inocência, através de Diana, que, todavia, não consegue trazê-lo à vida;
[15] *Lethaea uincula*: a prisão Leteia; Letes era o rio do esquecimento, um dos rios do Hades; lugar onde as almas ficavam para sempre pois dali não era possível regressar ao reino dos vivos;

16 Pirítoo: rei dos Lápitas, amigo de Teseu, foi por este muito ajudado em todas as suas empresas; quando Pirítoo quis desposar Perséfone, Teseu desceu com ele ao reino dos mortos para o auxiliar no rapto; mas o senhor do Hades vingou-se: Pirítoo sentou-se na *cadeira do esquecimento* e nunca mais voltou ao mundo dos vivos; de nada valeram os esforços de Teseu.

PISTAS DE LEITURA

I.

1. Explique a forma como o poeta nos mostra a passagem das estações do ano.

1.1. Aponte o que caracteriza cada uma.

2. De que modo faz o poeta o contraste com a vida humana?

2.1. Indique os elementos mais significativos.

3. O que pensa o poeta da vida para além da morte?

3.1. Justifique a sua resposta transcrevendo do poema as expressões mais significativas.

II.

4. Identifique o tema ou temas tratados nas duas odes estudadas.

4.1. Destaque os versos que melhor reflectem essas ideias.

1. Compare as duas odes de Horácio com esta Ode de Camões, apontando as semelhanças existentes:

Fogem as neves frias
Dos altos montes, quando reverdecem
As árvores sombrias;
As verdes ervas crescem,
E o prado ameno de mil cores tecem.

Zéfiro brando espira;
Suas setas Amor afia agora;
Progne triste suspira
E Filomela chora;
O céu da fresca terra se enamora.

Vai Vénus Citereia
Co'os coros das Ninfas rodeada;
A linda Pasifeia,
Despida e delicada,
Co'as duas irmãs acompanhada.

Enquanto as oficinas
Dos Ciclopes Vulcano está queimando,
Vão colhendo boninas
As Ninfas, e cantando,
A terra co'o ligeiro pé tocando.

Desce do duro monte
Diana, já cansada da espessura,
Buscando a clara fonte,
Onde, por sorte dura,
Perdeu Actéon a natural figura.

Assim se vai passando
A verde Primavera e o seco Estio;
Trás ele vem chegando,
Depois, o Inverno frio,
Que também passará por certo fio.

Ir-se-á embranquecendo
Co'a frígida neve o seco monte;
E Júpiter, chovendo,
Turbará a clara fonte;
Temerá o marinheiro o Orionte.

Porque, enfim, tudo passa;
Não sabe o tempo ter firmeza em nada;
E nossa vida escassa
Foge tão apressada,
Que quando se começa é acabada.

Que foram dos Troianos
Hector temido, Eneias piedoso?
Consumiram-te os anos,
Ó Cresso tão famoso,
Sem te valer teu ouro precioso.

Todo o contentamento
Crias que estava no tesouro ufano?
Oh! falso pensamento,
Que, à custa de teu dano,
Do douto Sólon creste o desengano!

O bem que aqui se alcança
Não dura por possante, nem por forte;
Que a bem-aventurança,
Durável doutra sorte,
Se há-de alcançar na vida pera a morte.

Porque, enfim, nada basta
Contra o terrível fim da noite eterna;
Nem pode a Deusa casta
Tornar à luz superna
Hipólito da escura noite Averna.

Nem Teseu esforçado,
Com manha, nem com força rigorosa
Livrar pode o ousado
Perítoo da espantosa
Prisão leteia, escura e tenebrosa.

Ode IX.

3.3. Aproveita os dons da vida que passa

Vides ut[1] alta stet niue candidum
Soracte[2], nec iam sustineant onus
Siluae laborantes geluque
Flumina constiterint acuto.

Cena de banquete. Fresco de Pompeios.

Dissolue frigus ligna super foco
Large reponens atque benignius
Deprome quadrimum[3] Sabina,
O Thaliarche, merum diota[4].

Permitte diuis cetera; qui simul
Strauere[5] uentos aequore feruido
Deproeliantes, nec cupressi
Nec ueteres agitantur orni[6].

Quid sit futurum cras, fuge quaerere et
Quem[7] fors dierum cumque dabit lucro
Appone nec dulces amores
Sperne puer neque tu choreas,

Donec uirenti[8] canities abest
Morosa. Nunc et campus[9] et areae
Lenesque sub noctem susurri
Composita repetantur hora[10];

Nunc et latentis proditor intimo
Gratus puellae risus ab angulo
Pignusque dereptum lacertis
Aut digito male pertinaci.

Odes, I, 9.

Notas:

[1] *uidere ut*: ver como;
[2] *Soracte-is*: Soracte, monte dos Faliscos (ao Norte do Lácio) consagrado a Apolo;
[3] *quadrimum merum*: puro (vinho) de quatro anos;
[4] *diota-ae*: vaso de duas asas; *diota Sabina* (ablativo): ânfora sabina (de vinho Sabino que era muito famoso);

[5] vide *sterno*; *sternere aequor*: tornar plana a superfície do mar; apaziguar as ondas;
[6] *ornus-i*: freixo;
[7] *quem...cumque* = *quemcumque*;
[8] part.pres. de *uireo*: estar verdejante; jovem na flor da idade;
[9] Campo de Marte;
[10] *hora composita*: hora marcada, combinada.

Leituras

1.

"Até agora, não aprendi muito latim. Tive que começar pelo princípio, com *aquila*, *aquilae* e acabar em César. Agora, no entanto, traduzo Horácio. Comprei um livro de textos encadernado em tela, com capa de cartão. E li todas as introduções. Gosto muito do latim, e dos professores, e dos autores estudados, e da nossa turma.

Como o 'mestre' só nos examina no fim do ano e não nos obriga a preparar os nossos deveres por escrito ou a fazer interrogações escritas surpresa, discutimos entre nós quase sempre, comentando textos de algumas linhas. Graças a este sistema, todos lhe obedecem. O debate é feito habitualmente pelo Leiber e pelo Petrisor. Cada vez que o Leiber traduz e comenta os textos, o Petrisor levanta-se e critica-o. A seguir é a vez do Leiber se levantar e defender a sua versão. (...)

O Bratasanu é muito forte em gramática. O 'mestre' disse-lhe mesmo um dia:

– Vais ficar estúpido, meu amigo!

O Bratasanu conhece de cor todas as excepções e traduz qualquer texto. Traduz até sem olhar para a página: basta-lhe ouvir a frase. Mas não compreende porque é que Augusto se tornou imperador, nem porque é que Horácio escreveu *Carmen Saeculare*. Para ele, aliás, todos os poetas são "admiráveis". Quando tem que comentar: *Vides ut alta stat*[1] *nive candidum Soracte...*, fala-nos de Sócrates e do clima de Roma. À margem das *Histórias* de Tácito, o Bratasanu é capaz de dizer de cor os nomes de todos os cônsules, assim como todas as datas a eles ligadas. Ele informa-se consultando o dicionário Varemberg e Saglio. No entanto, não é erudito. Esquece quase tudo o que armazena. Só da gramática e das palavras alemãs é que não se esquece. (...)

O Robert não sabe traduzir e também não leu muitos livros sobre Roma. Mas o Robert fala. Fala em qualquer altura e sobre qualquer assunto. (...) No entanto, dizem os rapazes, no Verão passado deu uma conferência sobre *Os Jogos do circo no tempo dos Romanos*, que teve sucesso. O 'mestre' felicitou-o e previu que ele se tornaria um grande escritor e um grande orador. (...)

Os comentários do Leiber são originais e instrutivos. Para os que não leram *La Cité Antique*. Pois na realidade a erudição do Leiber em

Mircea Eliade: nasceu em Bucareste, em 1907. Após a Segunda Guerra Mundial, viveu em França e foi professor em Chicago onde veio a falecer, em 1986.

O Romance do Adolescente Míope relata a vida de um adolescente, no período compreendido entre as duas Grandes Guerras.

[1] (sic).

matéria de "antiguidades" – assim como a do Bratasanu – não é mais que uma lenda. O Leiber vai buscar a sua ciência em Fustel de Coulanges, na véspera, e, no dia seguinte, durante a aula de latim, cita com muito empenho os autores latinos e uma bibliografia que consultou."

Mircea Eliade, *O Romance do Adolescente Míope*, Lisboa, Dom Quixote, 1993.

– Faça um comentário ao texto evidenciando a presença de Horácio.

2.

" O ideal de vida exaltado por Horácio – uma doce serenidade perante os benesses e as agruras quotidianas, a fruição avara do momento presente, a calma aceitação da morte – resumiu-se em certo número de temas que se mantiveram invariáveis no lirismo nacional através das modas do tempo. Destes alcançaram maior voga a "aurea mediocritas" e aqueles que reflectem uma atitude moral, já de si produto e consequência de uma situação filosófica, como o epicurismo e o estoicismo. Os primeiros poetas a assimilarem o sentido da lírica horaciana foram Sá de Miranda e António Ferreira."

Luís de Sousa Rebelo, "Horacianismo", *Dicionário de Literatura Portuguesa* (direcção de Jacinto do Prado Coelho), Porto, Figueirinhas, 1978.

Nota: leia infra, págs. 274-5, o que é dito sobre *epicurismo* e *estoicismo* .

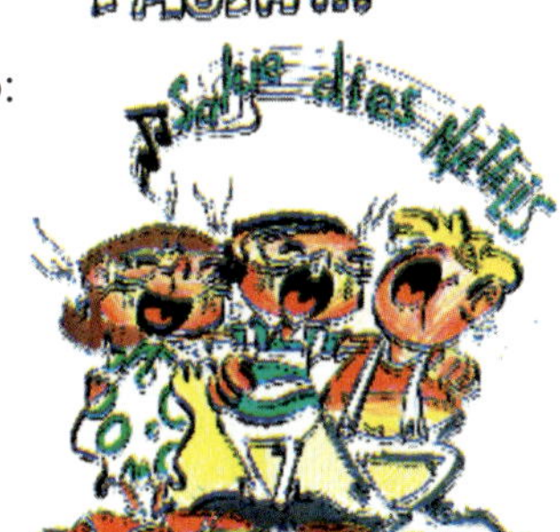

Avalie os seus conhecimentos:

1. Leia atentamente estes versos de uma ode de Horácio:

Laetus in praesens animus quod ultra est
Oderit curare et amara lento
Temperet risu: nihil est ab omni
  Parte beatum.

Odes, II, 16, 25-8

Vocabulário:

ab omni parte : sob todos os aspectos; inteiramente;
amarum,i : amargor, agrura, dor;
in praesens : no momento presente;
lentus,a,um : calmo;
odisse curare : odiar preocupar-se ; não se preocupar com....

1.1. Identifique o tema aqui tratado.

1.2. Traduza a estrofe.

2. Explicite, em breves palavras, o ideal de vida do epicurismo.

3. Diga de que modo se exprime na poesia de Horácio o ideal epicurista.

4. Refira exemplos da influência de Horácio na Literatura Portuguesa.

5. *Escreva em Latim:*

> Diz-nos Horácio que ninguém é inteiramente feliz e, por isso, devemos viver com alegria o momento presente.

6. Leia o poema que a seguir se apresenta e diga em que consiste a influência horaciana:

O Sol é grande, caem co'a calma as aves
Do tempo em tal sazão, que sói ser fria.
Esta água que d'alto cai acordar-me-ia?
Do sono não, mas de cuidados graves.

Ó cousas todas vãs, todas mudaves!
Qual é tal coração qu'em vós confia?
Passam os tempos, vai dia trás dia,
Incertos muito mais que ao vento as naves.

Eu vira já aqui sombras, vira flores,
Vi tantas águas, vi tanta verdura,
As aves todas cantavam d'amores.

Tudo é seco e mudo, e de mestura,
Também mudando-m'eu fiz d'outras cores,
E tudo o mais renova: isto é sem cura.

Sá de Miranda

17

Horácio:

- A temática das Odes (cont.):
  - a fugacidade da vida;
  - *aurea mediocritas*;
  - *carpe diem*;
  - a imortalidade pela poesia.

É da luz que a palavra poética concentra misteriosamente que a nossa existência recebe o máximo de claridade.

Eduardo Lourenço, *Tempo e Poesia*.

"Desejando (Horácio) "acrescentar uma corda à lira latina", criou de raiz uma poesia lírica directamente inspirada nos poemas eólios. Em primeiro lugar, foi necessário adaptar a métrica dos seus modelos gregos ao ritmo da língua latina, o que exigiu transposições delicadas. De resto, foi ajudado pelos esforços dos seus antecessores, Catulo em particular, que tinham tentado fazê-lo com algum sucesso. Em seguida, munido deste instrumento, procurou exprimir sentimentos que, até então, não tinham expressão na literatura de Roma: aquilo que os poetas alexandrinos tinham confiado ao epigrama – a alegria de viver, os tormentos e os prazeres do amor, a felicidade, as mais leves impressões sentidas ao longo dos dias e das estações – tudo isto fornece a Horácio temas para as suas Odes. Mas, progressivamente, vai-se libertando desta poesia do quotidiano uma filosofia concreta, que muito deve ao epicurismo professado por Mecenas, mas que não tardou a superá-lo. Avesso a todas as dialécticas e a todas as demonstrações abstractas, Horácio exige apenas ao espectáculo do mundo – um rebanho de cabras na encosta de uma colina, um santuário em ruínas, a frescura de uma nascente, as primeiras rajadas de vento oeste num campo gelado – a revelação do que o universo contém de mistério divino."

Pierre Grimal, *A Civilização Romana*, Lisboa, Edições 70, 1988.

1. A brevidade da vida

Horácio aconselha Leucónoe a não procurar conhecer o futuro e a gozar os bens da vida presente.

O contentar-se com pouco é sentido como uma renúncia, conquista da sabedoria.

Fugit inuida Aetas. (Museu de Nápoles).

Tu ne [1] quaesieris (scire nefas [2]), quem mihi, quem tibi
Finem di dederint, Leuconoe, nec Babylonios
Temptaris [3] numeros. Vt melius [4], quidquid erit pati!
Seu plures hiemes seu tribuit Iuppiter ultimam,
Quae nunc oppositis debilitat pumicibus [5] mare
Tyrrhenum, sapias [6], uina liques [6] et spatio breui [7]
Spem longam reseces [6]! Dum loquimur, fugerit inuida
Aetas; carpe diem quam minimum credula postero.

Odes, I, 11.

Notas:

[1] *ne quaesieris*: não procures (proibição expressa por ne + perfeito do conjuntivo). Em prosa a proibição exprime-se mais geralmente por *noli* (*nolite*) com infinitivo (cf. *Latim 1*, págs. 138-139);

[2] *nefas*: violação da lei divina; o que não é permitido pelos deuses (*ne+fas*; *fas*: o que é permitido pelos deuses; o que é favorável; cf. dias *fastos* e *nefastos*);

[3] *temptaris* = *temptaueris*, de *tempto* ou *tento*: sondar; *temptare numeros Babylonios*: sondar os cálculos astrológicos dos babilónios; nesse tempo estavam em grande expansão em Roma as superstições orientais e as crenças na astrologia;

[4] *ut melius* (*est*): como é melhor;

[5] ablativo instrumental;

[6] conjuntivo exortativo; *sapias* : sê sensata;

[7] *spatio breui*: ablativo de causa.

I.

1. Identifique o tema tratado, exemplificando com os passos mais significativos.
2. Que razões devem levar a apreciar melhor a vida?
3. Interprete o sentido destas palavras:

Dum loquimur, fugerit inuida / Aetas

II.

1. Identifique a forma *dederint* e justifique o emprego deste modo verbal.
2. Traduza o poema.

2. Seruare aequam mentem

Conselho à moderação: nem deixar-se abater pelos infortúnios, nem alegrar-se demasiado com a sorte; pensar que todos, ricos ou pobres, têm o mesmo fim; os bens do mundo são passageiros. Dirigido a Dellius.

Aequam [1] memento [2] rebus in arduis
Seruare mentem, non secus [3] in bonis [4]
 Ab insolenti temperatam
 Laetitia, moriture [5] Delli,

Seu [6] maestus omni tempore uixeris
Seu [6] te in remoto gramine per dies
 Festos reclinatum bearis [7]
 Interiore nota [8] Falerni.

Quo [9] pinus ingens albaque populus [10]
Vmbram hospitalem consociare amant
 Ramis? quid obliquo laborat
 Lympha fugax trepidare riuo [11]?

Huc uina et unguenta et nimium breues
Flores amoenae ferre iube rosae [12],
 Dum res et aetas et sororum [13]
 Fila trium patiuntur atra.

Cedes [14] coemptis [15] saltibus et domo
Villaque [16], flauus quam Tiberis lauit,
 Cedes, et exstructis in altum
 Diuitiis potietur heres.

Diuesne prisco natus ab Inacho [17]
Nil interest an pauper et infima
 De gente sub diuo [18] moreris,
 Victima nil miserantis [19] Orci:

Omnes eodem [20] cogimur, omnium
Versatur urna [21] serius ocius [22]
 Sors exitura et nos in aeternum
 Exsilium impositura cumbae [23].

Odes, II, 3.

A vida rural idealizada. (Museu de Nápoles).

Notas:

[1] *aequam mentem*: uma mente igual, sempre ao mesmo nível, calma, tranquila;

[2] *memento*: imperativo de *memini*: lembra-te; *memento seruare*: lembra-te de conservar; conserva;
[3] *non secus*: do mesmo modo;
[4] *in bonis* (*rebus*);
[5] *moriture*: vocativo do particípio futuro;
[6] *seu...seu*: quer...quer;
[7] *bearis*= *beaueris*; vide *beo*;
[8] *nota*: etiqueta posta nas ânforas para indicar o ano do vinho; *Falernum interiore nota*: um Falerno cuja etiqueta (com a ânfora) está no fundo da adega, quer dizer, um vinho velho e, por isso, de qualidade superior;
[9] *quo* (int.): por que?;
[10] *pōpulus*: choupo;
[11] *riuo obliquo*: (abl. de lugar) no leito sinuoso (do rio);
[12] *amoenae rosae* (genitivo);
[13] *sororum trium*: das três irmãs, as Parcas, divindades que presidem à vida do homem: Cloto, a fiandeira, que fiava o fio da vida; Láquesis, que atribuía a cada homem o seu destino e Átropo, que cortava o fio da vida;
[14] vide *cedo*: renunciar à posse de (com abl.);
[15] vide *coemo*: comprar (para reunir e aumentar);
[16] *domo uillaque*: a casa da cidade e a casa de campo;
[17] *ab Inacho* (origem): Ínaco, personagem mítica, primeiro rei de Argos, era filho do Oceano e de Tétis;
[18] *diuum-i*: o ar, o céu; *sub diuo*: na terra (no reino dos vivos) por oposição à morada dos mortos, nas profundezas do Orco;
[19] *nil miserantis*: que não se compadece de nada; *miserantis*: genitivo do particípio presente de *miseror*;
[20] *eodem* (adv.): para o mesmo lugar;
[21] *uersare sortem urna*: agitar as sortes na urna; *omnium sors urna uersatur*: o destino de todos é agitado na mesma urna;
[22] *serius ocius*: mais tarde ou mais cedo; *serius*: comparativo do adv. *sero*; *ocior-ius*: mais rápido, mais cedo;
[23] *cumba* ou *cymba*: a barca (de Caronte).

3. A *aurea mediocritas*

Rectius [1] uiues, Licini, neque altum [2]
Semper urgendo neque, dum procellas
Cautus horrescis [3], nimium premendo
  Litus iniquum.

Auream quisquis mediocritatem
Diligit, tutus caret [4] obsoleti
Sordibus tecti, caret inuidenda [5]
  Sobrius aula [6].

Saepius uentis agitatur ingens
Pinus et celsae grauiore casu
Decidunt turres feriuntque summos
  Fulgura montes.

Sperat infestis, metuit secundis
Alteram sortem bene praeparatum
Pectus. Informes hiemes reducit
  Iuppiter, idem

Submouet. Non, si male nunc, et olim[7]
Sic erit: quondam cithara tacentem
Suscitat Musam neque semper arcum
  Tendit Apollo.

Rebus angustis[8] animosus atque
Fortis appare[9], sapienter idem
Contrahes uento nimium secundo[10]
  Turgida uela.

Odes, II, 10.

Villa no campo. Mosaico (Túnis).

Notas:

[1] *rectius* (*quam nunc*);
[2] *altum-i*: o alto mar;
[3] *procellas horrescere*: ter medo das tempestades;
[4] vide *careo*: abster-se de, evitar (com ablativo);
[5] vide *inuideo*: invejar; *inuidenda*: que deve ser invejada, invejável;
[6] *aula-ae* (origem grega): pátio de uma casa (= *atrium*), palácio;
[7] *olim*: um dia (no futuro);
[8] *rebus angustis*: nas coisas difíceis, na adversidade;
[9] vide *appareo*;
[10] *uento secundo*: ablativo dependente de *turgida*.

PISTAS DE LEITURA

1. Repare nas expressões dos primeiros versos:
   a) urgendo altum;
   b) horrescis procellas;
   c) premendo litus iniquum;

Explique a conotação e o sentido simbólico destas palavras do poeta.

2. Esquematize as ideias-chave do poema mostrando a sua sequência.
3. Classifique morfologicamente *rectius* e *sapienter* .

EXERCÍCIOS

1. Diga com que vocábulos do texto se relacionam, pelo sentido, as palavras portuguesas:
   a) obsoleto;
   b) fulgurante;
   c) áulica.
2. Explique, pela etimologia, a significação dos vocábulos portugueses:
   a) angústia;
   b) túrgido.
3. Reescreva a frase seguinte, passando o adjectivo sublinhado ao grau superlativo:
   ... celsae <u>grauiore</u> casu decidunt turres .
4. Escreva no plural a forma *appare*.
5. Faça um comentário literário a estes versos:

   Retiro-me a estes vales, a estas fontes
   A estes frescos jardins e pátrios rios.
   Quando vão cheios caço pelos montes,
   E neles pesco quando vão vazios.
   Contente destes ares e horizontes,
   Sem a corte invejar, passo os estios,
   Pelos invernos canto teus louvores,
   De outra musa melhor merecedores.

   Brás Garcia de Mascarenhas, *Viriato Trágico.*

Brás Garcia de Mascarenhas, poeta do século XVII (1595-1656), nasceu em Avô (Oliveira do Hospital). O *Viriato Trágico* é um poema épico, em 20 cantos, em oitava rima.

4. A fonte de Bandúsia

O fons Bandusiae, splendidior uitro [1],
Dulci digne [2] mero [3] non sine floribus,

Cras donaberis haedo,
Cui frons turgida cornibus

Primis[4] et uenerem et proelia destinat.
Frustra: nam gelidos inficiet tibi
Rubro sanguine riuos
Lasciui suboles gregis.

Te flagrantis atrox hora[5] Caniculae[6]
Nescit tangere; tu frigus amabile
Fessis uomere tauris
Praebes et pecori uago.

Fies nobilium tu quoque fontium[7],
Me dicente cauis impositam ilicem
Saxis, unde loquaces
Lymphae desiliunt tuae.

Odes, III, 13.

Notas:

[1] *uitro*: 2.º termo de comparação;

[2] *digne*: vocativo;

[3] *dulci mero*: ablativo dependente de digne; *dulci mero sine floribus*: referência ao sacrifício que era oferecido às ninfas das fontes;

[4] *cornibus primis*: com os chifres ainda a nascer, ainda tenros;

[5] *hora*: estação;

[6] *Canicula*: a estrela Sírio na constelação de Cão Maior; Sírio e o Sol estão em conjunção entre 22 de Julho e 23 de Agosto; a Canícula corresponde, assim, à época do ano mais quente, por isso também significa *grande calor* ;

[7] *nobilium fontium*: genitivo partitivo; *fies ... fontium*: pertencerás também às fontes famosas.

1. Justifique o caso de *tibi* (verso 6).
2. Indique a função sintáctica de *uomere* (verso 11).
3. Diga qual o valor do genitivo *nobilium fontium* (verso 13).
4. Identifique a construção *me dicente* (verso 14).

1. Substitua *uitro* (verso 1) por outra construção equivalente.
2. Indique vocábulos portugueses relacionados, pela etimologia, com *nescio*.
3. Procure outras palavras latinas da família etimológica de *pecori*.

3.1. Enumere palavras portuguesas daí derivadas.

4. Substitua *me dicente* por outra construção com o mesmo sentido.

5. A glória do poeta

Exegi [1] monumentum aere[2] perennius
Regalique situ [2] pyramidum altius,
Quod non imber edax, non Aquilo impotens
Possit diruere aut innumerabilis
Annorum series et fuga temporum.
Non omnis moriar multaque pars mei
Vitabit Libitinam [3]; usque ego postera
Crescam laude recens, dum Capitolium
Scandet cum tacita uirgine pontifex [4].
Dicar [5], qua uiolens obstrepit Aufidus [6]
Et qua pauper aquae Daunus [7] agrestium

Regnauit populorum ex humili potens [8],
Princeps Aeolium carmen [9] ad Italos
Deduxisse modos. Sume superbiam
Quaesitam meritis et mihi Delphica
Lauro cinge uolens, Melpomene, comam.

Odes, III, 30.

Notas:

[1] *exegi*: acabei; erigi;

[2] *aere... regali situ*: 2.º termo de comparação; *aes,aeris*: bronze;

[3] *Libitinam*: a morte; deusa em cujo templo, no Aventino, se guardavam os objectos destinados às cerimónias fúnebres;

[4] *pontifex cum tacita uirgine*: referência ao culto de Vesta; o Pontífice Máximo com a Grande Vestal (que ia em silêncio) faziam o cortejo até ao Capitólio;

[5] *dicar*: dir-se-á; note a construção pessoal da oração infinitiva: *dicar* ... *princeps Aeolium carmen ad Italos deduxisse modos* ;

[6] *Aufidus*: rio da Apúlia onde ficava Venúsia, terra de Horácio;

[7] *Daunus*: rei da Apúlia; *pauper aquae*: porque a terra era árida, pobre de água;

[8] *ex humili potens*: Dauno chegou a esta região como exilado e tornou-se o seu rei;

[9] *carmen Aeolium*: a poesia eólica; Horácio foi o primeiro a compor, em latim, poesia à maneira eólica.

I.

1. Explique o sentido dos 5 primeiros versos.
2. Que "honra" o poeta atribui, desde já, a si próprio?
3. Qual a glória que o poeta deseja?
4. Identifique, explicando-o, o processo estilístico mais frequente na primeira parte do poema.

II.

5. Indique o valor do conjuntivo *possit* (verso 4).
6. Identifique *moriar* (verso 6).
7. Justifique a forma *deduxisse* (verso 14).
8. Traduza o poema.

1. Associe palavras duas a duas (uma de cada lista) e indique a relação entre elas:

a. aes	1. Aegyptus
b. pontifex	2. statua
c. uirgo	3. Apollo
d. pyramis	4. religio
e. laurus	5. Vesta

2. Procurando a <u>história</u> dos vocábulos sublinhados, explique o sentido da frase:

"Foi condenado por <u>defraudar</u> o <u>erário</u> público."

3. *Escreva em latim:*

O poeta não morrerá porque a sua poesia será conhecida e lida nos anos que hão-de vir. Sabe-se que Horácio foi considerado por Augusto o maior poeta do seu tempo. É lícito que, também hoje, a sua obra seja lida por todos nós.

ago, agis, agere, egi, actum: fazer, agir;
exigo (ex - ago): acabar;
abigo (ab - ago): afastar, expulsar;
subigo (sub - ago): submeter;
cogo (cum - ago): reunir, obrigar;
redigo (red - ago): repelir;
coactio - onis (f): resumo, obrigação;
edax, edacis: devorador, voraz;
edacitas - atis: voracidade;
edo, edis (es), edere (esse), edi, esum: comer;
comedo: comer;
esurio - is -ire -iui - itum : ter fome;
esurio - onis (m.): comilão;
esca - ae (f.): alimento.

Analise os poemas que a seguir se transcrevem, procurando neles a influência dos temas horacianos.

1.
Segue o teu destino
Rega as tuas plantas,
Ama as tuas rosas.
O resto é a sombra
De árvores alheias.

A realidade
Sempre é mais ou menos
Do que nós queremos.
Só nós somos sempre
Iguais a nós – próprios.

Suave é viver só.
Grande e nobre é sempre
Viver simplesmente.
Deixa a dor nas aras
Como ex-voto aos deuses.

Vê de longe a vida.
Nunca a interrogues.
Ela nada pode
Dizer-te. A resposta
Está além dos deuses.

Mas serenamente
Imita o Olimpo
No teu coração.
Os deuses são deuses
Porque não se pensam.

Ricardo Reis, *Odes*.

2.

Tão cedo passa tudo quanto passa!
Morre tão jovem ante os deuses quanto
Morre! Tudo é tão pouco!
Nada se sabe, tudo se imagina.
Circunda-te de rosas, ama, bebe
E cala. O mais é nada.

Ricardo Reis, *Odes*.

3.

Um ideal de vida simples, em contacto com a natureza, longe do bulício da cidade, era o que preconizava Horácio, longe do negotium, todo entregue ao otium:

" ... procul omnis esto
clamor et ira."

Haverá, na actualidade, quem tenha este mesmo ideal de vida?

Reflicta sobre os problemas actuais, especialmente nas grandes cidades: o *stress*, a poluição, o isolamento das pessoas, a competição, a marginalização, etc.. Há movimentos que procuram lutar contra tudo isto. Há pessoas que, a título individual ou familiar, resolvem dar um novo rumo à sua vida, na busca de um ideal perdido.

Interessa-lhe este tema?

Procure informar-se. Organize com os seus colegas uma pesquisa sobre o assunto. Recolha textos poéticos, ou bem prosaicos e informativos, estudos sociológicos, depoimentos, fotografias, etc..

Elabore um trabalho sobre o ideal de vida horaciano na actualidade.

18

Horácio: Odes (concl.):

- Um epigrama votivo;
- O louvor do Imperador;
- O agradecimento à Musa.

A poesia não é um dialecto
para bocas irreais.
Nem o suor concreto
das palavras banais.

É talvez o sussurro daquele insecto
de que ninguém sabe os sinais.

Silêncio insurrecto.

José Gomes Ferreira

As **Odes** de Horácio marcam o culminar de uma evolução da poesia latina, um caminhar para um ideal de poesia perfeita e harmoniosa que vinha já dos poetas da época anterior, os chamados *poetae noui* .

No entanto, de início, o interesse do público não corresponde a esta poesia. Horácio, desanimado, regressa às Sátiras (**Sermones**), que constituem uma pintura da sociedade romana e que, não visando personagens políticas importantes, são, essencialmente, uma sátira de costumes.

Mas, no Livro IV das **Odes**, o poeta reaparece em plena pujança, numa mistura do vivencial com a recordação, correspondendo ao sentido de perenidade da grandeza romana. Sentindo-se orgulhoso da sua missão poética, Horácio agradece à Musa o dom que lhe concedeu e que permitirá que ele seja recordado como o maior poeta de Roma.

Textos

1. Epigrama votivo.

O poeta consagra um pinheiro a Diana, deusa dos bosques:

Montium custos nemorumque uirgo,
Quae laborantes utero [1] puellas

Ter uocata audis adimisque leto [2],
Diua triformis,

Imminens uillae [3] tua pinus esto,
Quam [4] per exactos ego laetus annos
Verris obliquum meditantis ictum [5]
Sanguine donem.

Odes, III, 22.

Notas:

[1] *utero laborare* : ter dores de parto; Diana era, também, invocada como a deusa que preside aos nascimentos e, nesse papel, era confundida com Juno Lucina;

[2] *leto*: dativo; como deusa do mundo subterrâneo pode arrancar à morte; no céu é a lua; na terra, Diana; nos Infernos, Hécate, por isso é *diua triformis*;

[3] refere-se à sua *uilla* na região sabina;

[4] = *ut eam* ;

[5] *uerris ... ictum* : do javali que prepara um golpe oblíquo; a mesma ideia, sobre as características do javali e sua forma de ataque, aparece em Homero, *Ilíada* , XII, 148.

1. Identifique a forma *laborantes*.
2. Classifique morfologicamente *ter*.
3. Diga, justificando, o caso de *uillae*.
4. Especifique a função sintáctica de *per exactos annos*.
5. Justifique o modo de *donem*.
6. Traduza o poema.

2.
O poeta glorifica o Imperador, alegrando-se com o seu regresso.

Augusto partiu para a Hispânia no ano 27 a.C. para dirigir a guerra contra os Cântabros; no ano 24 a.C., deixando a Agripa o encargo de pacificar a província, regressa a Roma. Ao chegar, recusa o Triunfo mas o Senado decretou uma *supplicatio*.

Herculis ritu [1] modo [2] dictus, o plebs,
Morte uenalem petiisse laurum [3],
Caesar Hispana repetit Penates
Victor ab ora [4].

Vnico gaudens mulier marito
Prodeat[5] iustis operata sacris[6]
Et soror clari ducis et decorae
   Supplice uitta

Virginum matres iuuenumque nuper
Sospitum[7]. Vos, o pueri et puellae
Non uirum expertae, male ominatis
   Parcite uerbis!

Hic dies uere mihi festus atras
Eximet curas; ego nec tumultum
Nec mori per uim metuam tenente
   Caesare terras.

I, pete unguentum, puer[8], et coronas
Et cadum Marsi memorem duelli[9],
Spartacum[10] si qua potuit uagantem
   Fallere testa.

Dic et argutae properet Neaerae
Murreum nodo cohibere crinem;
Si per inuisum mora ianitorem
   Fiet, abito.

Lenit albescens animos[11] capillus
Litium et rixae cupidos proteruae;
Non ego hoc ferrem[12] calidus iuuenta
   Consule Planco.

Odes, III, 14.

Ara Pacis Augustae.

Notas:

[1] *ritu Herculis*: à maneira de Hércules;
[2] *modo*: há pouco; *dictus (est)*: diz-se;
[3] *morte uenalem laurum*: o louro que se compra (se conquista) com a morte (com o perigo da vida);
[4] *ab ora Hispana*;
[5] conjuntivo exortativo;
[6] *iustis...sacris*: tendo sacrificado aos deuses justos, tendo feito sacrifícios justos; *operatus sacris*: que fez um sacrifício;
[7] sãos e salvos (ao voltarem da guerra);
[8] jovem escravo;
[9] *Marsi duelli*: alusão à Guerra Social comandada por Espártaco;
[10] *Spartacum ... uagantem*: os bandos de Espártaco percorriam a Itália e saqueavam tudo; *si qua potuit ... testa*: se algum vaso pôde escapar ao errante Espártaco;
[11] *animos*: as paixões;
[12] conjuntivo potencial.

PISTAS DE LEITURA

I.

1. Divida o poema em partes, indicando a ideia central de cada uma.
2. Que sentimentos manifesta o poeta?

2.1. Transcreva as expressões que melhor os exprimem.

3. Há no poema referências temporais que apontam para a idade do poeta.

3.1. Explicite essas referências.

II.

4. Justifique a forma *petiisse*.
5. Identifique a construção sintáctica presente em *tenente Caesare*.

5.1. Procure no poema outra construção sintáctica semelhante.

6. Justifique o modo de *properet*.
7. Identifique os vocábulos :

   a) i;

   b) abito.

1. Diga com que palavras do texto se relacionam, pela etimologia, os vocábulos portugueses sublinhados, nas frases:

a) Acusou-o de ser um jornalista venal.

b) Considerou aquele acontecimento ominoso.

c) Ele é, em tudo, um homem parcimonioso.

d) Usei um tónico capilar que deu resultado.

1. Pesquise e registe informação sobre:

a) Os trabalhos de Hércules;

b) A relação de Hércules com a Hispânia;

c) A mulher de Augusto (referida no texto);

d) A irmã de Augusto.

3. Agradecimentos à Musa

Quem tu, Melpomene, semel
Nascentem placido lumine uideris,
  Illum non labor Isthmius
Clarabit pugilem, non equus impiger
  Curru ducet Achaico

Victorem, neque res bellica Deliis
   Ornatum foliis ducem,
Quod regum tumidas contuderit minas,
   Ostendet Capitolio;
Sed quae Tibur aquae fertile praefluunt
   Et spissae nemorum comae
Fingent Aeolio carmine nobilem.
   Romae principis urbium
Dignatur suboles inter amabiles
   Vatum ponere me choros,
Et iam dente minus mordeor inuido.
   O testudinis aureae
Dulcem quae strepitum, Pieri, temperas,
   O mutis quoque piscibus
Donatura cycni, si libeat, sonum,
   Totum muneris hoc tui est,
Quod monstror digito praetereuntium
   Romanae fidicen lyrae;
Quod spiro et placeo, si placeo, tuum est.

Odes, IV, 3.

As três Musas: Melpómene, Urânia, Terpsícore.

Tradução:

Aquele que tu, ó Melpómene [1], contemplaste
ao nascer, com olhar favorável,
a esse, nem os Jogos Ístmicos [2] o tornarão um ilustre atleta,
ou os fogosos cavalos o conduzirão, vitorioso,
num carro da Acaia [3];
a esse a arte militar não o apresentará no Capitólio,
general coroado de folhas de Delos [4]
por ter esmagado as orgulhosas ameaças dos reis:
mas torná-lo-ão célebre no género eólico
as águas que correm diante da fértil Tíbur [5]
e as espessas comas dos bosques.
Os filhos de Roma, princesa das cidades,
dignam-se incluir-me no número desejado dos grandes líricos
e já sou menos mordido pelo dente da inveja.
Ó Piéride [6], que moderas o doce som da lira de ouro!
Ó tu que poderias dar até aos mudos peixes
o canto do cisne, se te aprouvesse!
O ser apontado por quem passa como poeta lírico de Roma,
é uma dádiva tua,
o ser inspirado e agradar, se agrado,
vem de ti.

(trad. de Ema Barcelos, *Horácio – Odes Escolhidas*, Porto Editora, 1975.

Notas:

[1] a Musa que inspira o poeta;

[2] os Jogos celebrados junto ao Istmo de Corinto; a referência estende-se a todos os outros jogos helénicos;

[3] a Acaia era uma região da Grécia; refere-se aos carros puxados por cavalos: bigas ou quadrigas;

[4] folhas de louro, o louro que coroava o general vencedor, no seu triunfo; o loureiro era a árvore de Apolo, deus nascido na ilha de Delos;

[5] Tíbur: cidade perto de Roma, onde Horácio tinha uma *uilla* ;

[6] = Musa; diz-se que o culto às Musas nasceu na Piéria, perto do Monte Olimpo.

1. Identifique a estrutura semântica do poema.

2. Que estado de espírito manifesta o poeta?

2.1. Quais as razões desse estado de alma?

1. Identifique as palavras e/ou expressões latinas que foram traduzidas por:
   a) olhar favorável;
   b) arte militar;
   c) orgulhosas ameaças;
   d) género eólico;
   e) número desejado dos grandes líricos;
   f) lira de ouro;
   g) poderias dar;
   h) quem passa.

4. Leitura

"O poeta é o escultor espiritual duma Pátria, o revelador-criador do seu carácter em mármore eterno de harmonia.

A Poesia é a mãe do carácter; por isso, devemos considerar divina a missão dos poetas, quando não mintam ao seu destino sublime.

Se a ciência é a realidade das coisas fora de nós, a Poesia é a sua realidade dentro em nós. A ciência constata e vê. A Poesia vê também, mas os seus olhos iluminam, transcendentalizam a coisa contemplada, elevam o real ao ideal.

A Poesia é criadora, e as suas criações ficam a viver, a pertencer à Natureza que, nelas, se excede e acrescenta às suas formas objectivas do domínio científico, as suas formas de alma e beleza; – o Reino Espiritual.

A Poesia converte a matéria em espírito."

Teixeira de Pascoaes, *Arte de Ser Português*

4.1. Faça um comentário ao texto que acabou de ler, mostrando o que existe nele de influência clássica.

4.2. *Escreva em latim:*
- o poeta é o escultor espiritual duma Pátria;
- devemos considerar divina a missão dos poetas;
- a poesia converte a matéria em espírito.

1. Leia, analise e traduza:

De aetate Mulierum

Valerius

Quinque et uiginti annos habens dicere solet
Mulier annum se agere solum uicensimum.
Cum uero agit tricensimum annum dictitat
Cunctis annum se agere quintum et uicensimum.
Triginta annos, agens quintum et tricensimum,
Se habere adfirmat semper. Vae negantibus!

Quintus

Dic mihi, quaeso, sibi quot annos detrahit
Omnis mulier quae sit quadragenaria?

Valerius

At nulla, puto, mulier quadragenaria est!

(in *Acta Diurna*)

2. Passatempo:

QUAERE VERBA

Vestíga in schémate nómina infra scripta auctórum romanórum.

S	W	M	O	T	A	C	I	T	U	S	G	V	A	R	R	O	G	Y
T	O	L	N	E	R	T	I	B	U	L	L	U	S	E	I	T	C	Y
H	E	N	N	I	U	S	L	B	W	H	U	H	E	Q	E	P	I	P
A	H	X	W	D	Y	T	Y	M	I	G	C	P	P	R	B	I	C	H
B	V	P	O	V	J	B	E	S	A	J	R	P	E	Z	O	C	E	A
H	S	L	V	C	T	C	T	O	J	R	E	N	G	C	J	A	R	E
O	E	A	I	P	S	A	L	L	U	S	T	I	U	S	V	T	O	D
R	N	U	D	V	T	E	X	C	X	I	I	I	H	H	E	U	N	R
A	E	T	I	I	Y	S	C	Z	U	L	U	L	A	U	M	L	E	U
T	C	U	U	D	S	A	T	S	U	D	S	X	U	L	X	L	F	S
I	A	S	S	I	T	R	E	Z	B	B	T	L	I	V	I	U	S	D
U	H	S	H	O	E	P	E	V	E	R	G	I	L	I	U	S	Y	P
S	I	L	A	N	E	V	U	I	V	S	J	X	N	X	H	E	H	K
F	W	P	T	I	O	N	I	I	P	R	O	P	E	R	T	I	U	S

- ☒ Caesar
- ☐ Cato
- ☐ Catúllus
- ☐ Cícero
- ☐ Énnius
- ☐ Horátius
- ☐ Iuvenális
- ☐ Lívius
- ☐ Lucrétius
- ☐ Martiális
- ☐ Ovídius
- ☐ Phaedrus
- ☐ Plautus
- ☐ Propértius
- ☐ Sallústius
- ☐ Séneca
- ☐ Státius
- ☐ Tácitus
- ☐ Teréntius
- ☐ Tibúllus
- ☐ Varro
- ☐ Vergílius

IÚVENIS, IV, 1989.

19

Horácio: – as Epístolas:
- A *Epístola aos Pisões* ou *Arte Poética.*
- a cultura grega em Roma.
- preceitos horacianos.

1. Graecia capta...

Graecia capta ferum uictorem cepit [1] et artes
intulit agresti Latio; sic horridus ille
defluxit numerus Saturnius [2] et graue uirus
munditiae pepulere, sed in longum tamen aeuum [3]
manserunt hodieque manent uestigia ruris.
Serus enim Graecis admouit acumina chartis
et post Punica bella quietus quaerere coepit
quid Sophocles et Thespis et Aeschylus [4] utile ferrent.
Temptauit quoque rem, si digne uertere posset,
et placuit sibi natura sublimis et acer:
nam spirat tragicum [5] satis et feliciter audet,
sed turpem putat inscite [6] metuitque lituram.

Ep., II,1, 156-167.

Notas:

[1] *capta...cepit*: note o jogo de palavras; a Grécia foi conquistada pelos Romanos mas os vencedores romanos foram conquistados pela arte grega;
[2] *numerus Saturnius*: refere-se à antiga poesia latina cuja métrica, segundo a lenda, remontava ao tempo em que Saturno reinou na Itália;
[3] i*n longum aeuum*: durante muito tempo;
[4] referência aos vários autores que marcam o desenvolvimento da tragédia grega: Téspis, o primeiro, que entre 536 e 533 a.C. terá apresentado a primeira representação; Ésquilo (525-456 a.C.), considerado o verdadeiro criador, e Sófocles (c.496-406/5 a.C.);
[5] *spirat tragicum*: (os Romanos) têm o espírito da tragédia;
[6] *inscite*: de forma absurda, com ignorância.

1. Explicite a importância destes versos para a História da Literatura Latina.

2. Que diferença entre os Gregos e os Romanos é aqui apontada pelo poeta?

2.1. Destaque os vocábulos que caracterizam cada um dos povos.

– Repare no advérbio *inscite*.
Veja outros vocábulos da mesma raiz:
scio, scis, scire, sciui (scii), scitum: saber;
scitus-a-um: instruído, sabido;
scius-a-um: aquele que sabe;
nescio, nescis, nescire, nesciui (nescii), nescitum: não saber;
nescius-a-um: que não sabe, ignorante;
inscius-a-um: ignorante;
inscitus-a-um: ignorante, incapaz;
inscitia-ae: ignorância, estupidez;
insciens, inscientis: que não sabe, que não está informado, imbecil;
– Palavras portuguesas derivadas da mesma raiz:
ciência, consciência, plebiscito, ciente, etc.

Confronte o texto anterior com este outro de Horácio. Comente, através deles, as características distintivas dos povos grego e romano.

O espírito prático dos Romanos

Aos Gregos concedeu a Musa o engenho, e falas
com harmonia, aos Gregos de nada avaros senão da glória;
as crianças romanas, essas aprendem em longos cálculos
a dividir o asse em cem partes. "Diga lá
o filho de Albino: se a cinco onças uma se tira,
que fica?... Já podias ter dito. – Um terço de asse – Bem!
Poderás conservar o património. Se se junta uma onça, que fica?

– Meio asse." E, se esta ferrugem e cuidado no pecúlio
uma vez os espíritos imbuiu, ainda esperamos que poderão
modelar carmes que mereçam conservar-se em óleo de cedro e
cipreste polido?

Arte Poética, 323-332
(tradução de Maria Helena da Rocha Pereira, *op. cit.*).

2. Epístola aos Pisões ou Arte Poética:

De entre as Epístolas de crítica literária destaca-se a **Epistula ad Pisones** que já em Quintiliano era chamada **Ars Poetica**.

É dedicada aos *Pisones*, Lúcio Pisão e seus filhos, personalidades romanas interessadas pelas artes. Trata-se de uma longa epístola com quase 500 versos, que trata de diversos aspectos literários, inserindo-se numa "querela de antigos e modernos", em que Horácio assume a modernidade. Insiste no papel social do poeta e na dignidade e importância do seu trabalho. Por isso exige, também, do poeta, qualidades morais e obediência a regras no uso de uma técnica correcta e adequada.

Inspirando-se em Platão, Aristóteles e Neoptólemo de Pário, Horácio dá conselhos sobre a composição e a forma da obra literária, dedicando especial atenção ao teatro.

"Falaremos da Arte Poética em si e das suas modalidades, do efeito de cada uma delas, do processo de composição a adoptar, se se quiser produzir uma obra bela, e ainda do número e qualidades das suas partes, e igualmente de todos os demais assuntos concernentes ao mesmo estudo."

Aristóteles, *Poética*(trad. de M. H. Rocha Pereira,
Hélade – Antologia da Cultura Grega)

Textos

1. A composição poética deve ter unidade e ser verosímil:

"Se um pintor quisesse juntar a uma cabeça humana um pescoço de cavalo e a membros de animais de toda a ordem aplicar plumas variegadas, de forma a que terminasse em torpe e negro peixe a mulher de bela face, conteríeis vós o riso, ó meus amigos, se a ver tal espectáculo vos levassem? Pois crede-me, Pisões, em tudo a este quadro se assemelharia o livro, cujas ideias vãs se concebessem quais sonhos de doente, de tal modo que nem pés nem cabeça pudessem constituir uma só forma."

Arte Poética, 1-9, trad. de R.M.Rosado Fernandes,
Lisboa, Clássicos Inquérito, 1984.

2. "Não vá o sapateiro além da chinela"

Que cada um escolha assunto de acordo com as suas possibilidades:

Sumite materiam uestris, qui scribitis, aequam
uiribus et uersate diu quid ferre recusent,
quid ualeant umeri. Cui lecta potenter erit res,
nec facundia deseret hunc nec lucidus ordo.

Ars Poetica, 38-41.

3. Para que a representação agrade:

"Não basta que os poemas sejam belos: força é que sejam emocionantes e que transportem, para onde quiserem, o espírito do ouvinte. Assim como o rosto humano sorri a quem vê rir e aos que choram se lhes une em pranto, também se queres que eu chore, hás-de sofrer tu primeiro: só teus infortúnios podem comover-me, quer sejas Telefo quer Peleu; se, porém, recitares mal o teu papel, dormitarei ou cairei no riso."

Arte Poética, 99-105 (trad. de R.M.Rosado Fernandes).

4. Regras básicas de uma peça de teatro:

"Não faças, no entanto, representar na cena o que deva passar-se nos bastidores, retira muitas coisas da vista, essas que melhor descreve a facúndia de uma testemunha. Que Medeia não trucide os filhos diante do público, nem o nefando Atreu cozinhe publicamente entranhas humanas; tão pouco em ave Procne se transforme ou Cadmo em serpente. Detestarei tudo o que assim me mostrares, porque ficarei incrédulo.

Que a peça nunca tenha mais do que cinco actos nem menos do que este número, se acaso desejar que voltem a pedi-la e tornar à cena depois de estreada."

id. ib., 182-190.

5. Vt pictura poesis...

Vt pictura poesis; erit quae, si propius stes,
te capiat magis, et quaedam, si longius abstes;
haec amat obscurum, uolet haec sub luce uideri,
iudicis argutum quae non formidat acumen;
haec placuit semel, haec deciens repetita placebit.

Ars Poetica, 361-365.

6. Um conselho avisado...

"Se acaso, porém, alguma vez quiseres escrever uma obra, dá-a primeiro a ouvir a Mécio, o crítico, a teu pai, a nós, e que em rolos de pergaminho ela repouse durante nove anos, pois o que não for a lume é ainda susceptível de correcção, mas palavra que for lançada já não pode voltar."

Arte Poética, 386-390 (trad.de R.M.Rosado Fernandes)

1. Indique a ideia principal contida em cada um dos textos.

2 Traduza os textos 2 e 5

- A Arte Poética de Horácio foi muito estudada e traduzida ao longo dos tempos. Na Literatura Portuguesa temos traduções, interpretações e estudos da Arte Poética desde o século XVI até aos nossos dias.

Leitura

"A concepção, tantas vezes retomada na teoria e na crítica literárias contemporâneas, da linguagem literária como *desvio* em relação à linguagem usual, à linguagem de intercâmbio quotidiano, encontra-se portanto já formulada, ao menos sob forma seminal, na *Poética* de Aristóteles e está também presente na *Epístola aos Pisões* de Horácio, embora este autor valorize inequivocamente a *res* em relação às *uerba*: *Scribendi recte sapere est et principium et fons. / Rem tibi Socraticae poterunt ostendere chartae, / uerbaque prouisam rem non inuita sequentur.*"

Vítor Manuel de Aguiar e Silva, *Teoria da Literatura*,
Coimbra, Almedina, ⁴1982, p. 42.

– Algumas frases e normas de Horácio:
– carpe diem;
– aurea mediocritas;
– purpureus pannus;
– parturient montes, nascetur ridiculus mus;

– in medias res;
– celebrare domestica facta;
– poetarum limae labor et mora;
– scribendi recte sapere est et principium et fons;
– esto breuis;
– aliquando dormitat Homerus;
– ut pictura poesis;
– puluis et umbra sumus;
– dum loquimur, fugerit inuida aetas;
– si uis me flere, dolendum est primum ipsi tibi;
– Graecia capta ferum uictorem cepit;
– (exegi) monumentum aere perennius.

Para mais informação sobre a Arte Poética leia:

- C. A.Louro Fonseca, "Horácio (65-8 a.C.): três temas de cultura", *Sic itur in Vrbem – Iniciação ao Latim*, Coimbra, Instituto de Estudos Clássicos, [5]1991.
- R.M.Rosado Fernandes, "Introdução" a *Horácio – Arte Poética*, edição bilingue, Lisboa, Clássicos Inquérito, 1984.

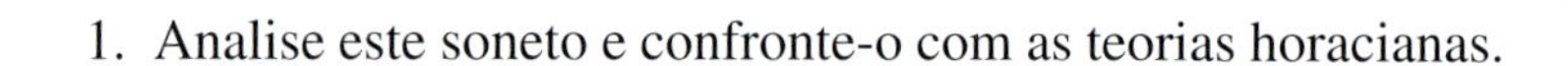

PAUSA...

1. Analise este soneto e confronte-o com as teorias horacianas.

[Ao Príncipe dom João nosso senhor,]
A terceira vez, mandando-lhe mais obras.

Tardei, e cuido que me julgam mal,
Qu'emendo muito, e qu'emendando dano,
Senhor: porqu'hei grã medo ao meu engano
Deste amor que nos temos desigual.

Todos a tudo o seu logo acham sal;
Eu risco e risco, vou-me d'ano em ano:
Com um dos seus olhos só vai mais ufano
Filipo, assi Sertório, assi Aníbal.

Ando c'os meus papeis em diferenças.
São preceitos de Horácio (me dirão).
Em al não posso, sigo-o em aparenças.

Quem muito pelejou como irá são?
Quantos ledores, tantas as sentenças:
C'um vento velas vem e velas vão.

Sá de Miranda

2. *Escreva em latim:*

Horácio diz-nos que o poeta deve fazer uma obra simples e una, não deve misturar os géneros. Os preceitos de Horácio foram de tal modo importantes que, muitos séculos depois, foram retomados pelos poetas que o consideraram um mestre de todos os tempos.

Exame

Feiticeiro sem deuses, reconheço
O limite dos meus encantamentos.
Só em raros momentos
De inspiração
Eu consigo o milagre dum poema,
Teorema
Indemonstrável pela multidão.

Mas é desse limite que me ufano:
Ser humano
E poeta.
Humildemente,
Com toda a paciência da terra,
Com toda a impaciência do mar,
Aguardo o transe, a hora desmedida;
E é o próprio rosto universal da vida
Que se ilumina,
Quando o primeiro verso me fulmina.

Miguel Torga, *Orfeu Rebelde*

20

História Literária

- séculos I e II d.C.;
- Início da Literatura Cristã;
- Crictianismo e Império – as perseguições;
- O Cristianismo em expansão: a literatura cristã dos séculos III e IV.

1. A Literatura do século I d.C.

Começa a notar-se uma certa decadência na literatura desta época, embora haja também escritores com talento neste período denominado **período argênteo** da literatura latina.

Salientam-se, na poesia e na prosa:

– **Lucano** (39-65 d.C.), natural de Córdova, autor de uma obra de carácter épico, a "Farsália";

– **Séneca** (c.4 a.C.-65 d.C.), distingue-se na poesia dramática, como autor de tragédias à maneira grega, e na filosofia;

– **Marcial** (40-c.103) e **Juvenal** são autores satíricos que nos mostram um pouco da vida da sua época;

– **Fedro** (15 a.C.- 50 d.C.), autor de fábulas à maneira do grego Esopo;

– **Tácito** e **Suetónio**, historiadores, escreveram sobre a vida de Tibério e de outros imperadores;

– **Quintiliano,** nas 'Institutiones Oratoriae', trata de educação e de crítica literária;

– **Plínio-o-Antigo**, autor da 'História Natural';

– **Plínio-o-Moço**, sobrinho do anterior, deixou 10 volumes de cartas com muito interesse para o conhecimento da época;

– **Petrónio** (morreu em 65 d.C.) é autor do primeiro romance da literatura latina, o *Satyricon*.

(Veja *Latim 2*, págs. 244-246.)

Textos

1.1. Quintiliano dá conselhos (aos professores) sobre educação:

Haec cum magister animaduerterit, perspiciat deinceps quonam modo tractandus sit discentis animus. Sunt quidam, nisi institeris, remissi; quidam imperia indignantur; quosdam continet metus, quosdam debilitat; alios continuatio extundit, in alios plus impetus facit. Mihi ille detur puer, quem laus excitet, quem gloria iuuet, qui uictus fleat. Hic erit alendus ambitu, hunc mordebit obiurgatio, hunc honor excitabit, in hoc desidiam nunquam uerebor.

De Institutione Oratoria,1, III, 6-7.

1. Especifique as características diferentes dos alunos de que nos fala o texto.
2. Quais são os preferidos, segundo o autor ?
3. Esclareça o valor do conjuntivo *perspiciat* .
4. Identifique *tractandus sit* e justifique o modo em que se encontra.

4.1. Indique o seu sujeito.

1.2. O importante no estudo:

Nomina declinare et uerba in primis pueri sciant; neque enim aliter peruenire ad intellectum sequentium possunt.

Sed in uerbis quoque quis est adeo imperitus ut ignoret genera et qualitates et personas et numeros? Litterarii paene ista sunt ludi et triuialis scientiae.

Verba nunc generaliter accipi uolo: nam duplex eorum intellectus est, alter, qui omnia, per quae sermo nectitur, significat, alter, in quo est una pars orationis: “lego”, “scribo”.

id.ib.

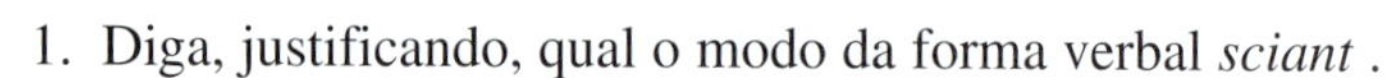

1. Diga, justificando, qual o modo da forma verbal *sciant* .

1.1. Indique o sujeito do mesmo verbo.

2. Identifique o vocábulo *sequentium* .
3. Aponte a significação do vocábulo *uerbis* (2º parágrafo) no contexto em que aparece.
4. Classifique a oração “ut ignoret genera...”.

5. Refira o caso e função sintáctica de *litterarii ludi* .
6. Traduza o texto.

1. Atente na frase:

   Magister perspiciat quonam modo tractandus sit discentis animus.

1.1. Seguindo este modelo, complete as frases que se seguem, usando os verbos indicados entre parênteses:

   a) Discipulus .... (scire) .... quonam modo ..... (legere) .... poetae.

   b) Parentes .... (scire) .... quonam modo ..... (docere) ...... liberi.

2. Passe para o singular:

   Pueri sciant declinare nomina.

3. Escreva em latim:

   a) O pedagogo deve perguntar ao rapaz por que razão não trouxe o livro para a aula.

   b) Quintiliano diz que o professor deve observar atentamente o espírito do aluno.

Leituras

Decadência da Religião tradicional

a.

"Um grande facto espiritual domina com efeito a história do Império: o advento de uma religião pessoal consecutivo à conquista de Roma pelo misticismo do Oriente. É verdade que o panteão romano subsiste aparentemente imutável, e as cerimónias que havia séculos ali se desenrolavam nas datas prescritas pelos pontífices no seu calendário sagrado continuam a efectuar-se conforme o costume dos antepassados. Mas o espírito dos homens desertou-o, e, embora conserve vigários, a verdade é que já não tem fiéis. Com os seus deuses indistintos e os seus mitos incolores, simples efabulações sugeridas pelos detalhes da topografia latina, ou pobres decalques das aventuras que aconteceram aos deuses do Olimpo na epopeia dos gregos, com as suas orações formuladas no estilo dos contratos, secas como documentos processuais, com a sua ausência de curiosidade metafísica e a sua indiferença pelo valor moral, com a estreiteza e o prosaísmo do seu campo de acção restrito aos interesses da Urbe e ao desenvolvimento de uma política, a religião romana gelava os impulsos da fé pela sua frieza comedida e pelo seu prosaísmo utilitário. Adequada quando muito a dar confiança aos soldados contra os riscos da guerra e aos camponeses contra os estragos das intempéries, perdera já na Roma sarapintada do século II da nossa era o seu império sobre os corações."

Jerôme Carcopino, *A vida quotidiana em Roma no apogeu do Império*, Lisboa, Ed. 'Livros do Brasil', s/d., pág.154-155.

b.

"Quando Jesus nasceu, o mundo romano estava em paz. Sobre as duas margens do mediterrâneo, estendia-se um império admiravelmente esquematizado: Roma era seu coração vivo e sua luz. O povo constituído de camponeses-soldados, conquistando o mundo, se havia burilado. Mas o panteão romano – que o Olimpo grego havia reforçado e renovado – mantinha apenas o prestígio das fábulas brilhantes. Naturalmente, sempre havia soldados para invocar Marte, doentes para implorar Esculápio, artesãos para pedir a protecção de Minerva. Nas províncias pacificadas, a deusa Roma e o divino Imperador ainda despertavam um sentimento de reconhecimento que poderia passar por culto. Mas o helenismo espraiara amplamente no mundo mediterrânico o gosto pelas coisas do espírito, bem como uma nova concepção do homem: o cosmos, entendido como um todo animado por uma lei racional e ao qual o homem deve harmonizar sua vida. Pregadores de linguagem realista e plena de imagens falavam de um Deus universal, centro e animador do mundo; proclamavam a igualdade e fraternidade dos homens, canonizando o exercício ascético como fonte da única verdadeira felicidade e da paz de espírito."

Pierre Pierrard, *História da Igreja*, Edições Paulistas, 1986, p.13.

2. O início da literatura cristã

A língua do Cristianismo foi, de início, o grego. A Bíblia tinha sido traduzida para grego em Alexandria, desde o século III a.C., e os Evangelhos foram escritos directamente em grego ou imediatamente traduzidos para esta língua.

Foi no Oriente que o Cristianismo se desenvolveu mais cedo e mais rapidamente e que suscitou os primeiros defensores da fé, os **Apologetas;** no século II, na própria comunidade cristã de Roma, o grego era a língua mais corrente. Pelo contrário, em África, onde a religião cristã se expandiu rapidamente, o latim era muito mais habitual que o grego. Foi nesta província que se fez, talvez, a primeira versão latina da Bíblia, no século II e foi também aqui que a apologética grega foi transposta para o espírito latino e se criou uma língua cristã do Ocidente.

"Os escritores cristãos do Ocidente (e no Ocidente incluímos também a África romanizada para cá do Egipto) servem-se do latim, mas somente como de um meio indispensável para dar a conhecer o seu pensamento; quanto ao resto, estão espiritualmente afastados do conceito de romanidade, contra a qual se levantam como opositores, quando começa a derramar-se o primeiro sangue dos mártires. Excitados pelas perseguições, querendo demonstrar que o Cristianismo não é contra as leis da natureza, são implicitamente obrigados a criticar a organização e a moral do mundo romano. Estas são as características do primeiro período da literatura cristã, que vai até ao édito de Constantino. Depois deste imperador, a literatura cristã, embora não se torne ainda romana, mostra-se menos hostil ao mundo ocidental. Os seus escritores fazem agora obra de propaganda, mas esta é pacífica, e, se há choques violentos, são contra os heréticos. Este período, que se prolonga até Santo Agostinho, é o mais notável da literatura cristã. A seguir, no terceiro período, assiste-se à fusão total do Cristianismo e da romanidade, que se tornam objectivos inseparáveis na luta contra os bárbaros e na absorção destes. Este terceiro período, em que a literatura latina é ao mesmo tempo literatura cristã, tem o seu limite extremo em Carlos Magno. Seguidamente começa a literatura da Idade Média."

E.Marmorale, *História da Literatura Latina*, II vol. Lisboa, 1974.

– Os primeiros textos da literatura latina são os *Actos dos Mártires de Scili (Acta Scilitanorum)*,pequena cidade da África proconsular, que foram julgados, condenados e executados em 17 de Julho do ano 180, por Saturnino, governador da África proconsular. Estes relatos devem ter sido escritos de imediato pois têm todas as características de um testemunho ocular. Alguns anos mais tarde a *Paixão das santas Perpétua e Felicidade (Passio Perpetuae et Felicitatis)*, de que existe também uma versão em grego, é de uma sábia elaboração literária. Abundam na narração os motivos apocalípticos e as visões. Aqui se narra a prisão e o suplício de Víbia Perpétua, natural da pequena cidade de Tuburbo, da sua escrava Felicidade e de outros irmãos na fé.

No entanto, as grandes obras literárias do Cristianismo só vão aparecer mesmo no final do século com **Tertuliano** e **Minúcio Félix**.

2.1. TERTULIANO

Quintus Septimus Florens Tertulianus era natural de Cartago, onde nasceu cerca do ano 160 depois de Cristo. Filho de um centurião, recebeu uma boa educação literária e retórica. Chegou mesmo a exercer a profissão de advogado em Roma. Converteu-se ao cristianismo já na idade adulta, por volta do ano 195, e, a partir daí, dedicou-se à defesa e propagação da doutrina cristã.

No ano 160, quando Septímio Severo restabelece a unidade do Império e persegue os cristãos, Tertuliano escreve *Ad martyres* e *Ad nationes* na defesa dos cristãos perseguidos. Mas, a sua obra-prima de defesa e apologia do cristianismo é o **Apologeticum** a que se segue o

De testimonio animae. Para além destas, escreveu muitas outras obras apologéticas, teológicas, polémicas e ascéticas.

No seu entender, os cristãos deviam separar-se da sociedade pagã para não serem contaminados pela imoralidade e pela idolatria e, se essa separação implicava desobediência às leis do estado, podia ser necessário aceitar o martírio. São suas as palavras que ficaram famosas: "O sangue dos mártires é a semente da Igreja".

2.1.1. Texto

Exórdio: o autor expõe as razões da obra.
Dirige-se aos juízes encarregados de julgar os cristãos.

Si non licet [1] uobis, Romani imperii antistites, in aperto et edito [2], in ipso fere uertice ciuitatis praesidentibus ad iudicandum, palam dispicere et coram examinare, quid sit [3] liquido in causa Christianorum; si ad solam speciem auctoritas uestra de iustitiae diligentia in publico aut timet aut erubescit inquirere; si denique, quod proxime accidit, domesticis indiciis nimis operata infestatio sectae [4] huius os obstruit defensioni: liceat [5] ueritati uel occulta uia tacitarum litterarum ad aures uestras peruenire.

Tertuliano, *Apologeticum*, I, 1.

Notas:

[1] observe a estrutura: *si non licet... liceat*;
[2] *edito* (*loco*);
[3] or.interrogativa indirecta;
[4] *sectae*: dativo dependente de *infestatio*;
[5] conjuntivo optativo.

1. Qual a missão dos magistrados aqui recordada pelo autor?
2. De que erros são acusados os mesmos magistrados?
3. O que pretende Tertuliano?
4. Indentifique a forma *praesidentibus* e diga a quem se refere.
5. Indique a função sintáctica de *ad iudicandum*.
6. Precise a função de *os*.
7. Justifique os casos de:
   a) *ueritati*;
   b) *occulta uia*.

2.2. MINÚCIO FÉLIX

Minucius Felix exerceu advocacia em Roma, mas era de origem africana. Da sua produção como escritor apenas chegou até nós a obra **Octauius**, diálogo entre um cristão e um pagão.

Minúcio dirige-se aos pagãos instruídos, com conhecimentos filosóficos. De forma delicada e sob a aparência de imparcialidade, o **Octauius** é ao mesmo tempo uma justificação do cristianismo e uma refutação do paganismo. Todo o discurso pretende fazer a demonstração da existência de um Deus único e providencial.

2.2.1. Texto

A busca da verdade é difícil e nem todos têm capacidades.

O pagão critica os cristãos por pensarem que pessoas incultas podem saber alguma coisa dos mistérios divinos.

Quo minus mirum est nonnullos, taedio inuestigandae penitus ueritatis, cuilibet opinioni temere[1] succumbere, quam in explorando pertinaci diligentia perseuerare. Itaque indignandum omnibus, indolescendumque est audere quosdam, et hoc studiorum rudes, litterarum profanos, expertes artium etiam nisi sordidarum, certum aliquid de summa rerum ac maiestate decernere[2], de qua tot omnibus saeculis sectarum[3] plurimarum usque adhuc ipsa philosophia deliberat.

Minúcio Félix, *Octávio*, 5.

Notas:

[1] *temere* (advérbio): facilmente; sem reflexão;
[2] *quosdam audere... decernere* ;
[3] *secta-ae*: escola filosófica.

1. Explique, sucintamente, a ideia geral expressa no texto.
2. Que razões estarão na base deste conceito de Cecílio?
3. Identifique morfologicamente *nonnullos* e refira a sua função sintáctica.
4. Indique, justificando, o caso de *taedio*.
5. Traduza o texto.

3. Atitudes oficiais para com os cristãos

Entre 249-251, com o imperador Décio, houve condenações mesmo em Roma (o Papa Fabiano, em 21 de Janeiro de 250);

O **edicto de Décio**, promulgado por volta de Março-Abril de 250, dizia que todos os cristãos tinham de apresentar-se diante de uma comissão e declarar que sempre tinham sacrificado aos deuses e, na presença dessa comissão, celebrar um sacrifício. Depois era-lhes passado um certificado (*libellus*);

Em 257 e 258, pelos **edictos de Valeriano,** a perseguição atinge sobretudo a hierarquia. Condenam, confiscam os bens dos cristãos, proibem as reuniões e condenam as mulheres ao exílio;

Galieno (260), filho de Valeriano **suspendeu a perseguição** e restituiu aos cristãos os bens que lhes tinham sido confiscados;

Em 303 dá-se a **perseguição de Diocleciano** (iniciada a 23 de Fevereiro de 303), impulsionada sobretudo pelo César Galério – **4 edictos**, em 303 e 304: eram destruídas as igrejas, queimadas as sagradas escrituras, acusados de infâmia os cristãos; foram presos os chefes das igrejas e obrigados a fazer sacrifícios e, por fim, exigiu-se a todos os cristãos que oferecessem sacrifícios aos deuses. A perseguição foi mais violenta em África e no Egipto, mais suave na Gália e na Bretanha, onde reinava Constâncio Cloro, pai de Constantino.

O próprio Galério antes de morrer (311) publicou um edicto que suspendia a perseguição.

Em **313**, **Constantino**, com o chamado **edicto de Milão**, concede a liberdade de culto aos cristãos (bem como às outras religiões), restitui-lhes os bens confiscados e institui uma indemnização por tudo o que tivessem perdido;

Em **380**, **Teodósio** proclamou a religião cristã, mais precisamente o credo de Niceia, a **única religião lícita**.

4. O Cristianismo em expansão – séculos III e IV

Depois do grande impulso de Tertuliano e Minúcio Félix, a importância de África na Literatura Latina Cristã mantém-se no século III com **S. Cipriano**, Bispo de Cartago de 248 a 258, e **Arnóbio** e **Lactâncio** na segunda metade do século e inícios do século IV.

O século IV pode considerar-se o século de ouro da patrística. É a época da grande expansão da literatura cristã com três grandes nomes: **Ambrósio**, **Jerónimo** e **Agostinho**. Terminada a época das perseguições, criada a estabilidade da Igreja, aparece, no entanto, um novo perigo – a heresia.

Com Constantino e Teodósio há, realmente, um ressurgimento da literatura, reflexo das transformações sociais e políticas.

4.1. Texto

Sobre a educação a dar a uma menina de 7 anos.

S. Jerónimo.

Causa difficilis est paruulae scribere, quae non intellegat quid loquaris, cuius animum nescias, de cuius periculose uoluntate promittas[1]; ut secundum praeclari oratoris exordium, spes magis in ea laudanda, quam res[2] sit. Quid enim horteris ad continentiam, quae placentas desiderat? quae in sinu matris garrula uoce balbuttit? Cui dulciora sunt mella, quam uerba? Audiat profunda Apostoli[3], quae anilibus[4] magis fabulis delectatur?... Vt parenti subiciatur horter, quae manu tenera ridentem uerberat matrem? Itaque Pacatula nostra hoc epistolium[5] post lectura[6] suscipiat. Interim, modo litterularum elementa cognoscat, iungat syllabas, discat nomina, uerba consociet: atque ut uoce tinnula ista meditetur, proponantur ei crustula mulsi praemia, et quicquid gustu suaue est, quod uernat in floribus, quod rutilat in gemmis, quod blanditur in pupis, acceptura[7] festinet. Interim et tenero temptet pollice fila deducere[8]; rumpat saepe stamina, ut aliquando non rumpat; post laborem lusibus gestiat; de matris pendeat collo; rapiat oscula propinquorum; psalmos mercede[9] decantet; amet quod cogitur dicere, ut non opus sit, sed delectatio, non necessitas, sed uoluntas.

S. Jerónimo, *Epístolas*, CXXVIII, 1.

Notas:

[1] *de cuius periculose uoluntate promittas*: acerca de cujas inclinações é arriscado fazer planos;

[2] *res*: realização, concretização (da esperança);

[3] *profunda Apostoli*: os pensamentos profundos do Apóstolo (Paulo);

[4] *anilibus fabulis*: historietas da avó; *anilis*: mulher velha (cf. *anus* 'velha');

[5] *epistolium,i*: pequena carta;

[6] *post lectura*: que lerá depois; *post* tem valor adverbial;

[7] *acceptura festinet*: apresse-se a receber;

[8] *fila deducere*: fiar;

[7] *mercede*: mediante recompensa

Avalie os seus conhecimentos:

I.

1. Quais os factos do mundo romano que foram favoráveis à expansão do Cristianismo?

2. Que correntes filosóficas estavam em voga na altura ?

2.1. Explicite a sua relação e aproximação à filosofia cristã.

3. Qual era, originalmente, a língua do cristianismo no Império Romano?

4. Que causas fizeram aparecer a literatura cristã em língua latina?

5. Em que parte do Império começou, com mais vigor, a literatura cristã?

6. Indique os primeiros autores cristãos.

6.1. Que características apresentavam as suas obras?

7. Enumere as causas que levaram a que o séc. IV se tornasse a época de ouro da literatura patrística.

8. Quais as características da língua latina desta época?

9. Em que altura se deram as principais perseguições aos cristãos?

10. O que era um *libellus* ?

11. Qual a importância dos imperadores Constantino e Teodósio face ao Cristianismo?

SANTO AGOSTINHO

Santo Agostinho – Corrado Giaquinto

21

– A Literatura Cristã
Santo Agostinho:

Vida e obra:
- *Confissões;*
- *Cidade de Deus.*
- Língua Latina e Cristianismo

1. Introdução:

Aurélio Agostinho nasceu am Tagaste, pequena cidade da Numídia, a 13 de Novembro de 354. Depois dos primeiros estudos na terra natal, foi, mais tarde, para Madaura onde tomou contacto com os melhores escritores da literatura latina, indo aos dezasseis anos prosseguir os estudos de retórica em Cartago. Era especialmente admirador de Virgílio, o seu poeta preferido, e diz ter despertado para a filosofia através de uma obra de Cícero, o *Hortensius*, diálogo que não chegou até nós. Terminados os estudos, abriu uma escola de retórica em Tagaste mas, logo no ano seguinte, em 375, volta para Cartago onde abre também uma escola. Oito anos depois, talvez em busca de uma melhor compensação (não apenas monetária mas de realização profissional) pelo seu trabalho, vai para Roma e, por influência de Símaco, na altura presidente do Senado, é nomeado professor de eloquência em Milão.

Em Milão começa uma nova vida. Toma contacto com Santo Ambrósio e, ele que tinha anos atrás aderido ao maniqueísmo, começa agora a sentir-se atraído pelo cristianismo ortodoxo. É baptizado, em 387, e decide voltar à sua terra natal. Em 395 foi sagrado bispo de Hipona. Morreu em 28 de Agosto de 430, enquanto os vândalos cercavam a cidade.

Durante o seu episcopado, Agostinho enfrentou os problemas que então invadiam o cristianismo, as heresias. Os seus escritos e a sua luta para as combater foram uma constante. Teve que lutar contra o maniqueísmo, o donatismo e o pelagianismo e, graças a isso, formulou a sua própria teologia.

As suas obras exerceram influência em toda a teologia ocidental até ao século XIII. Segundo Santo Agostinho, o homem só pode salvar-se pela graça divina.

A obra:

A obra de Santo Agostinho é vastíssima, abrangendo os mais variados temas, de carácter religioso e moral, como também de carácter filosófico e cultural. As *Cartas* (mais de 200) tratam temas variados: filosóficos, exegéticos, históricos, espirituais, autobiográficos; os *Sermões* têm como missão edificar os fiéis sob a responsabilidade moral de Agostinho, são de conteúdo bíblico, hagiográfico, litúrgico, explicações dos Evangelhos, dos Salmos e outros.

Destacaremos, pela sua importância, duas das suas grandes obras: As *Confissões* e a *Cidade de Deus*.

Santo Agostinho. Vieira Lusitano (1736).

Confessiones:

Obra dividida em treze livros, contém a história espiritual do santo, a formação do seu pensamento e a sua iniciação mística, constituindo, deste modo, uma grande obra filosófica e uma dramática autobiografia.

São uma obra importante, não só pelo seu valor autobiográfico e literário, como pelas considerações sobre os mais variados temas: o mal, a criação, o tempo, a graça, o caminho da alma até Deus. A obra está dividida em duas partes: os nove primeiros livros contam a história interior de Agostinho até à sua conversão. Fala das suas fraquezas, dos desvios do recto caminho durante a juventude, da sua sede de pureza, da busca da verdade, proclama a bondade de Deus e da sua graça salvadora. Os últimos quatro livros são um comentário do Génesis (a criação do mundo).

De Ciuitate Dei:

É a apologia do Cristianismo, escrita nos últimos anos de vida do autor. "Arquitectura do mundo futuro", é uma obra de síntese, ao mesmo tempo histórica e dogmática. É, na sua génese, a resposta a uma polémica.

Quando, em 410, Roma é invadida e pilhada por Alarico, os pagãos acusam os cristãos da catástrofe. Dizem que foi a sua impiedade para com os deuses romanos que provocou a ira destes. Santo Agostinho refuta a acusação. Segundo ele, Roma sofria o castigo da sua devassidão.

A obra torna-se uma síntese filosófica e histórica do pensamento cristão da época. Escrita entre 413 e 426, é composta por 22 livros que opõem:

– os bons e os maus;
– as falsas grandezas terrenas e o reino celeste.

A *cidade de Deus* é o conjunto dos justos que lutam, na terra, e se reunirão um dia a Deus na eternidade.

Analisando a história de Roma, mostra o seu orgulho e vaidade; refuta as formas religiosas e filosóficas do paganismo; expõe o desenvolvimento do cristianismo desde a história dos Judeus.

Obra polémica e construtiva, erudita, retoma todos os temas dos apologetas cristãos desde Tertuliano.

Parece mesmo duma audácia visionária: resigna-se à morte de Roma e do mundo antigo e aspira a uma sociedade cristã que será o ideal da Idade Média Ocidental.

2. Textos

2.1. O pouco gosto pelo estudo

In ipsa tamen pueritia, de qua mihi minus quam de adolescentia metuebatur, non amabam litteras, et me in eas urgeri oderam; et urgebat tamen, et bene mihi fiebat, nec faciebam ego bene: non enim discerem, nisi cogerer. Nemo autem inuitus bene facit, etiam si bonum est quod facit. Nec qui me urgebant, bene faciebant; sed bene mihi fiebat abs te, Deus meus. Illi enim non intuebantur[1], quo referrem quod me discere cogebant praeterquam ad satiandas insatiabiles cupiditates copiosae inopiae et ignominiosae gloriae.

Confessiones, I, 12.

Notas:

[1] *non intuebantur ... praeterquam* : não viam ... senão.

PISTAS DE LEITURA

1. Como reagia Santo Agostinho, durante a sua infância, perante o estudo?
2. Que razões o levavam a reagir desse modo?
3. Como considera ele, no momento em que escreve, essa situação do passado?
4. Comente o sentido da expressão *copiosae inopiae et ignominiosae gloriae*.
5. Traduza o texto.

2.2. A preferência pelo Latim

Quid autem erat causae cur graecas litteras oderam, quibus puerulus imbuebar, ne nunc quidem mihi satis exploratum est. Adamaueram enim latinas, non quas primi magistri, sed quas docent qui grammatici uocantur. Nam illas primas ubi legere et scribere et numerare discitur, non minus onerosas poenalesque habebam, quam omnes graecas. Vnde tamen et hoc nisi de peccato et uanitate uitae, quia "caro [1] eram, et spiritus ambulans et non reuertens" [2]?

Confessiones, I, 13.

Nota:

[1] *caro, carnis*: carne;
[2] cf. *Salm.* 77, 39.

1. Explicite os gostos de Santo Agostinho em relação às matérias de estudo.
2. Que razões aponta para essas preferências?
3. Há aqui uma referência explícita a diferentes graus de ensino. Exemplifique com o texto.
4. Indique o antecedente da forma de relativo *quas* (linha 3).
5. Identifique *quam* (linha 5).
6. Traduza o texto.

2.3. Os exercícios escolares

Sine [1] me, Deus meus, dicere aliquid et de ingenio meo, munere tuo, in quibus a me deliramentis atterebatur [2]. Proponebatur enim mihi negotium animae meae satis inquietum, praemio laudis, et dedecoris uel plagarum metu, ut dicerem uerba Iunonis irascentis et dolentis quod non posset Italia Teucrorum auertere regem; quae nunquam Iunonem dixisse audieram: sed figmentorum poeticorum uestigia errantes sequi cogebamur, et tale aliquid dicere solutis uerbis [3], quale poeta dixisset uersibus; et ille dicebat laudabilius [4], in quo pro dignitate adumbratae personae, irae ac doloris similior affectus eminebat, uerbis sententias congruenter uestientibus.Vtquid mihi illud [5], o uera uita mea, Deus meus, quod mihi recitanti acclamabatur prae multis coaetaneis et conlectoribus meis? Nonne ecce illa omnia fumus et uentus? Itane aliud non erat ubi exerceretur ingenium et lingua mea?

Confessiones, I, 17.

Notas:

[1] vide *sino*;
[2] *in quibus ... atterebatur*: em que desatinos o consumia;
[3] *solutis uerbis*: em prosa;
[4] *et ille dicebat laudabilius*: e recebia mais louvores (o aluno)... ;
[5] *utquid mihi illud*: para que [me servia] tudo aquilo?.

1. Qual a ideia geral do texto?
2. Que tipo de exercícios escolares se faziam no tempo de Santo Agostinho?
3. Que sentimentos lhe despertavam?
4. De que modo executava essas tarefas?
4.1. Justifique a resposta com expressões do texto.
5. Como considera ele, no momento em que escreve, esses exercícios?
6. Classifique as orações que têm por predicado:
6.1. *dicerem* (linha 4);
6.2. *posset* (linha 5).
7. Indique o caso e função sintáctica de *Italia* (linha 5).
8. Classifique morfologicamente *laudabilius* (linha 8).
9. Transcreva o sujeito de *exerceretur* (última linha).
10. Traduza o texto.

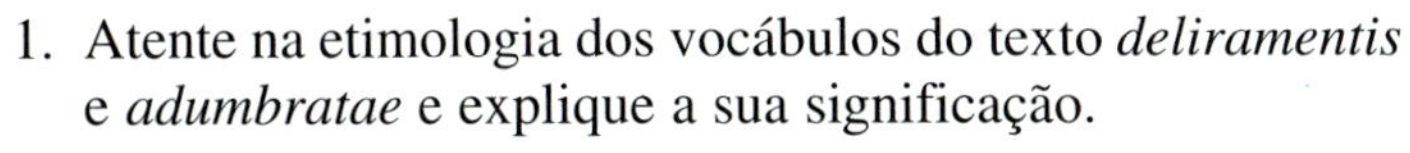

1. Atente na etimologia dos vocábulos do texto *deliramentis* e *adumbratae* e explique a sua significação.
2. Enuncie o verbo a que pertence a forma *atterebatur*.
2.1. Explicite o seu sentido etimológico.
2.2. Indique palavras portuguesas da mesma raiz.
3. Diga que vocábulos da nossa língua derivam do acus. sing. de *plagarum* e explique os fenómenos fonéticos da sua evolução.

2.4. O estilo dos textos sagrados

Itaque institui animum intendere in scripturas sanctas et uidere quales essent. Et ecce uideo rem non compertam superbis neque nudatam pueris, sed incessu humilem, successu [1] excelsam et uelatam mysteriis, et non eram talis, ut intrare in eam possem aut inclinare ceruicem ad eius gressus [2]. Non enim sicut modo loquor, ita sensi, cum adtendi ad illam scripturam, sed uisa est mihi indigna, quam Tullianae dignitati [3] compararem. Tumor enim meus refugiebat modum [4] eius et acies [5] mea non penetrabat interiora eius.

Confessiones, III, 5.

Notas:

[1] *successu*: com a continuação, com a aproximação; *incessu ... successu*: no começo ... à medida que se avança;
[2] *ad eius gressus*: à sua passagem;
[3] *dignitati Tullianae*: à elegância de Cícero;
[4] *modus*: simplicidade;
[5] *acies*: agudeza de espírito (inteligência).

PISTAS DE LEITURA

1. Indique em breves palavras o assunto do texto.
2. Explique o que pretende Santo Agostinho dizer com: *sed uisa est mihi indigna, quam Tullianae dignitati compararem.*
3. De que modo aprecia ele agora a sua atitude do passado?
4. Justifique o modo em que se encontra a forma verbal *essent* (linha 2).
5. Classifique a oração introduzida por *ut* (linha 4).
6. Identifique *quam* (linha 6).
7. Atente no significado primeiro do vocábulo *acies* e procure o seu sentido neste contexto.
8. Traduza o texto.

1. Passe para o plural toda a frase que começa em "Non enim..." (linha 5).
2. Atente nos vocábulos do texto: *intendere / adtendi*; *incessu / sucessu* .

2.1. Tendo em conta a sua formação, explicite o significado de cada um.

3. Procure outras palavras latinas da mesma raiz de *gressus* e estabeleça a diferença de sentido entre elas.

3.1. Aponte palavras portuguesas derivadas dos vocábulos latinos indicados.

4. Escreva em Latim:

Agostinho diz-nos que, jovem ainda, começou a ler as Sagradas Escrituras mas não sabia que as devia ler com a humildade de criança e não com o orgulho de sábio.

3. A língua latina e o Cristianismo:

A literatura latina cristã só apareceu com alguns textos importantes no final do século II. Nesta altura já em grego se tinha produzido um número considerável de obras, sobretudo de apologia do cristianismo. A língua grega era usada em muitas cidades, mesmo no Norte de África. O próprio Tertuliano compôs algumas obras em grego. Foi só na segunda metade do século III que, no Ocidente, o grego recuou um pouco, embora fosse familiar aos grupos cristãos. Mas, com a expansão do cristianismo, foram aparecendo grupos de pessoas que entendiam mal o grego. Nessa altura sente-se a necessidade de escrever em latim para tornar acessível a todos os textos sagrados. Esta literatura latina cristã começou por traduções. Parece que foi em África que apareceram as primeiras versões latinas da Bíblia, que se foram multiplicando por todo o Ocidente até à revisão de S. Jerónimo.

Deste modo, aparece um novo conceito de tradução: os tradutores não podiam agarrar-se às regras dos puristas da língua, era preciso tornar os textos sagrados acessíveis a uma população menos culta e que não conhecia o grego, por isso não podiam ser transcritos para um latim demasiado aristocrático. Assim, o latim foi enriquecido com novos termos, uma grande quantidade de palavras são decalcadas do grego e mesmo a sintaxe latina sofreu a influência da Bíblia grega.

O chamado "latim cristão" é caracterizado por fenómenos de natureza semântica, lexical e sintáctica próprios da linguagem das comunidades cristãs do Ocidente nos séculos II a V. São fenómenos relacionados com o contexto religioso, resultantes da adaptação linguística da nova disciplina e doutrina. Há, por isso, palavras adaptadas do grego ou do hebraico, ou neologismos formados com sufixos latinos para designar as novas realidades da fé cristã.

De origem grega são vocábulos como: *ecclesia*, *episcopus*, *clerus*, *laicus*, *catechumenus*, relacionados com as instituições eclesiásticas, ou outros que dizem respeito à <u>disciplina</u> da vida comunitária como: *baptizare*, *eucharistia*, *schisma*, *apostata*, etc..

Surgem neologismos como: *creatura*, *corruptela*, *sacramentum*, formados com os sufixos *-tura*,*-ela*, *-mentum*, próprios do latim vulgar.

Entre os termos hebraicos podem citar-se: *amen*, *alleluia* .

Houve também adaptações de sentido dos vocábulos latinos para designar o mesmo que os termos gregos dos textos sagrados. Assim surgiram *resurrectio*, *primogenitus*, *reuelatio*, ou o novo sentido para *caro*, *carnis* e seu derivado, como *carnaliter*, para *sanctus*, *sanctificare*, etc..

Começa a haver preferência pelas construções analíticas com *quia* , *quod*, *quoniam* e tempo finito, em vez de infinitivo e com a referência preposicional com *in*, *de* .

Exemplos:

Memento homo <u>quia</u> puluis es.
Caelum et terra clamant <u>quod</u> facta sint.
Credo <u>in</u> unum Deum.

3.1. A tradução

S. Jerónimo fala-nos do seu conceito de tradução e de como tomou por modelo os autores clássicos:

Ego enim non solum fateor, sed libera uoce profiteor me in interpretatione Graecorum absque scripturis sanctis, ubi et uerborum ordo mysterium est, non uerbum e uerbo sed sensum exprimere de sensu. Habeoque huius rei magistrum Tullium, qui Protagorum Platonis et Oeconomicum Xenofontis et Aeschini et Demosthenis duas contra se orationes pulcherrimas transtulit. Quanta in illis praetermiserit, quanta addiderit, quanta mutauerit, ut proprietas alterius linguae suis proprietatibus explicaret, non est huius temporis dicere. Sufficit mihi ipsa translatoris auctoritas qui ita in prologo earundem orationum locutus est: "putaui mihi suscipiendum laborem utilem studiosis, mihi quidem ipsi non necessarium. Conuerti enim ex Atticis duorum eloquentissimorum nobilissimas orationes, inter seque contrarias, Aeschini et Demosthenis; nec conuerti ut interpres, sed ut orator, sententiis isdem et earum formis tam quam figuris, uerbis ad nostram comsuetudinem aptis. In quibus non pro uerbo uerbum necesse habui reddere, sed genus omnium uerborum uimque seruaui. Non enim me ea adnumerare lectori putaui oportere sed tamquam adpendere". (...)

Sed et Horatius, uir acutus et doctus, hoc idem in Arte Poetica eruditio interpreti praecipit:

> "nec uerbum uerbo curabis reddere fidus
> interpres"

Ad Pammachium, 5.

Tradução:

Pela minha parte, realmente, não apenas confesso, mas proclamo a plenos pulmões que quando traduzo os textos gregos – que não sejam as Sagradas Escrituras (onde até a estrutura da frase é mistério) – não é palavra a palavra, mas o sentido que eu exprimo. Nesta questão tenho por mestre a Túlio que traduziu o *Protágoras*, de Platão, o *Económico* de Xenofonte e os dois magníficos discursos trocados entre si por Ésquines e Demóstenes. Tudo quanto omitiu, quanto acrescentou, quanto alterou para exprimir as particularidades da outra língua nas particularidades da sua, não é agora momento de o dizer. Basta-me a própria autoridade do tradutor que, no prólogo destes mesmos discursos, se exprimiu assim: "considerei que deveria empreender um trabalho útil a quem se propunha aprender, ainda que para mim próprio não necessário. Traduzi, com efeito, discursos notabilíssimos, e de oposição entre si, de dois oradores dos mais eloquentes da Ática, Ésquines e Demóstenes. Não os verti como simples transpositor, mas como homem de letras, mantendo o mesmo fraseado com as suas figuras de linguagem e de pensamento, em palavras correspondentes à nossa tradição. Não tive realmente por imperioso traduzir palavra a palavra, mas salvaguardei o valor global das palavras e da sua significação. Não julguei pois estar em causa para o leitor manter o número das palavras mas como que sopesá-las." (...)

Por seu lado, também Horácio, homem de argúcia e de saber, propõe na sua Arte Poética as mesmas regras a um tradutor avisado: "não curarás de verter palavra a palavra, como transpositor linear".

Trad. de Aires A.Nascimento, *Tradução, São Jerónimo – Carta a Pamáquio*, Lisboa, Edições Cosmos, 1995.

1. Explicite o conceito de tradução presente no texto.
2. Parece-lhe que a teoria exposta mantém actualidade?
3. Qual a importância atribuída aos autores clássicos?
4. Registe os vocábulos latinos usados para exprimir:
   a) traduzir / verter;
   b) tradutor / transpositor.
5. Procure no texto latino as palavras ou expressões que foram traduzidas por:
   a) a plenos pulmões;
   b) deveria empreender;
   c) o mesmo fraseado;
   d) figuras de linguagem e de pensamento;
   e) o valor global das palavras.

Leitura

"Não foi "o lugar" que projectou Agostinho; foram antes a sua figura, as suas obras literárias, os seus sermões, as suas cartas, as suas polémicas, a sua capacidade de intervenção que consagraram para sempre o nome da obscura diocese de Hipona, uma sufragânea de Cartago.

A sua cultura clássica continua a espelhar-se nas suas obras e é objecto de renovados estudos; o seu conhecimento da Bíblia faz da Palavra de Deus a expressão quase espontânea dos seus sentimentos; a arte retórica aflui ou esconde-se consoante a conveniência do auditório ou dos leitores; a língua latina, a que as primeiras gerações cristãs tinham dado um sabor helenizado e esmaltado de hebraismos, tornou-se com ele a língua comum do Império convertido, caldeando harmonicamente o romano e o cristão. Sendo uma das "colunas" da nova civilização ocidental, é também um dos moldadores da língua latina que se vai impor durante longos séculos. Clássico por formação originária, cristão por conversão e vida, ele é bem, entre os escritores do Ocidente, o mais significativo "clássico do Latim dos Cristãos"."

José Geraldes Freire, " Santo Agostinho, um clássico do latim dos cristãos", in *As Línguas Clássicas – Investigação e Ensino – II – Actas*, Coimbra 1995.

Avalie os seus conhecimentos:

I.

1. Indique o assunto das duas obras mais conhecidas de Santo Agostinho.
2. Que causas estiveram na origem da obra *De Ciuitate Dei*?

II.

Leia atentamente os textos:

1.

Nomina declinare et uerba in primis pueri sciant; neque enim aliter peruenire ad intellectum sequentium possunt.

(Quintiliano)

2.

Figmentorum poeticorum uestigia errantes sequi cogebamur.

(Santo Agostinho)

3.

Enim est comprendenda scientia rerum plurimarum sine qua uerborum uolubilitas inanis atque inridenda est. (...)

Ex rerum cognitione florescat et redundet oportet oratio. (...)

Sed, ut solebat C. Lucilius saepe dicere, sic sentio neminem esse in oratorum numero habendum, qui sit omnibus eis artibus quae sunt libero dignae perpolitus.

(Cícero)

1. Faça um comentário geral às ideias expressas em cada texto.
2. Tendo em conta estes textos, responda:
   a) Como se fazia a preparação do futuro orador?
   b) Que conhecimentos lhe eram exigidos, na opinião de Cícero? (Leia *infra* pág. 278).
3. Traduza os textos.
4. Escreva em latim:

Os escritores latinos que estudei dizem muitas coisas sobre a formação do orador. Sabemos que o jovem romano se exercitava na escola e devia conhecer de que modo um orador deve atrair a assembleia com o seu discurso.

22

Santo Agostinho (concl.): A obra e o pensamento

- *Confessiones* ;
- *De Ciuitate Dei* .
- O pensamento de Santo Agostinho.
- Cristianismo e Cultura Clássica.
- Santo Agostinho na Literatura Portuguesa.

1. Textos

1.1. A conversão

Santo Agostinho conta um episódio que contribuiu para a sua conversão:

Et ecce audio uocem de uicina domo cum cantu dicentis et crebro repetentis, quasi pueri an puellae, nescio: "Tolle, lege; tolle, lege." Statimque mutato uultu, intentus cogitare coepi utrumnam solerent pueri in aliquo genere ludendi cantitare tale aliquid; nec occurrebat omnia audiuisse me uspiam. Repressoque impetu lacrimarum, surrexi, nihil aliud interpretans, nisi diuinitus mihi iuberi ut aperirem codicem, et legerem quod primum caput inuenissem. Audieram enim de Antonio [1] quod ex euangelica lectione, cui forte superuenerat [2], admonitus fuerit, tamquam sibi diceretur quod legebatur: "Vade, uende omnia quae habes, et da pauperibus; et habebis thesaurum in coelis, et ueni, sequere me"; et tali oraculo confestim ad Te esse conuersum. Itaque concitus redii ad eum locum ubi sedebat Alypius: ibi enim posueram codicem Apostoli [3] quum inde surrexeram.

Confessiones, VIII, 12.

Notas:

[1] refere-se a Santo Antão;
[2] *cui forte superuenerat* : a que assistira por acaso;
[3] *codicem Apostoli*: o livro das Epístolas de S. Paulo.

1. Que palavras ouviu Santo Agostinho, vindas da casa do vizinho?
2. Que impressão lhe causaram essas palavras?
3. Como as interpretou?
4. Que reacção teve, logo de seguida?
5. Identifique as formas:
   a) dicentis;
   b) solerent.

5.1. Justifique o modo de *solerent* .

6. Faça a análise sintáctica da frase:
   nec occurrebat omnia audiuisse me uspiam.
7. Transcreva a oração dependente de *iuberi* e classifique-a.
8. Analise a frase que começa em *Audieram enim* ... e diga se todas as construções são próprias do latim clássico.
9. Identifique a forma verbal *sequere* .
10. Traduza o texto.

Baptismo de Santo Agostinho – Retábulo da Capela de Santa Mónica do Mosteiro de Santa Cruz.

Leitura

"No outro lado do Mediterrâneo, à entrada da África cristã, em Hipona, onde é bispo desde 396, brilha Agostinho, cujo pensamento e cuja atividade literária pertencem ao patrimônio universal: ao lado do tomismo, o agostinismo é uma das formas originais da filosofia cristã. Esse convertido do prazer e do neoplatonismo, durante seus trinta e quatro anos de episcopado, desenvolve uma atividade que ultrapassa em muito os limites de sua pequena diocese. Suas centenas de sermões tinham por objetivo instruir seu povo, mas suas cartas – foram conservadas 276 – endereçavam-se a tudo aquilo que o mundo romano tinha em termos de cabeças pensantes. Os tratados de Agostinho giram em torno daquilo que ele considerava como os três grandes flagelos da época: o *maniqueísmo*, cujo universo espiritual parecia-lhe caótico; o *donatismo*, cisma africano provocado pelo bispo Donato, que pretendia excluir os pecadores da Igreja; o *pelagianismo*, doutrina de um monge bretão, Pelágio, que proclamava a força da vontade do homem em detrimento da graça divina. Ao mesmo tempo, Agostinho se esforçava por mostrar aos pagãos, na *Cidade de Deus*, que o cristianismo podia vivificar um mundo novo.

Escritor fino a ponto de atingir a mais elevada poesia - suas *Confissões* só encontram comparação nos *Pensamentos* de Pascal - , Agostinho se ergue, numa África invadida pelos vândalos e num mundo submerso em trevas, como a consciência viva do Ocidente."

Pierre Pierrard, *História da Igreja*, Edições Paulistas, São Paulo, 1986.

2. Alguns aspectos do pensamento de Santo Agostinho:

Todas as coisas tal como os homens foram criadas à imagem de Deus. É a imutabilidade que serve para distinguir as criaturas do Criador.

O ser imutável é o único ser verdadeiro, genuíno, autêntico, é **ipsum esse**. Tudo o que é mutável é criado. Deus é o Verbo Criador.

2.1. Deus, o Criador

Ecce sunt caelum et terra, clamant, quod facta sint; mutantur enim atque uariantur. Quidquid [1] autem factum non est et tamen est, non est in eo quicquam quod ante non erat: quod est mutari atque uariari.

Clamant etiam, quod se ipsa non fecerint: "Ideo sumus, quia facta sumus; non ergo eramus, antequam essemus, ut fieri possemus a nobis [2]". Et uox dicentium est ipsa euidentia.

Tu ergo, Domine, fecisti ea, qui pulcher es: pulchra sunt enim; qui bonus es: bona sunt enim; qui es: sunt enim. Nec ita pulchra sunt nec ita bona sunt nec ita sunt, sicut tu conditor eorum, quo comparato [3] nec pulchra sunt nec bona sunt nec sunt.

Scimus haec, gratias tibi, et scientia nostra scientiae tuae comparata ignorantia est.

Confessiones, XI, 4.

Notas:

[1] Segundo o pensamento do autor, as criaturas foram tiradas do nada, umas na sua forma perfeita, outras sob forma incompleta, dotadas de forças evolutivas;

[2] *ut ... a nobis*: para que nos pudéssemos criar;

[3] *quo comparato*: comparados (Convosco).

1. Qual a característica principal das coisas criadas?
2. Que relação existe entre Deus e as coisas por Ele criadas?
3. Indique a diferença entre o Criador e as criaturas, segundo o texto.
4. Justifique o modo de *facta sint* (linha 1).
5. Traduza o texto.

2.2. De que modo criou Deus todas as coisas

Quomodo autem fecisti caelum et terram et quae machina tam grandis operationis tuae? (...)

Te laudant haec omnia creatorem omnium. Sed tu quomodo facis ea? Quomodo fecisti, deus, caelum et terram? (...) Nec manu tenebas aliquid, unde faceres caelum et terram: nam unde tibi hoc quod tu non feceras, unde aliquid faceres? Quid enim est, nisi quia tu es?

Ergo dixisti et facta sunt atque in uerbo tuo fecisti ea. (...)

Nec aliter quam dicendo facis, nec tamen simul et sempiterna fiunt omnia, quae dicendo facis.

Confessiones, XI, 5, 7.

1. De que modo criou Deus o céu e a terra, segundo o autor?
2. Explicite o sentido do último parágrafo do texto.
3. Traduza o texto.

1. Dê forma passiva à frase:

Quomodo fecisti, deus, caelum et terram?

2. Reescreva a frase seguinte, dando-lhe o sentido de <u>dever</u>:

Te laudant haec omnia creatorem omnium.

3. Escreva em Latim:

Agostinho pede a Deus a luz da sabedoria para poder entender os mistérios da criação.

3. A Cidade de Deus:

Génese da obra segundo as palavras do próprio autor no cap. XLIII do livro II das *Retractationum libri duo*:

"Entretanto foi Roma assolada pela invasão e pelo ímpeto do grande flagelo dos Godos chefiados pelo rei Alarico. Os adoradores da multidão dos falsos deuses a quem chamamos "pagãos", nome já corrente entre nós, tentando responsabilizar por esse flagelo a religião cristã, começaram a blasfemar do verdadeiro Deus com uma virulência e um azedume desacostumados. Por isso é que eu, ardendo em zelo pela casa de Deus, me decidi a escrever os livros acerca da Cidade de Deus em resposta às suas blasfémias ou erros."

Introdução a Santo Agostinho, *A Cidade de Deus*, (tradução de J. Dias Pereira), Lisboa, Fundação Calouste Gulbenkian, 1991.

"A cidade de Deus" Cristo em Majestade. Mosteiro de Santo Apolónio (Cairo).

3.1. As duas cidades

Fecerunt itaque ciuitates duas amores duo: terrenam scilicet amor sui usque ad contemptum Dei, caelestem uero amor Dei usque ad contemptum sui. Denique illa in se ipsa, haec in Domino gloriatur. Illa enim quaerit ab hominibus gloriam: huic autem Deus conscientiae testis, maxima est gloria. Illa in gloria sua exaltat caput suum: haec dicit Deo suo, "Gloria mea, et exaltans caput meum." Illi in principibus eius, uel in eis quas subiugat nationibus dominandi libido dominatur: in hac seruiunt inuicem et charitate, et praepositi consulendo, et subditi obtemperando. Illa in suis potentibus diligit uirtutem suam; haec dicit Deo suo: "Diligam te, Domine, uirtus mea."

De Ciuitate Dei, XIV, 28.

1. Qual a origem das duas cidades?
2. Enumere as características de cada uma delas estabelecendo o confronto.
3. Indique o sujeito da primeira oração.
4. Identifique a forma *dominandi*.
5. Precise a circunstância expressa por *consulendo* e *obtemperando*.

3.2. O género humano

Arbitror tamen satis nos iam fecisse magnis et difficillimis quaestionibus de initio uel mundi, uel animae, uel ipsius generis humani, quod in duo genera distribuimus: unum eorum qui secundum hominem, alterum eorum qui secundum Deum uiuunt. Quas etiam mystice appelamus ciuitates duas, hoc est duas societates hominum, quarum est una quae praedestinata est in aeternum regnare cum Deo; altera, aeternum supplicium subire cum diabolo [1]. Sed iste finis est earum, de quo post loquendum est [2]. Nunc autem quoniam de exortu earum, siue in Angelis [3], quorum numerus ignoratur a nobis, siue in duobus primis hominibus[4], satis dictum est, iam mihi uidetur earum aggrediendus[5] excursus, ex quo illi duo generare coeperunt, donec homines generare cessabunt.

De Ciuitate Dei, XV, 1.

Notas:

[1] *diabolus-i:* o diabo, o espírito da mentira; do adj. grego *diábolos*: "que desune", "que inspira ódio"; subs.: "calúnia", "caluniador";
[2] *de quo post loquendum est*: de que se deve falar depois;
[3] *angelus-i*: anjo; do grego *ángelos*: mensageiro, mensageiro dos deuses;
[4] Adão e Eva;
[5] *aggrediendus esse*; *earum aggrediendus excursus*: se deve fazer uma digressão.

1. Quais as duas espécies em que se divide o género humano?
2. Que aspectos distinguem as duas sociedades de que nos fala?
3. Explique a ideia central que o autor pretende exemplificar.

4. Cristianismo e Cultura Clássica:

1.

A cultura clássica não pode deixar de estar presente nos textos dos autores cristãos. Em primeiro lugar, porque todos eles tinham a mesma cultura de base. Não esqueçamos que, tanto no Oriente como no Ocidente, todos os jovens, pagãos ou cristãos, frequentavam as mesmas escolas, formavam-se no mesmo ambiente cultural, já que não havia uma escola própria para os cristãos, a não ser a de ensino religioso. Além disso, os principais autores cristãos converteram-se ao cristianismo já na idade adulta.

No mundo grego, a presença e a influência dos autores clássicos é uma constante, os poetas e os filósofos gregos, sobretudo Platão, são citados muitas vezes pelos autores cristãos e a maioria dos textos deixam transparecer essa cultura de base e essa influência.

No mundo latino, as relações com o classicismo são um pouco diferentes mas não deixam de ser também uma constante. Tertuliano, implacável contra a cultura pagã, a ponto de proclamar que a filosofia era o mesmo que a heresia, não deixa, no entanto, de se servir de toda a expressividade e vigor da língua e cultura que aprendeu nas escola de retórica. Minúcio Félix faz um apelo constante à filosofia e é nítida a influência de Cícero na sua obra *Octauius*. São Jerónimo, acusado de citar os autores pagãos, tendo ele próprio feito a promessa de renunciar à sua leitura, recorre constantemente a eles e toma-os por modelos. Podíamos ainda falar de S. Cipriano, de Arnóbio, de Lactâncio chamado o "Cícero cristão".

Santo Agostinho encontrou na filosofia a grande ajuda para o caminho que o levou à conversão ao cristianismo. Foi na história do mundo romano que ele encontrou temas de meditação à luz da fé. A concepção clássica de cultura, o ideal da cultura enciclopédica são superados em Santo Agostinho, não no sentido em que ele os refuta, mas na forma como ele os assume na sua visão da cultura cristã subordinada à Sagrada Escritura na qual coloca o vértice da sabedoria.

"Há, além disso, um aspecto formal de que nenhum escritor está isento, desde as primeiras expressões da literatura cristã; o grau de influência mede-se pela formação, pelas possibilidades e pelo empenho de cada um, mas os modelos são os mesmos para todos. Finalmente, é preciso não esquecer aquele fundo de valores comuns a qualquer forma de verdadeiro humanismo, ainda que imperfeito, nos quais não era difícil encontrar um ponto de encontro e que o cristianismo acolheu esforçando-se por purificá-los e potenciá-los."

(traduzido de Angelo di Berardino (dir.), *Diccionario Patristico y de la Antiguedad Cristiana,* 2 vols., Salamanca, Ediciones Sigueme, 1991-1992.)

2.

"Decêncio era um idólatra; correspondia-se assiduamente com dois ilustres amigos de Roma que partilhavam da sua impiedade — nada menos que Símaco e Praetextatus, este último um antigo governador consular da Lusitânia, onde deixara alta reputação.

Por todas estas razões, parecia estranho que Decêncio condescendesse em mandar o filho (o único filho varão) para a escola bracaraugustana, já que em sua casa abundavam libertos e escravos cultivados, entre eles um Grego chamado Theodotus, comprado expressamente para servir de pedagogo a Flávio. Quando os condiscípulos lhe fizeram perguntas a esse respeito, o jovem respondeu tranquilamente que pedira ao pai autorização para frequentar a escola. Porquê? "Porque é uma experiência nova; para conhecer mais gente; e também para conversar com os cristãos". Houve um rumor excitado: pensava converter-se, ele, um Quirino? "Acho que não", respondeu Flávio, "mas isso não impede que eu converse com cristãos, para saber como eles pensam".

João Aguiar, *O Trono do Altíssimo*, Lisboa, Perspectivas & Realidades, 1988.

5. Textos

5.1. Do platonismo à Sagrada Escritura

"Mas depois de ler aqueles livros dos platónicos e de ser induzido por eles a buscar a verdade incorpórea, vi que "as vossas perfeições invisíveis se percebem por meio das coisas criadas". Sendo repelido (no meu esforço), senti o que, pelas trevas da minha alma, me não era permitido contemplar: experimentei a certeza de que existíeis e éreis infinito, sem contudo vos estenderdes pelos espaços finitos e infinitos. Sabia que éreis verdadeiramente Aquele que sempre permanece o mesmo, sem Vos transformardes em outro, quer parcialmente e com algum movimento, quer de qualquer outro modo. Sabia que todas as outras coisas provêm de Vós, pelo motivo único e seguríssimo de existirem. Sim, tinha a certeza disso. Porém era demasiado fraco para gozar de Vós! (...)

Por conseguinte lancei-me avidamente sobre o venerável estilo (da Sagrada Escritura) ditada pelo vosso Espírito, preferindo entre outros autores, o apóstolo S. Paulo. (...)

Comecei a lê-los e notei que tudo o que de verdadeiro tinha lido nos livros dos platónicos, se encontrava naqueles, mas com esta recomendação da Vossa graça: que aquele que vê *não se glorie como se não tivesse recebido* não somente o que vê mas também a possibilidade de ver."

Santo Agostinho, *Confissões*, VII, 20,21, trad. de J. Oliveira Santos e A. Ambrósio de Pina, Braga, Livraria Apostolado da Imprensa, 11ª ed., 1984.

5.2. Onde terá Platão adquirido uma compreensão que tanto se aproximou da doutrina cristã.

Alguns, que nos estão unidos pela graça de Cristo, admiram-se quando lêem ou ouvem dizer que Platão teve de Deus concepções que, reconhecem, estão em estreita concordância com a verdade da nossa religião. Por isso alguns têm pensado que, tendo ido Platão ao Egipto, poderia ter ouvido Jeremias, ou lido os seus escritos proféticos durante a viagem. Eu mesmo consignei esta opinião em alguns dos meus livros. Mas um cálculo mais apurado das datas, tais como se contém na história cronológica, mostra que Platão nasceu cerca de cem anos depois da época em que Jeremias profetizou. Com efeito ele viveu oitenta anos; ora do ano da sua morte até àquele em que Ptolomeu, rei do Egipto, pediu à Judeia os livros dos profetas hebreus para os mandar traduzir para seu uso por setenta hebreus que também conheciam o grego, passaram-se cerca de sessenta. Portanto Platão não pôde, no decurso da sua viagem, nem ver Jeremias, morto desde há muito tempo, nem ler as suas Escrituras ainda não traduzidas para grego, língua em que era exímio. A menos, talvez, que, apaixonado estudioso como era, tenha delas tido conhecimento por intérpretes, como aconteceu com as egípcias – sem se tratar duma tradução escrita (insigne favor que, diz--se, mereceu Ptolomeu, ele que, pelo poder da sua realeza, também podia inspirar algum temor); mas sem dúvida que conseguiu, com as suas conversações, tomar conhecimento, na medida do possível, do seu conteúdo.

Alguns indícios parecem autorizar esta hipótese. O livro do Génesis começa assim:

No começo fez Deus o Céu e a Terra. A Terra era invisível e desorganizada. As trevas estendiam-se sobre o abismo e o Espírito de Deus pairava sobre as águas.

Ora no *Timeu*, onde trata da formação do mundo, Platão declara que, para esta obra, Deus começou por juntar a terra e o fogo. É manifesto que ele põe o fogo em lugar do céu. Esta concepção tem pois alguma semelhança com o que diz a Escritura:

No começo fez Deus o Céu e a Terra.

Santo Agostinho, *A Cidade de Deus*, (tradução de J. Dias Pereira), VIII, 11, Lisboa, Fundação Calouste Gulbenkian, 1991.

Faça um comentário escrito aos textos que acabou de ler.

6. Roma e o cristianismo:

"A mensagem cristã soube muitas vezes tirar proveito das formas de culto estabelecidas, contribuindo para a permanência e o desenvolvimento da sua sacralização. Pensemos, por exemplo, no culto dos mártires – sucessores, em certa medida, dos deuses e dos heróis – cuja coragem exemplar não os torna menos cristãos, ou no culto das imagens, que provinha, em parte de antigas tradições funerárias, aspectos do velho culto imperial e mesmo de ideias neoplatónicas, sobre a *energeia* que a imagem transmite a partir de um original, o que assentava na crença de que a imagem seria mais do que uma simples representação. Imagens através das quais a cristandade dos séculos IV, V e VI fixou igualmente a sua própria liturgia: muitos dos seus aspectos sobreviveram até aos nossos dias, graças à difusão da liturgia romana em todo o mundo latino. (...)

A adopção de certos traços da cultura clássica pelo cristianismo constitui outra realidade transcendental desta época. Os cristãos aceitaram os métodos educativos da *humanitas* clássica e participaram num sistema pedagógico que defendia o respeito pelo homem "como riqueza incondicionada anterior a toda a especificação" (Marrou). Assim, consideraram natural coroar os valores humanos clássicos juntamente com os resultantes da sua própria crença; comparar um aforismo do passado como *Homo sum: humani nihil a me alienum puto* (Terêncio), com uma reflexão sobre a função da graça religiosa que, em vez de destruir a natureza, a conduz à perfeição."

Georges Duby (dir.), *A Civilização Latina – Dos Tempos Antigos ao Mundo Moderno*, Lisboa, Publicações Dom Quixote, 1989.

6.1. A cultura profana nos textos dos autores cristãos

Qui omnes in tantum philosophorum doctrinis atque sententiis suos referserunt libros, ut nescias quid in illis primum admirari debeas, eruditionem saeculi [1] an scientiam [2] scripturarum.

Veniam ad Latinos. Quid Tertulliano eruditius, quid acutius? Apologeticus eius et contra gentes [3] libri cunctam saeculi continent disciplinam [4]. Minucius Felix, causidicus Romani fori, in libro cui titulus *Octauius* est, et in altero contra mathematicos – si tamen inscriptio [5] non mentitur auctorem – quid gentilium litterarum [6] dimisit intactum? Septem libros aduersus gentes Arnobius [7] eddidit, totidemque discipulus eius Lactantius [8], qui de ira quoque et de opificio Dei duo uolumina condidit; quos si legere uolueris [9] dialogorum Ciceronis ἐπιτομὴν [10] repperies. Victorino [11] martyri in libris suis, licet [12] desit eruditio, tamen non deest eruditionis uoluntas. Cyprianus, quod idola dii non sint, qua breuitate, qua historiarum omnium scientia, quo uerborum et sensuum splendore perstrinxit. (...)

De ceteris uel mortuis uel uiuentibus taceo, quorum ex scriptis suis et uires manifestae sunt et uoluntas.

S. Jerónimo, *Ad Magnum*, 4-6.

Notas:

[1] *eruditionem saeculi*: a erudição (cultura) profana;

[2] *scientia:* conhecimento;

[3] *gentes*: os gentios, os pagãos;

[4] *disciplina*: ciência;

[5] *inscriptio*: título;

[6] *gentilium litterarum*: das letras (da literatura) pagãs;

[7] **Arnóbio**: a obra de Arnóbio reflecte a mudança de clima que se estabeleceu entre cristãos e pagãos na segunda metade do século III. Escreveu, depois de 303, uma obra em 7 livros *Contra os Pagãos*;

[8] **Lactâncio** (245-325 d.C.): apologeta cristão nascido no Norte de África, discípulo de Arnóbio. O imperador Diocleciano chamou-o para ensinar retórica latina em Nicomédia. As suas principais obras são: *De opificio Dei*, onde pretende demonstrar a existência da providência divina tomando como base a forma do corpo humano; *De ira Dei* e *Institutiones diuinae*, sete livros escritos entre 305 e 313 dos quais mais tarde elaborou um epítome. Trata-se de uma defesa da doutrina cristã como um sistema harmonioso e lógico. Foi criticado pelos cristãos pelas suas crenças pouco ortodoxas;

[9] vide *uolo*:

[10] *epitome, es* (f.): resumo, epítome;

[11] **Vitorino**, bispo ilírico de Ptuj que morreu mártir por volta de 304. Escreveu o *Comentário* sobre o Apocalipse e é também autor de outros comentários a livros do Antigo Testamento;

[12] conjunção concessiva.

7. Santo Agostinho e as Ordens Religiosas

Embora não tenha sido um fundador de Ordens Religiosas, Santo Agostinho contribuiu para o incremento da vida monástica. Na realidade, foi com base na doutrina de Santo Agostinho e no Regulamento que ele instituiu para o clero que se formou, no século XII, a Regra de Santo Agostinho seguida depois por várias ordens religiosas das quais se destaca a dos Eremitas de Santo Agostinho ou dos Agostinhos.

Em Portugal, já no século XII havia um mosteiro de eremitas em Lisboa que seguiu esta ordem. Merece, no entanto, destaque especial pela sua importância cultural durante a Idade Média e Renascimento, a Ordem dos Cónegos Regrantes de Santo Agostinho, do Mosteiro de Santa Cruz de Coimbra. Na actualidade, algumas das paróquias da arquidiocese de Lisboa estão confiadas aos padres agostinianos, na sua maioria de nacionalidade espanhola.

8. O Augustinismo

"Ao transmitir-se durante os séculos seguintes, a filosofia de Sto. Agostinho originou um conjunto de teses ou afirmações fundamentais que dão forma à corrente denominada **Augustinismo**. (...)

– No tocante às relações entre Fé e Razão, o Augustinismo conservou a posição augustiniana de que *ambas colaboram solidária e conjuntamente na explicação e esclarecimento da verdade cristã* .

– No âmbito da antropologia, o Augustinismo conservou-se fiel ao *dualismo platónico* de Santo Agostinho, estabelecendo que a alma e o corpo são substâncias distintas e que o homem é "uma alma imortal que se serve do corpo mortal e terreno".

– No campo da ética, o Augustinismo manteve a *primazia da Vontade sobre o Entendimento* , do querer sobre o conhecer. Esta tese exercerá uma notável influência em todas as discussões éticas medievais e o seu influxo far-se-á notar amplamente no século XIV e para além deste, nas doutrinas de Lutero e Calvino. "

Navarro Cordon e Calvo Martinez, *História da Filosofia*, 1.º vol. Edições 70, 1985.

Santo Agostinho na Literatura Portuguesa:

Em Gil Vicente:

ORAÇÃO PARA SANTO AGOSTINHO.

Alto Deus maravilhoso,
que o mundo visitaste
em carne humana,

neste vale temeroso
e lacrimoso
tua glória nos mostraste
soberana;
e teu filho delicado,
mimoso da divindade
e natureza,
per todas partes chagado,
e mui sangrado,
pela nossa infirmidade
e vil fraqueza.
Oh Emperador celeste,
Deus alto mui poderoso
essencial,
que polo homem que fizeste,
ofereceste
o teu estado glorioso
a ser mortal!
E tua filha, madre, esposa,
horta nobre, frol dos Céus,
Virgem Maria,
mansa pomba gloriosa;
oh quão chorosa
quando o seu Deus padecia!
Oh lágrimas preciosas,
do virginal coração
estiladas!
Correntes das dores vossas
c'os olhos da perfeição
derramadas!
Quem ũa só pudera ver,
vira claramente nela
aquela dor,
aquela pena e padecer,
com que choráveis, donzela,
vosso amor.
(...)

Auto da Alma

QUADRO SÍNTESE DA LITERATURA LATINA

Períodos e autores

I – PERÍODO DAS ORIGENS (754 a.C. – 240 a.C.)

ESBOÇO DE POESIA
- **Religiosa:**
  - *Carmen Fratrum Arualium*
  - *Carmen Saliorum*
- **Didáctica:**
  - Oráculos
- **Épica:**
  - Nénias ou cantos fúnebres
  - *Carmina Conuiualia*
  - Inscrições triunfais
  - Inscrições funerárias
- **Satírica:**
  - Cantos triunfais
  - Cantos fesceninos
- **Dramática:**
  - *Satura*
  - Atelanas

PROSA
- **Leis:** Lei das Doze Tábuas
- **Documentos Históricos:** Anais
- **Oratória**

II – PERÍODO DE FORMAÇÃO (240-81 a.C.)

POESIA
- **Épica:**
  - Lívio Andronico
  - Névio
  - Énio
- **Dramática:**
  - Tragédia
  - Comédia:
    - Plauto
    - Terêncio

PROSA
- **Satírica:** Lucílio
- **Histórica:** Catão
- **Oratória:**
  - Tibério Graco
  - Caio Graco
  - Crasso

III – PERÍODO CLÁSSICO

ÉPOCA DE CÍCERO (81-43 a.C.)

- POESIA
  - **Didáctica:** Lucrécio
  - **Lírica:** Catulo
- PROSA
  - **História:**
    - César
    - Salústio
    - Cornélio Nepos
  - **Oratória:**
    - César
    - Cícero
  - **Didáctica:** Cícero
  - **Epistolografia:** Cícero

ÉPOCA DE AUGUSTO (40 a.C. – 14 d.C.)

- POESIA
  - **Épica:** Virgílio
  - **Lírica:**
    - Horácio
    - Ovídio
    - Tibulo
    - Propércio
  - **Satírica:** Horácio
  - **Didáctica:**
    - Virgílio
    - Horácio
    - Ovídio
  - **Pastoril:** Virgílio
- PROSA
  - **História:** Tito Lívio
  - **Didáctica:** Vitrúvio

IV – PERÍODO ARGÊNTEO (c. 14 d.C. – c. 117 d.C.)
A literatura Claudiana e o Novo Classicismo

POESIA
- **Épica:** Lucano
- **Dramática:** Séneca
- **Satírica**
  - Pérsio
  - Marcial
  - Juvenal
- **Didáctica:** Fedro

PROSA
- **Histórica**
  - Tácito
  - Suetónio
- **Didáctica**
  - Quintiliano (retórica)
  - Séneca (filosofia)
  - Plínio o Antigo
- **Epistolografia:** Plínio o Moço
- **Romance:** Petrónio

V – A DECADÊNCIA ANTONIANA E OS COMEÇOS DA LITERATURA CRISTÃ (c. 117 d.C. – séc. III)

Apuleio
Aulo Gélio

Literatura Cristã
- Tertuliano
- Minúcio Félix
- São Cipriano
- Lactâncio

VI – O RENASCIMENTO *DA ÉPOCA DE CONSTANTINO E TEODÓSIO. O FLORESCIMENTO DA LITERATURA CRISTÃ (séc. IV d.C.)*

Prosa – Géneros tradicionais:
- Eloquência: Símaco
- História: Aurélio Víctor

Poesia
- Avieno
- Ausónio

Prosa Cristã
- Santo Hilário
- Santo Ambrósio
- S. Jerónimo
- Santo Agostinho

A VIDA INTELECTUAL DOS ROMANOS

23

I. As correntes filosóficas gregas – sua influência e implantação em Roma.

II. A preparação intelectual do orador:
- as escolas de retórica;
- *as declamationes* .

III. A difusão da cultura:
- papel dos escravos gregos;
- a divulgação das obras literárias:
  - os jardins; as *uillae* ;
  - as *recitationes* ;
  - as bibliotecas.

A Língua Latina:
- a ideia de dever expressa pela perifrástica passiva; o agente.

I – As correntes filosóficas gregas – sua influência em Roma

A influência grega em Roma começou bastante cedo, com contactos entre os dois povos, desde os séculos VI e V. Foi, porém, a partir da conquista da Magna Grécia, no século III a.C., e a ocupação da Sicília e parte da Ásia Menor, no século II, que a civilização grega e com ela a filosofia penetraram em Roma.

A princípio a filosofia grega não foi bem aceite entre os Romanos e filósofos gregos foram mesmo expulsos da cidade em 173 e 161 a.C..

Mas, em 155 a.C., chega a Roma uma embaixada ateniense da qual faziam parte três filósofos, representantes das principais escolas filosóficas de Atenas: Carnéades, da Academia; Critolau, do Liceu; Diógenes de Babilónia, do Pórtico. Foi tal o entusiasmo da juventude com a filosofia destes três atenienses que houve mesmo, em Roma, um movimento de protesto para os expulsar da cidade. No entanto, nada havia a fazer. A cultura grega tinha, realmente, conquistado os romanos. Como dirá Horácio, "a Grécia conquistada conquistou o seu feroz vencedor".

Que a filosofia grega desde cedo foi apreciada pelos Romanos o próprio Cícero o afirma:

"Outrora foi a Itália um alfobre de Pitagóricos, quando era aqui a célebre Magna Grécia. Por isso até alguns referem que Numa Pompílio, o nosso rei, foi pitagórico, quando existiu muito antes do próprio Pitágoras. Motivo por que ele vale ainda mais, por ter conhecido a ciência de governar quase dois séculos antes dos Gregos darem pela sua existência. E certamente que não produziu a nossa cidade homens de glória mais ilustres, de autoridade mais pesada ou de cultura mais requintada do que Públio Africano, Gaio Lélio, Lúcio Fúrio, que sempre tiveram junto de si, bem às claras, os mais eruditos varões da Grécia."

Cícero, *Do Orador* (trad. de Maria Helena da Rocha Pereira, *Romana – Antologia da Cultura Latina*)

Busto de Platão. Roma (Museu do Capitólio).

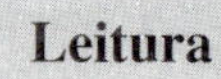

Leitura

A embaixada dos Filósofos Atenienses

"... Chegaram a Roma embaixadores atenienses, os filósofos Carnéades, da Academia, e Diógenes Estóico, a fim de solicitarem o levantamento de uma penalidade contra o povo ateniense. Eram eles acusados pelos habitantes de Sícion porque, quando perseguidos pelos de Oropos, os tinham desamparado; a multa aplicada era de quinhentos talentos. Logo os jovens mais dados às Letras acorreram em volta deles e se puseram a escutá-los, com muita admiração. Sobretudo o fascínio de Carnéades, o mais dotado, e a quem não faltava a fama desses dotes, atraiu-lhe muitos apreciadores, e foi como um vendaval cujo eco atroou a cidade. Espalhou-se a fama de que havia um Grego que possuía um sortilégio que a todos fascinava e subjugava, inspirando nos jovens uma paixão terrível que os fazia desviar dos demais prazeres e passatempos, entusiasmados pela filosofia. Estes acontecimentos aprouveram à maioria dos Romanos, que viam com satisfação os jovens voltarem-se para a cultura grega e conviverem com estes homens tão admirados."

Plutarco, *Catão o Antigo* (trad. de Maria Helena da Rocha Pereira, *op.cit.*)

Também **Panécio de Rodes**, filósofo estóico, esteve em Roma, entre 145-130 a.C., e exerceu larga influência nos meios cultos da cidade. Foi recebido em casa de Cipião Emiliano, um grande impulsionador da cultura romana, nesta época. A Panécio estava ligado o historiador **Políbio** que, a partir de 166 a.C., permaneceu em Roma durante longos períodos e veio depois a escrever uma história universal onde relata a expansão de Roma no Mediterrâneo. Mais tarde, Possidónio torna-se amigo e professor de Varrão, em Roma, e Pompeio e Cícero vão a Rodes ouvir as suas lições. Começa a ser habitual os romanos cultos e interessados dirigirem-se à Grécia, considerada fonte de cultura, e aí seguirem as lições de filósofos e retores.

No entanto, os Romanos não manifestam muito interesse por teorias como a constituição do universo ou os processos do conhecimento. Centraram-se mais em princípios éticos e, por isso, as doutrinas mais aceites foram as dos epicuristas e as dos estóicos. Na verdade, as noções estóicas de dever e destino estavam mais de acordo com a maneira de ser dos Romanos, com a sua severidade e austeridade.

Cícero foi o grande divulgador da filosofia grega em Roma. Embora seguidor da escola platónica, foi, porém, um ecléctico. Não aceitava inteiramente nenhuma das escolas, mas extraía das doutrinas de cada uma aquilo que achava correcto e digno de louvor.

Séneca (c. 4 a.C.- 65 d.C.) foi um grande seguidor do estoicismo e, mais tarde, será muito apreciado pelo cristianismo por causa dos seus princípios éticos. Nascido em Córdova, na Hispania, foi levado para Roma muito cedo e aí estudou retórica e filosofia. A obra de Séneca é vastíssima (ver *Latim 2*, p. 245). Destacam-se, aqui, os seus tratados e ensaios morais. Temas como a felicidade, o bem supremo, a riqueza, o medo da morte são alguns dos que mereceram o apreço e a admiração das gerações posteriores e que levaram a que na Idade Média se pensasse que ele tinha sido cristão. São Jerónimo acreditava mesmo que Séneca tinha mantido correspondência com o Apóstolo S.Paulo.

Outros seguidores do estoicismo foram **Marco Aurélio** e **Epicteto**. Também os poetas **Pérsio** e **Lucano** seguiram esta escola.

A escola epicurista teve, igualmente, larga difusão em Roma, especialmente durante o século I a.C. e manteve-se durante os primeiros séculos da nossa era. O próprio Santo Agostinho tinha alguma simpatia por esta escola, excepto no que respeita à imortalidade da alma. Com o cristianismo, a filosofia epicurista acaba por desaparecer. Renasce no século XVII e, nos nossos dias, ela parece estar na base de algumas correntes filosóficas.

2. Principais características das escolas filosóficas gregas

2.1. A Academia

Fundada por Platão, discípulo de Sócrates, no séc. IV a.C., é a mais antiga das escolas a que se fez referência. Platão fundou, em Atenas, a Academia onde, para além da filosofia, se dedicava à matemática e à astronomia. Das numerosas obras de Platão destacam-se: o *Banquete*, o *Fédon*, a *República* .

Princípios:

Há dois mundos, o sensível e o inteligível. A ordem do mundo inteligível transmite-se ao mundo sensível por meio de um "demiurgo", um "obreiro divino" sob a direcção da ideia de Bem, que é a ideia su-

A Academia de Platão. (Museu de Nápoles).

prema. A mente humana também tem um poder demiúrgico na medida em que, guiada pelas ideias, as projecta no mundo sensível. Pelo corpo, o homem participa do mundo sensível; pela alma, do mundo inteligível. A alma, que é eterna, subsistirá após a morte. Está sujeita a sanções e à reencarnação. Porém, só os virtuosos e justos subirão às regiões superiores.

Antes de encarnar, a alma contemplou as Ideias; ao encarnar, o conhecimento ficou obscurecido mas permaneceu a sua "reminiscência". Logo, conhecer é recordar. O conhecimento opera-se através da dialéctica que é o "discorrer", o "dialogar", o "falar com", para atingir a verdade, que existe nas Ideias. Assim, há dois tipos de conhecimento:

a) a "opinião": conhecimento do mundo sensível, das aparências;

b) a "verdade" ou essência: conhecimento das Ideias ou Essências, do mundo Inteligível.

A justiça e a virtude têm por base a sabedoria. O fim da política é tornar os cidadãos virtuosos. A justiça não é mais do que a harmonia entre as partes de um todo. A harmonia da alma é objecto da Ética, a harmonia do Estado é objecto da Política.

A sociedade é constituída por três classes: a dos "ofícios", cuja função é a de prover às necessidades materiais da cidade; a dos "guerreiros", agentes do Estado (guardas, exército), cuja função é a defesa da ordem pública; a dos "magistrados", os homens de Estado, cuja função é conduzir a cidade de acordo com as leis. Esta repartição por classes faz-se pelas aptidões naturais. Cada magistrado é um filósofo, um sábio. A justiça da cidade é constituída pela hierarquia e harmonia das classes. A sabedoria está na base da virtude, da justiça.

A doutrina de Platão aparece explicitada em mitos. Os mais conhecidos são: o da Caverna e o de Er, o Arménio. Outro mito que teve grande repercussão na Literatura foi o de Eros, o Amor. Nascido da Pobreza e da Abundância, o Amor é uma penúria do ser, uma aspiração à plenitude, a imperfeição aspirando à Perfeição. Ele aspira à Perfeição e Beleza, de que os corpos belos e as almas belas não passam de reflexos.

Leitura

A reminiscência

"Conforme se disse, toda a alma humana, por sua natureza, contemplou a realidade, ou então não teria vindo para um ser vivo. Não é fácil a qualquer alma lembrar-se das coisas do além, nem àqueles que tiveram disso uma curta visão, nem àqueles que, depois que aqui tombaram, tiveram tão pouca sorte que, deixando-se arrastar para o mal pelas companhias, caíram no olvido das visões sagradas de antanho. Poucas são aquelas que conservam recordação bastante. Essas, porém, quando avistam qualquer coisa de semelhante ao que há no além, ficam dominadas e não se têm em si. O que elas sentem, contudo, não o compreendem, por não serem capazes de se analisar convenientemente."

Platão, *Fedro* (trad. de Maria Helena da Rocha Pereira, *Hélade – Antologia da Cultura Grega*)

2.2. O *Liceu* de Aristóteles:

Discípulo de Platão na Academia, abandonou esta escola com a morte do mestre.

Em 335, quando já reinava Alexandre de quem tinha sido preceptor, Aristóteles ensinou, em Atenas, num ginásio, construído junto a uma árvore consagrada a Apolo Lício, conhecida por Liceu, daí o nome dado à sua escola. A filosofia que ensinava começou a ser conhecida como *peripatética*, epíteto derivado do recinto coberto onde os estudantes passeavam (*peripatos*) enquanto discutiam as suas ideias.

Da vasta obra de Aristóteles destacam-se os tratados que podem dividir-se, segundo os temas, em : lógica; metafísica; ciências naturais; ética e política; retórica e poética.

Princípios gerais da sua obra:

A alma e o corpo são dois elementos duma mesma substância com excepção do elemento mais elevado que permanece imortal e eterno. Cada ser é constituído de matéria e forma. A *forma*, herdeira da *ideia* de Platão, é "um princípio universal, causa das imperfeições específicas dum ser e origem de inteligibilidade". A alma é, fundamentalmente, o princípio vital. A união da alma com o corpo é um princípio natural e essencial pois que é a alma e o corpo (forma e matéria) que constituem o *ser* vivo.

Na base do conhecimento está a sensação. O mundo real é o mundo sensível. O conhecimento parte do individual para o geral. Na obra, que mais tarde intitulou *Metafísica* , trata da *filosofia primeira* , ciência que estuda o Ser, substância imóvel, eterna, indivisível, incorporal, o primeiro motor.

A virtude é o justo meio termo entre dois excessos (a coragem é o meio termo entre o medo e a temeridade). A felicidade humana nasce do exercício das actividades que têm parentesco com o divino. Cada ser é feliz se realizar a actividade que lhe é própria e natural. Essa actividade para o homem é a intelectual. Daí que a forma mais perfeita da felicidade seria a actividade contemplativa.

Foi enorme a influência de Aristóteles nas gerações posteriores de filósofos e cientistas. Na Idade Média, em todo o Ocidente dominavam os seus princípios de lógica. A lógica aristotélica predominou em todos os estudos europeus e, a partir do séc. XIII, quando as suas obras foram mais estudadas, Aristóteles tornou-se um modelo em grande parte dos ramos do saber.

3. As escolas filosóficas do período helenístico

A partir dos finais do século IV, produzira-se uma viragem na filosofia grega. O homem, a moral passam a ser o tema dominante da reflexão filosófica. Esta viragem está relacionada com acontecimentos ao nível político e social. A queda dos Estados gregos trouxe também a procura de um novo sentido para a vida, um novo ideal para o homem. O estoicismo e o epicurismo procuraram responder a essa ansiedade do homem. Perdidas a liberdade social e política, procura-se a liberdade individual, a liberdade da pessoa que se basta a si própria. A cultura grega expande-se para outras áreas geográficas. Alexandria e Rodes vão mesmo exceder Atenas em muitos aspectos, excepto na filosofia e na retórica.

Procurando responder aos novos anseios de liberdade, o epicurismo defende que o homem sábio não intervém na política, refugia-se na sua vida privada e no seu círculo de amigos. É a comunidade dos amigos que interessa, longe do *negotium* (cf. Horácio). Mas o estóico, embora pense que a autêntica liberdade do sábio é uma liberdade pessoal e interior, acha que o homem deve participar na política, de forma rígida e austera.

3.1. Epicurismo:

Epicuro era natural de Samos, onde nasceu no ano 341 a.C.. Fundou, em Atenas, uma escola de filosofia, o Jardim. A maior parte da sua obra perdeu-se mas Diógenes Laércio conservou três cartas de grande importância, que resumem toda a sua filosofia. Para o conhecimento da sua obra podemos também recorrer a Lucrécio, que no *De rerum natura* expõe a sua teoria física e moral.

Princípios gerais do epicurismo:

Epicuro procurava a sabedoria de vida através dos sentidos. O tacto é o nosso sentido principal. Proclamava a eliminação da superstição e da crença na intervenção do sobrenatural. Os deuses existem mas não participam da vida dos homens e não interferem nos seus actos. Portanto, o homem não deve temer os deuses, tal como não deve temer a morte. A morte é apenas um fenómeno físico que deve deixar o homem indiferente. A felicidade consiste em alcançar a tranquilidade do espírito através da compreensão da natureza: "o prazer é o princípio e o fim de uma vida feliz", mas o prazer identifica-se com o bem. O prazer psíquico é muito maior que o prazer físico e baseia-se na ataraxia, ausência de perturbações. A dor é uma perturbação do estado natural e o prazer atinge-se quando se restaura a ordem natural. Por isso, deve aceitar-se como limite do prazer o começo da dor. Continuando a ideia de Demócrito, Epicuro acreditava também que o mundo era composto por átomos e pelo vazio. A alma é material, como tudo o que existe, e, portanto, mortal.

3.2. O Estoicismo:

A escola estóica foi fundada em Atenas, cerca de 300 a.C., por Zenão de Cítio.O nome deriva de "stoa", palavra grega que significa "pórtico", local onde se reuniam Zenão e os seus discípulos.

Princípios do estoicismo:

A realidade são os corpos. A alma humana é material, princípio informador que se difunde por todo o corpo, faz parte do mundo. Todos os corpos estão em mútua interacção: "o mundo é como um ser único, contendo uma substância única e única alma". Por essa substância derrama-se um fluido que é o próprio Deus. Portanto, o estoicismo é ao mesmo tempo um materialismo e um panteísmo. Tudo acontece com um fim que é "o bem geral do universo". É assim um finalismo ou determinismo.

Através dos sentidos a alma contacta com o mundo, de que é parte, e chega ao conhecimento e daqui à sabedoria. O erro e a ignorância dão origem às perturbações da alma. O sábio é aquele que adere ao universo e com ele tem uma relação de simpatia.

O homem é cidadão do mundo: " a minha cidade e pátria... enquanto eu homem, é o mundo".

O Supremo Bem consiste, então, em viver de acordo com a Natureza, que está sujeita a leis, a uma "coesão de tudo o que existe". Mas, apesar desse determinismo, o homem não perde a sua liberdade, pois esta é uma adesão consciente da alma ao conhecimento. Por outro lado, nada acontece ao homem que ele não seja capaz de suportar. O sábio é livre em todas as circunstâncias, mesmo na doença, tortura, prisão e morte, pois permanece impassível e seguro de si perante aquilo que de si não depende. O sábio é superior às paixões, vaidades e glórias mundanas. A sua atitude é a de **ataraxia**, isto é, a meditação, a imperturbabilidade, o domínio de si, a adesão consciente à Inteligência Universal.

Aspectos comuns às duas escolas:
- o ideal do sábio;
- objectivo comum: a moral, a ordenação da conduta humana para alcançar uma vida feliz;
- só o sábio é feliz;
- características do sábio: autodomínio, constância e simplicidade;
- ambas se fundamentam num conhecimento da natureza;

Aspectos diferentes:

Epicurismo:

- o sábio afasta-se da política;
- a felicidade consiste na consecução do prazer sabiamente administrado juntamente com o afastamento da dor;
- interpretação hedonista da natureza humana.

Estoicismo:

- o homem sábio deve participar activamente na política;
- a autêntica felicidade consiste na virtude, no autodomínio e no espírito forte que tornam o sábio imperturbável perante a desgraça e o destino;
- adopta o atomismo de Demócrito em relação à natureza entendida como a totalidade do Universo.

Para o estóico, a verdadeira sabedoria consiste em aceitar o destino serenamente já que o universo é regido por Deus e o destino é providência.

Leitura

"Estóicos e epicuristas propunham a mesma coisa aos seus aderentes: uma receita fundada na natureza das coisas (isto é, filosoficamente fundada) para viver sem medo dos homens, dos deuses, do acaso e da morte, e para tornar a felicidade individual independente dos golpes do destino; para resumir o seu idêntico objectivo as duas seitas proclamavam querer fazer dos homens os equivalentes mortais dos deuses, tão tranquilos como estes. As diferenças estavam nas subtilezas e nas metafísicas que justificavam estas medicinas. O estoicismo ... prescrevia, à força de exercícios de pensamento, a entrega a um estado de espírito heróico, que por nada poderia ser atingido; o epicurismo considerava que o indivíduo tem sobretudo necessidade de se libertar de angústias ilusórias. Ao desdém da morte as duas medicinas acrescentam a dos vãos desejos; o dinheiro e as honras, bens perecíveis, não podem garantir uma segurança inabalável. O epicurismo ensinava cada um a libertar-se das falsas necessidades; prescrevia uma vida de amizade e de água fresca. Os estóicos justificavam o seu método pela existência de uma razão e de uma providência que eram as suas bases, enquanto o atomismo epicurista relaxava o homem dos medos vãos que nascem dessas superstições."

ARIÈS, Philippe e DUBY, Georges (dir.), *História da vida privada. I. Do Império Romano ao ano mil*, Lisboa, Círculo de Leitores, 1989.

4. O helenismo implanta-se em Roma

A cultura grega tinha, definitivamente, conquistado os Romanos. A pouco e pouco o velho ideal do *ciuis romanus* começa a ser substituído pelo ideal grego da *humanitas* . O Círculo dos Cipiões é o grande responsável pela difusão da cultura grega, apesar da oposição de alguns romanos influentes, dos quais se destaca Catão, o Censor (Leia *Latim 2*, págs. 73-76). É uma nova vida, uma nova forma de estar e de pensar que penetra em Roma e são os excessos que preocupam os mais acérrimos defensores do *mos maiorum* , da tradição dos antepassados. Essa oposição acabou por ser importante na moderação a impor aos costumes e fez com que a influência grega se adaptasse aos costumes da velha Urbe. Surgem hábitos de luxo, de prazeres, de ociosidade, mas também da ociosidade literária, o *otium litteratum.* As casas romanas tradicionais são enriquecidas. Aparece a casa de peristilo, adornada de estátuas e de outras obras de arte. As artes plásticas em geral sofrem a influência grega. A religião é outro dos aspectos que se deixa insuflar dos cultos estrangeiros (Leia *Latim 2*, p. 290).

O espírito romano, fundamentalmente prático, organizador, criador do direito que se impôs ao longo dos séculos, soube assimilar os povos estranhos e, sem deixar de respeitar as suas instituições, romanizá-los. Foi assim que a cultura do povo grego aliada ao génio político dos romanos formou aquilo que chamamos a Civilização Europeia Ocidental.

5. Mas, o estoicismo e o epicurismo são o reflexo de uma certa decadência, do homem desiludido que busca na filosofia o consolo do espírito.

As mudanças sociais e religiosas continuam. Uma nova filosofia de vida vai aparecendo. Com o aparecimento do cristianismo, as escolas filosóficas clássicas entram em declínio. Se a filosofia nasceu da antítese de duas experiências radicais – o mundo dos sentidos, concreto e movediço e o mundo da razão, uno e imutável, surge agora uma terceira experiência – a fé, a fé cristã, que vai alterar a face da terra, a maneira de ser dos espíritos.

No entanto, antes de morrer, a filosofia clássica tem um novo ressurgimento, surgido da reacção do mundo antigo à nova fé vinda do povo judeu. Aparece a filosofia alexandrina, o neoplatonismo.

O neoplatonismo tem sede em Alexandria, cidade fundada por Alexandre Magno e local de cruzamento de culturas. Para esta corrente, a verdadeira sabedoria humana é alcançada pela filosofia. Serve-lhes de modelo o maior dos filósofos – Platão. Numa aliança entre a filosofia e a religião, considera o saber filosófico a par do saber religioso. A religião seria uma filosofia do povo.

Por isso, o neoplatonismo alexandrino compreendia três correntes, correspondentes às três religiões que, então, coexistiam na cidade: a pagã, a cristã e a judaica não cristã. O neoplatonismo cristão, gnosticismo, pretendia que havia um saber racional (*gnosis*) superior à fé. O gnosticismo vai ser a primeira heresia a ser combatida.

Uma dessas correntes da filosofia alexandrina procurou a síntese entre a filosofia platónica e o paganismo greco-latino. Grande representante desta corrente foi Plotino que pretendeu, assim, fazer reviver o pensamento platónico.

II – A preparação intelectual do orador

1. As escolas de retórica e as *declamationes*

Em Roma, a oratória estava associada à carreira do homem público. Tinha grande prestígio um bom advogado. Por isso, a educação do jovem romano prosseguia, depois dos estudos com o *grammaticus*, com os *rhetores* de modo a aperfeiçoar a arte da retórica ou 'de bem falar'.Os Romanos produziram discursos de modalidades e oportunidades diversas:

a) acusação ou defesa;

b) proposta ou refutação de leis;

c) defesa de princípios ou ataque a desvios nos costumes;

d) elogios fúnebres;

e) exortação ao combate.

No *Brutus*, Cícero defende que em Roma houve bons oradores e cita os nomes de Ápio Cláudio Cego e de Catão, o Antigo.

A partir do século II a.C. começa a influência dos retores gregos, que ensinavam a língua grega. Mas no século I a.C. os *rhetores latini* ensinam a discursar usando o latim.

As tendências da oratória ao tempo de Cícero eram três:

a) asiática, representada por Hortênsio, o maior advogado até Cícero; eram características desta escola o estilo muito floreado, redundante;

b) ródia, representada por Cícero, de estilo mais comedido;

c) ática ou neo-ática, representada por Bruto e Calvo; tem como característica a sobriedade e a concisão, pondo de parte o recurso aos ornamentos de estilo, seguindo o exemplo do ateniense Lísias.

De todos os oradores romanos, Cícero foi indiscutivelmente o maior – cf. supra p. 57. Sobre a preparação do orador escreveu entre outras obras o *De Oratore* e o *Orator*, onde expõe os princípios da oratória quanto ao fundo e à forma:

1. O fundamento da oratória é a filosofia;

2. A cultura do orador deve ser enciclopédica. O orador deve saber poesia, direito civil e político, conhecer os costumes e a tradição bem como a história da antiguidade.

3. A forma deve ser muito bem cuidada.

Em suma, o bom orador é aquele que possui:

a) cultura;

b) talento;

c) domínio da técnica, pelo estudo e exercitação frequentes.

Entre as exercitações contam-se as *declamationes*, discursos sobre temas convencionais, fictícios. As *declamationes* banalizaram-se ao ponto de, no tempo de Séneca, serem dominadas pela afectação e excessiva preocupação pela forma. É um barroquismo *avant la lettre*. Estes exageros acabam por conduzir à decadência da oratória.

A oratória era algo de essencial na sociedade romana, ela movia multidões. Cícero no *De Oratore* declara:

"... nada há de mais ilustre que um orador perfeito. Na verdade, para já não falar da utilidade da oratória, que é soberana em toda a cidade que viva em paz e com liberdade, é tal a fascinação da habilidade oratória que nada de mais aprazível pode ser percebido por ouvidos ou mentes humanas. Quem pode descobrir canto mais doce do que um discurso equilibrado?"

(trad. de Maria Helena da Rocha Pereira, *Romana – Antologia da Cultura Latina*)

O primeiro professor oficial de retórica foi Quintiliano, do século I d.C., autor das *Institutiones Oratoriae,* o mais completo tratado de oratória da Antiguidade. Quintiliano é um grande crítico das *declamationes* da época, mais adepto dos clássicos.

Leitura

"Os retóricos tinham surgido em Roma mais ou menos na mesma época que os filósofos e tinham sido incluídos nas mesmas medidas de expulsão, pois eram criticados, tal como os filósofos, por atraírem a si a juventude, prejudicando o seu treino militar. Mas, progressivamente, tinham regressado. Os jovens romanos, no início do século I a.C., iam ouvir as suas lições e chegavam a ir à Grécia aprender a arte de falar com os mestres mais célebres. Nestas condições, era difícil expulsar de Roma os mestres de uma ciência que parecia cada vez mais indispensável na bagagem de qualquer homem culto e, segundo Cícero, de todo o romano digno desse nome. No início do Império, o estudo da retórica era a coroação normal da educação. Depois de ter aprendido os rudimentos com um gramático (*grammaticus*), o jovem, pelos 15 anos, começava a frequentar a casa do retórico. Aí, treinava-se a compor discursos sobre temas propostos pelo mestre. Em certos dias, os alunos faziam uma espécie de discurso sobre determinado tema, rivalizando entre si em imaginação para encontrar novos argumentos ou movimentos particularmente patéticos. E, muitas vezes, nessas ocasiões, os pais dos alunos, as personagens influentes, os oradores afamados eram convidados a assistir ao discurso. Acontecia mesmo, por vezes, que homens feitos frequentassem as carteiras dos mestres ou que estes fizessem uma demonstração do seu virtuosismo.

Os retóricos davam aulas nas êxedras dos *fora* – pelo menos desde o tempo de Adriano. Era aí que se escutavam as declamações dos alunos. Por vezes, depois de terminada a lição, o público espalhava-se pelos pórticos e continuava a discutir os méritos deste ou daquele discurso. No início dos fragmentos conservados do *Satíricon*, vemos o retórico Agaménon empenhado num violento improviso, enquanto os estudantes invadem o jardim e criticam sem rodeios a declamação que acabam de ouvir. A vida intelectual não estava, como actualmente, isolada da rua; estava sempre presente, na praça pública, nas salas abertas a todos, nas conversas, e formava uma parte importante das actividades sociais."

Pierre Grimal, *A Civilização Romana*, p. 236.

2. Textos

2.1. A Formação do orador

Legendi etiam poetae, cognoscendae historiae, omnium bonarum artium doctores atque scriptores eligendi et peruolutandi et exercitationis causa laudandi, interpretandi, corrigendi, uituperandi, refellendi; disputandumque de omni re in contrarias partes et quicquid erit in quaque re, quod probabile uideri possit, eliciendum; atque [discendum] perdiscendumque ius ciuile, cognoscendae leges, percipienda omnis antiquitas, senatoria consuetudo, disciplina rei publicae, iura sociorum, foedera, pactiones, causa imperii cognoscenda est; libandus est ex omni etiam genere urbanitatis facetiarum quidam lepos, quo tamquam sale perspergatur omnis oratio.

Cicero, *De Oratore*, I,34.

1. Faça o levantamento das expressões que definem a cultura que o orador deve possuir.
2. Identifique a construção presente nessas expressões e justifique o seu uso.
3. Traduza o texto.

1. Atente nas expressões:

a. ius ciuile perdiscendum [est];
b. leges cognoscendae [sunt];
c. omnis antiquitas percipienda [est].

1.1. Torne expresso o agente destas proposições.

1.2. Passe para o plural as expressões **a** e **c**.

A ideia de *dever* expressa através da linguagem perifrástica passiva

A **perifrástica passiva** exprime a ideia de **obrigação**, **dever** e o seu complemento (agente da passiva) exprime-se em **dativo** (ver *Latim 2* , págs. 131-132). Se a frase já tem outro complemento em dativo, o agente da passiva segue a regra geral (ablativo simples ou ablativo regido de a, ab).

Exemplos:

- Hi Libri **mihi legendi sunt** : estes livros devem ser lidos por mim (= eu devo ler estes livros; tenho obrigação de ler estes livros).
- **Mihi colenda est** uirtus: devo praticar a virtude (a virtude deve ser particada por mim).
- **Tironi** res Ciceronis **curandae sunt**: Tirão deve ocupar-se dos assuntos de Cícero.
- Legibus **a nobis parendum** est: devemos obedecer às leis.

Nota:

Acontece que, muitas vezes, a frase cujo verbo está na perifrástica passiva, em latim, tem de ser traduzida para português pela voz activa.

Do mesmo modo, como a ideia de dever é dada pela perifrástica passiva, quando, em português, a frase está na voz activa é necessário, em primeiro lugar, passá-la para a passiva antes de a traduzir para latim.

Exemplo:

– O orador deve conhecer a história = a história deve ser conhecida pelo orador: historia oratori cognoscenda est.

Quando a frase passiva não tem sujeito (impessoal), o gerundivo está no género neutro:

Exemplos:

- Omnibus **moriendum** est: todos devemos (temos de) morrer.
- Nobis **studendum** est: nós temos de estudar.
- **Pugnandum** est: é necessário combater.
- Nobis **pugnandum** est: nós devemos combater.

I. Analise e traduza:

1. Excitanda mens et attolenda semper est. (Quint.).
2. Danda est tamen omnibus aliqua remissio. (Quint.).
3. In emendando quae corrigenda erunt non acerbus minimeque contumeliosus (Quint.).
4. Grammatica quam maximo studio iuuenibus discenda est.
5. Nobis fugiendum est.

II. Escreva em latim:

1. O bom estudante deverá ler todos estes livros.
2. Todos temos de conhecer as leis.
3. Devemos estudar para saber.
4. O professor deve louvar o aluno estudioso.
5. Os pais devem ser amados pelos filhos.
6. Os estudantes de Latim devem conhecer toda a história antiga pela escolha dos bons escritores.
7. Todo o discurso, na opinião de Cícero, não só deve revelar a erudição do orador como ser salpicado de uma certa graça.

2.2. O perfeito orador

2.2.1.

Est enim et scientia comprendenda rerum plurimarum, sine qua uerborum uolubilitas inanis atque inridenda est, et ipsa oratio conformanda non solum electione sed etiam constructione uerborum, et omnes animorum motus, quos hominum generi rerum natura tribuit, penitus pernoscendi, quod omnis uis ratioque dicendi in eorum qui audiunt mentibus aut sedandis aut excitandis exprimenda est. Accedat eodem oportet lepos quidam facetiaeque et eruditio libero digna celeritasque et breuitas et respondendi et lacessendi subtili uenustate atque urbanitate coniuncta.

Cicero, *De Oratore*, I, 5.

2.2.2.

Ac mea quidem sententia nemo poterit esse omni laude cumulatus orator, nisi erit omnium rerum magnarum atque artium scientiam consecutus. Etenim ex rerum cognitione florescat et redundet oportet oratio; quae, nisi subest res ab oratore percepta et cognita, inanem quandam habet elocutionem et paene puerilem.

ib., I, 6.

1. Precise o modo do período hipotético iniciado em *Ac mea quidem sententia...* .
2. Como deve ser, segundo Cícero, o perfeito orador?
3. Que características deve apresentar o discurso?

1. Atente na frase:

Ipsa oratio conformanda est non solum electione sed etiam constructione uerborum.

1.1. Reescreva-a no plural.

1.2. Faça-a anteceder de *Cicero dicit* e efectue as transformações necessárias.

III. A difusão da cultura

1. O papel dos escravos gregos

Na divulgação da cultura grega em Roma tiveram papel importante os escravos. Como vimos, começaram cedo, muito antes do século II a.C., os contactos dos romanos com o povo e a cultura da Grécia. Mas, foi depois da conquista das cidades da Magna Grécia que essa influência se intensificou. Muitos prisioneiros de guerra, homens cultos, são levados para Roma como escravos. Um deles, de quem já falámos (ver pág. 11) foi Lívio Andronico que viria a tornar-se figura de relevo na Literatura.

Os escravos gregos cultos vão depois ser mestres dos filhos do seu senhor e, quando libertos, distinguem-se em profissões várias, tornam-se professores, fundam escolas e exercem uma acção notável nos meios cultos do seu tempo. Foi, pois, muito significativo o seu contributo para a difusão da cultura helénica entre os Romanos.

Na realidade, no século I, há, entre os escravos que habitam nas grandes cidades muitos de nível intelectual bastante elevado, comparável ao dos homens livres. Muitos trabalhadores intelectuais pertencem à classe servil: são escribas, secretários, gramáticos, retores, bibliotecários. As casas dos Romanos mais ricos, a começar pelo palácio imperial, têm mesmo um *paedagogium* (escola de escravos) que dá às crianças, filhas dos escravos da casa, uma educação semelhante à dos filhos do senhor. Vemos uma evolução no tratamento dos escravos que deixam de ser *res* para se tornarem amigos, companheiros – encontramos essa 'humanização' nos textos de Séneca e nos epigramas de Marcial mas, e mesmo antes, nas cartas de Cícero ao seu escravo Tirão (cf. supra, pp. 118).

2. A divulgação das obras literárias

Não há certezas quanto ao aparecimento do livro para divulgação das ideias. Encontram-se referências de épocas bastantes recuadas que nos levam já a pensar na existência do livro. Cícero, nas Filípicas faz alusão a uma *taberna libraria*, no Forum.

É em Catulo que encontramos, como introdução ao seu livro de poemas, uma primeira referência concreta ao livro e sua publicação.

Cui dono lepidum nouum libellum
arida modo pumice expolitum ?
Corneli, tibi: namque tu solebas
meas esse aliquid putare nugas,
iam tum cum ausus es unus Italorum
omne aeuum tribus explicare chartis
doctis, Iuppiter, et laboriosis.
Quare habe tibi quidquid hoc libelli,
qualecumque, quod, o patrona uirgo,
plus uno maneat perenne saeclo.

Catulo, I.

A quem hei-de dedicar este gracioso livrinho,
acabado de polir com a seca pedra-pomes?
A ti, Cornélio, pois tu costumavas
julgar que as minhas bagatelas valiam alguma coisa,
já nesses tempos em que foste o primeiro dos Italianos a ousar
desenrolar cronologicamente toda a história em três volumes,
sábios e trabalhosos, por Júpiter.
Por isso aceita este livrinho, por pouco valor que tenha,
e que ele, ó Musa minha patrona,
perdure mais de um século.

(Trad. de Ema Barcelos, Porto Editora, 1975)

O livreiro ou *bibliopola* faz a reprodução do livro e encarrega-se da sua distribuição e venda. No entanto, não era muito usual o escritor pôr o seu livro à venda pois que a obra literária era considerada um dom gratuito. O autor fazia, muitas vezes, as suas próprias cópias, normalmente através de libertos de origem grega, os *librarii*, que depois enviava aos amigos pedindo opiniões e correcções. Os autores privilegiam o envio do livro a amigos ou a pessoas importantes mais do que a sua venda. Desse modo se fazia a difusão da obra literária que chegava às províncias, mesmo às mais afastadas.

Mas, os editores aumentam progressivamente no século I porque aumenta a importância dada ao livro. Conhecemos pelo nome alguns deles, referidos pelos autores das obras: os Sosii, editores de Horácio; Dorus, contemporâneo de Cícero e de Tito Lívio; Tryphon e Atrectus, editores de Marcial. As lojas dos livreiros são agrupadas no bairro de Argileto, no Vicus Tuscus, em locais privilegiados pela afluência de gente, perto do Forum ou do Circus Maximus.

No século I, o livro era em papiro, material frágil mas mais acessível que o pergaminho. Plínio o Antigo fala-nos das técnicas de fabrico e das diferentes categorias de papiro. Havia ao todo nove categorias diferentes, da mais luxuosa à mais vulgar. O melhor papiro tinha o nome de *Augustus*. Utilizava-se também o pergaminho, mas, pelos custos mais elevados, era mais raro e só no fim do século III d.C. veio a substituir definitivamente o papiro. Em pergaminho foram feitas obras de grande vulto como a Ilíada e a Odisseia, a obra completa de Virgílio, os 142 livros da História de Tito Lívio e os 15 livros das Metamorfoses de Ovídio. Este material permitia também a realização de obras de formato mais pequeno que podiam mais facilmente ser levadas em viagem.

O preço do livro varia: de 20 sestércios para uma edição de luxo a 4 sestércios para uma edição mais corrente (como elemento de comparação, sabemos que o preço médio de um *modius* de cereal variava entre 2 e 4 sestércios e que a plebe frumentária de Roma recebia 5 *modii* de cereal por pessoa, por dia). Os manuscritos originais ou obras antigas atingiam preços bastante elevados. Aulo Gélio (séc.II d.C.) conta que um exemplar antigo do segundo livro da *Eneida* foi comprado por 2.000 sestércios e Plínio o Jovem menciona a oferta de 400.000 sestércios, feita por Larcius Licinius ao seu tio Plínio o Antigo, pelos 160 cadernos das suas notas.

Porém, contrariamente ao que acontece na actualidade, o sucesso do livro não significava grande lucro para o seu autor. É que os direitos de autor não existiam. O livreiro que comprava o original era, a partir daí, dono dele. Por isso, embora os seus livros fossem um êxito de vendas, o autor continuava pobre. Exemplo disso é o poeta Marcial que constantemente se queixa, nos seus epigramas, de viver na miséria. Do sucesso de vendas, o autor tira apenas a glória pois sai do anonimato, não cai no esquecimento. E a glória podia despertar a atenção de protectores. Esse é o único benefício que o escritor espera da venda dos seus livros.

Mas, a primeira divulgação de uma obra era feita em círculos fechados, nos cenáculos intelectuais, nas leituras públicas (*recitationes*), no envio pelo autor às pessoas da suas relações. Só depois de comentado, emendado e corrigido o livro era então "editado".

As reuniões intelectuais tornam-se frequentes, a partir de certa altura. Os jardins das grandes casas de romanos ricos e interessados na cultura reúnem amigos que comungam dos mesmos ideais para discutir ideias, ler poesia, falar de filosofia. As *uillae* situadas no campo, em regiões aprazíveis, ou à beira-mar são locais privilegiados para o *otium* literário. Recordemos a *uilla* de Cícero, em *Tusculum* que é o cenário de um famoso tratado filosófico – as *Tusculanae Disputationes* .

2.1. As *recitationes*

As ***recitationes*** foram introduzidas por Asínio Polião, o protector de Virgílio, e integraram-se perfeitamente no espírito romano, numa sociedade em que a educação do jovem consistia, essencialmente, em fazer dele um bom orador. Estas leituras públicas foram uma forma de divulgação da obra literária e tornaram-se habituais.

Eram feitas na própria casa do escritor, no seu pequeno escritório, para um grupo restrito de amigos, ou num grande *auditorium* na casa própria, nos escritores de classes sociais ricas, ou numa sala alugada, para os escritores de menos posses. Por vezes, a assistência era atraída não tanto pela qualidade da obra como pelo renome do escritor. E, se o escritor pertencia a uma família influente, se tinha um bom círculo de amigos e conhecidos, a leitura pública das suas obras era, certamente, mais concorrida.

Com o tempo, as *recitationes* transformaram-se em reuniões sociais, sem interesse intelectual, um divertimento, um passatempo, uma distracção (veja o texto de Plínio em *Latim 2*, pág.341). Escritores como Horácio afirmavam ter vergonha de ler em público as suas obras e preferiam enviá-las aos amigos, com o pedido de as comentarem, corrigirem, emendarem. Não esqueçamos o preceito deste autor de guardar os escritos durante nove anos antes de os tornar públicos.

Textos

1. *Crítica a um mau recitador* :
Quem recitas meus est, o Fidentine, libellus;
sed male cum recitas, incipit esse tuus.

Marcial, *Epigramas* , I, 38.

2. Plínio fala da sua leitura do *Panegírico de Trajano* :

"Senti não pequeno prazer pelo facto de, quando, querendo ler este livro aos amigos, prevenidos não por cartas ou programas, mas só no caso "de não ser incómodo" e "de não terem mais que fazer" (nunca se está completamente desocupado em Roma, nem deixa de ser incómodo ir ouvir ler), e estando ainda por cima uma tempestade horrível, acorrerem durante dois dias e, como eu quisesse, por modéstia, pôr termo à leitura, exigiram que acrescentasse um terceiro dia. Deverei julgar que esta honra foi dada a mim ou às letras? Prefiro que o tenha sido às letras, que, quase extintas, recebem alento."

Plínio o Moço, *Cartas*, III, 18 (trad. de Maria Helena da Rocha Pereira)

Faça um comentário aos textos transcritos.

3. As Bibliotecas

As bibliotecas públicas desempenharam papel importante na transmissão e preservação dos textos.

A primeira biblioteca pública foi fundada em Atenas por Pisístrato, no século VI a.C.. Na maior parte das cidades importantes do mundo grego são construídas bibliotecas. As maiores e de maior prestígio são, no entanto, as bibliotecas de Alexandria e Pérgamo. A primeira, fundada cerca de 290 a.C. por Ptolomeu I, foi o centro cultural de todo o mundo antigo, com cerca de 700.000 volumes. Foi destruída em 47 a.C. pelas tropas de Júlio César.

Em Roma, as bibliotecas públicas apareceram tarde. Surgem, em primeiro lugar, as privadas que rivalizavam, em riqueza, com algumas bibliotecas públicas gregas.

A biblioteca de Celsius (Éfeso, séc. II d.C.)

Lúcio Licínio Luculo trouxe para Roma os livros do Reino do Ponto, depois da guerra contra Mitridates e colocou-os à disposição dos interessados na sua biblioteca pessoal, na sua *uilla* de Tusculum . Aqui terá vindo Cícero fazer as suas leituras de filosofia grega, particularmente os escritos dos estóicos. Pela sua arquitectura, as suas galerias e salas de trabalho, a biblioteca de Luculo lembra as de Pérgamo e Alexandria. Também César quis criar uma biblioteca pública, a exemplo da de Alexandria e encarregou Varrão de organizar o plano e fazer o catálogo das obras gregas e latinas. Mas a obra não chegou a ser executada.

Depois da vitória na Ilíria, no ano 39, um particular, Asínio Polião, fundou a biblioteca pública, situada perto do *Atrium Libertatis*, na vizinhança do forum. Constituída por duas secções, grega e latina, esta biblioteca era decorada com pinturas e esculturas, testemunhos da actividade artística da Grécia.

Augusto criou a Biblioteca Octaviana, no ano 33 a.C., e a Palatina nos pórticos do templo de Apolo. Tibério tem uma na sua Casa Imperial. Vespasiano, em 75 d.C., funda uma no Forum da Paz.

A criação de bibliotecas tornou-se um hábito e, no começo do século II d.C., havia em Roma 7 bibliotecas.Também às províncias se estende o hábito de fundar bibliotecas, principalmente junto às termas, uso que mais tarde se estende a Roma. Numa das suas cartas, Plínio o Moço refere a doação de uma biblioteca à sua terra natal, Como. Adriano funda, também, uma biblioteca em Atenas.

Leitura

"Além dos discursos dos filósofos, das declamações dos retóricos e dos alunos, havia as leituras públicas (*recitationes*). A moda foi lançada no tempo de Augusto por Asínio Polião — o mesmo que dotou Roma da primeira biblioteca. Os escritores habituaram-se imediatamente a apresentar as suas obras em público, em sessões para as quais se fazia convites especiais. E, durante todo o Império, eram raros os romanos cultos que não alimentavam ambições literárias (...). As obras começaram a ser cada vez mais pensadas em função da leitura pública; os autores procuram efeitos de conferencista, terminam todos os seus desenvolvimentos com uma *sententia* , uma fórmula contundente, que chama a atenção do auditor e resume o que acaba de ser dito.

As leituras públicas eram, por vezes, organizadas por livreiros empreendedores que por este meio davam a conhecer as novidades ou as "reedições". (...) Em Roma, tanto as livrarias como as salas de declamação eram ponto de encontro dos conhecedores, que discutiam problemas literários; (...). Estas lojas de livreiros situavam-se, naturalmente, perto do Forum: no próprio Forum, no tempo de Cícero, e mais tarde ao longo do Argileto; depois da construção do Forum da Paz, podem ver-se junto das bibliotecas de Vespasiano; os *Sosii* , os maiores livreiros de Roma no tempo de Augusto (eles foram, em particular, os "editores" de Horácio), encontravam-se estabelecidos junto da estátua de Vertumno, à saída do *Vicus Tuscus* para o Forum romano.

Eram estes prazeres que a Cidade oferecia ao escol dos Romanos, à medida que a cultura se ia generalizando. Neste progresso e nesta vulgarização da vida intelectual, o papel dos gregos foi preponderante. Os conferencistas dos *Fora* imperiais eram os mesmos que se faziam ouvir, em outros momentos da sua carreira, nos *agorai* das grandes cidades orientais."

Pierre Grimal, *A Civilização Romana*.

Avalie os seus conhecimentos:

I. A influência grega em Roma – alguns tópicos para reflexão:

1.

"Em Roma, o grego estava sempre presente em toda a parte: comerciantes, desde o século VI, viajantes vindos da Itália meridional, em breve escravos trazidos para o Lácio depois da conquista dos países gregos ou helenizados"

2.

"A chegada a Roma dos filósofos, depois da conquista da Macedónia, fora preparada por um longo período durante o qual prosseguiu a helenização das 'elites' romanas."

3.

"Criou-se, assim, todo um arsenal de conceitos, a partir do modelo dos gregos, mas com variações importantes – e o curso da história determinou que o pensamento ocidental herdasse não directamente os arquétipos helénicos, mas a sua cópia latina."

4.

Nam, si quis minorem gloriae fructum putat ex Graecis uersibus percipi quam ex Latinis, uehementer errat, propterea quod Graeca leguntur in omnibus fere gentibus, Latina suis finibus, exiguis sane continentur.

Cícero, *Pro Archia*, X.

5.

Graecia capta ferum uictorem cepit et artes
intulit agresti Latio;

Horácio, *Epístolas* , II,1.

6.

"As origens itálicas da literatura latina nunca serão renegadas. Certas tendências profundas da raça: o gosto pelo realismo, a curiosidade por todos os aspectos, mesmo pelos mais aberrantes, do humano; e também o desejo de instruir os homens, de os tornar melhores, tudo isso se encontra em todas as épocas nos autores romanos."

Pierre Grimal, *A Civilização Romana*.

Faça um comentário aos textos que acabou de ler e desenvolva o tema de acordo com eles.

II. Caracterize o orador através da leitura do texto seguinte:

De oratore

Nunquam enim negabo esse artes quasdam proprias eorum qui in his cognoscendis atque tractandis studium suum omne posuerunt, sed oratorem plenum atque perfectum esse eum qui de omnibus rebus possit uarie copioseque dicere.

Sed quia de oratore quaerimus, fingendus est nobis oratione nostra detractis omnibus uitiis orator atque omni laude cumulatus.

Cícero, *De oratore* , I, 13, 26.

III. Res libraria hodierna

tabulátum
bibliothéca
lectóres
románica
fábulae criminàles
narrátio de audácibus gestis
narratiónes phantasciéntiae
ephémeris
taeníola
liber
commentárii
nubeculáti libélli
CRONOS

A VIDA ESPIRITUAL DOS ROMANOS

24

- a ***deuotio*** (dedicação aos deuses e à pátria).
- a ***religio*** (consciência da submissão do homem a forças sobrenaturais).
- os valores morais: ***uirtus***, ***pietas***, ***fides***.
- o respeito pelo ***mos maiorum***.

Introdução

A forma como Roma tinha conseguido impor-se, em pouco tempo, aos povos vizinhos, a grandeza que a cidade alcançou eram motivo de espanto para outros povos que procuravam uma explicação para este crescimento e este êxito. Um exemplo dessa admiração pela organização do povo romano encontramo-lo no historiador Políbio, um grego culto, membro da Liga Aqueia, levado como refém para Roma no ano 167 a.C., após a vitória dos romanos sobre Perseu, em Pidna. Políbio esteve largos anos em Roma, foi preceptor dos filhos de Paulo Emílio e resolveu escrever uma história do povo romano para poder contar "de que modo, com que sistema de governo os romanos chegaram em menos de 53 anos a submeter ao seu domínio quase todo o mundo habitado". Com estes 53 anos, Políbio queria referir-se ao período compreendido entre 220 a.C., início da segunda Guerra Púnica e 168 a.C. final da terceira Guerra Macedónica. Considerando isto um "milagre", ele terá, certamente, origem divina e a Fortuna de Roma é a responsável pelo seu destino. No entanto, Políbio não ignora que a intervenção divina utiliza vias humanas para atingir os seus fins.

"E se Roma atingiu tão rapidamente essa espécie de invulnerabilidade que a protege diante dos inimigos, é porque as tradições e os costumes lhe asseguram uma superioridade de facto sobre todos os outros homens: austeridade, disciplina, fidelidade aos compromissos, uma honestidade rígida fazem dela uma cidade única entre todas as outras. Políbio afirma claramente que um grego, mesmo tendo prestado juramento na presença de dez testemunhas, encontra sempre maneira de se livrar, enquanto que a palavra de um romano, "seja ele pretor ou cônsul", será sempre lei.

É bem verdade que esta imagem idílica de um povo virtuoso, na qual se compraziam os próprios Romanos e que eles julgavam ter correspondido aos primeiros tempos, não pode ter sido totalmente verdadeira. Mas também é verdade que os Romanos sempre deram provas de elevadas exigências morais e que, tendo fixado um ideal de virtude, o remeteram para o passado, conferindo-lhe o valor de um mito do qual se esforçavam por ser dignos."

P. Grimal, *op. cit.*

Na origem de todos estes sentimentos e virtudes dos Romanos estava a dedicação à pátria. Era a consciência de que o homem existia para os outros, para os seus deveres: inserido na comunidade familiar, era em relação a ela que se pautava a sua vida; quando no exército, pertence ao chefe e deve servi-lo; como magistrado está ao serviço da cidade e dos cidadãos. A cidade era o imperativo máximo que devia reger a vida do verdadeiro cidadão.

A história de Roma deixou-nos exemplos vários de sacrifícios pela pátria, que eram apresentados como exemplo às gerações mais novas:

– Lúcio Júnio Bruto, responsável pela expulsão de Tarquínio o Soberbo, que pôs fim à monarquia, e que, segundo a tradição, foi cônsul em 509, ficou famoso pelo seu sentido extremo de justiça ao condenar à morte os próprios filhos acusados de tentarem o regresso dos Tarquínios;

– Tarquínio Colatino, cônsul no mesmo ano de Bruto, condenou-se a si próprio ao exílio, retirando-se para Lavínio, porque a sua esposa e o nome que usava eram considerados uma ameaça à liberdade; na realidade, Tarquínio Colatino era sobrinho de Tarquínio Prisco e sua mulher era Lucrécia, violada por Sexto, filho de Tarquínio o Soberbo e que se suicidou depois de revelar ao marido o sucedido; foi este incidente que levou à insurreição que expulsou os Tarquínios de Roma.

– Cúrcio era um outro nome famoso pelo seu sacrifício à pátria: segundo a lenda, em tempos muitos recuados (supostamente no ano 362 a.C.) abriu-se, no forum, uma fenda que nenhum esforço humano conseguira colmatar. Um oráculo terá dito que era necessário que para ela se lançasse a principal força de Roma. Foi então que um jovem soldado, Cúrcio, entendendo o oráculo (a principal força de Roma era a sua juventude), se lançou para a fenda que se fechou imediatamente.

Era este tipo de sacrifício que se denominava *deuotio*.

1. A *deuotio*

A ***deuotio*** (a dedicação aos deuses e à pátria) era um tipo de sacrifício em que a vítima se consagrava, voluntariamente, aos deuses para aplacar a sua ira e restabelecer a ordem no mundo. Praticada muitas vezes pelos guerreiros, a *deuotio* representava para os romanos um gesto quase natural.

2. A *religio*

A ***religio*** (consciência de que o homem está submetido a forças sobrenaturais) era, inicialmente, um sentimento bastante vago, instintivo, uma espécie de intuição supersticiosa. O romano sentia quando os deuses estavam ou não favoráveis a determinada actuação dos homens e regia todos os seus actos de acordo com a vontade divina. Por toda a parte os Romanos imaginavam a presença de poderes sobrenaturais. Até mesmo os mortos voltavam à vida e o seu espírito tinha de ser apaziguado com determinados ritos. Eram os *manes*, os antepassados da família. Havia ainda os *lares* e mesmo, como acreditavam, para cada casa um *genius* , uma divindade protectora.

Os sacrifícios, na religião particular ou no culto oficial, tinham sempre a mesma intenção – manter a ordem estabelecida cumprindo as cerimónias sem as quais se romperia o equilíbrio sempre instável entre o humano e o divino.

No final da República, os cultos tradicionais entravam em decadência sob a influência das ideias filosóficas trazidas pela influência grega.

O epicurismo afirmava que os deuses não se ocupavam dos homens. Isto punha em causa o culto, toda a *deuotio* de outros tempos. A sociedade, essencialmente a camada intelectual, culta, torna-se céptica e acha que a religião é própria da gente vulgar, inculta. O povo, de igual modo, abandona aos poucos os cultos tradicionais. Há mesmo um certo abandono dos templos que começam a cair em ruína, e algumas festas tradicionais deixam de realizar-se. Outros cultos, no entanto se vão impondo.

(Sobre a Religião Romana recorde o que foi dito no 11.º ano, *Latim 2*, pág. 281 e seguintes)

3. Textos

"**PIETAS** est uirtus quae exerceretur et erga homines cognatos, nempe parentes, et erga deos.

Eam a religione distinguit Cicero. Iustitia erga deos **religio** est, erga parentes pietas nominatur.

Sanctitas definitur scientia colendorum deorum."

3.1. Estarão os deuses preocupados com a vida dos homens?

"Cicero libris de deorum natura, triplicem de diis dicit esse opinionem. Deos non esse: cuius rei auctor apud Athenas exustus est. Esse et nihil curare: ut Epicurei. Esse et curare: ut Stoici."

Sunt enim philosophi, et fuerunt, qui omnino nullam habere censerunt humanarum rerum procurationem deos. Quorum si uera sententia est, quae potest esse pietas? Quae sanctitas? Quae religio? Haec enim omnia pure atque caste tribuenda deorum numini ita sunt, si animaduertuntur ab his, et si est aliquid a diis immortalibus hominum generi tributum. Sin autem dii neque possunt nos iuuare, neque uolunt; nec omnino curant; nec, quid agamus, animaduertunt; nec est, quod ab his ad hominum uitam permanare possit; quid est, quod ullos diis immortalibus cultus, honores, preces adhibeamus?

Cícero, *De natura deorum*, I, 2.

1. Qual o pensamento dos filósofos de que nos fala o texto?
1.1. Identifique essa escola filosófica.
2. Tendo em conta essa atitude filosófica, que interrogações coloca Cícero?
2.1. Qual deve ser, nesse caso, a posição dos homens em relação aos deuses?
3. Divida as orações no primeiro período do texto.
4. Justifique o modo da forma verbal *agamus* .
5. Traduza o texto.

3.2. Quem é Deus?

Roges me, quid, aut quale sit deus; auctore utar Simonide, de quo cum quaesiuisset hoc idem tyrannus Hiero, deliberandi sibi unum diem postulauit. Cum idem ex eo postridie quaereret, biduum petiuit. Cum saepius duplicaret numerum dierum, admiransque Hiero requireret, cur ita faceret: quia, quanto, inquit, diutius considero, tanto mihi res uidetur obscurior.

Cícero, *De natura deorum*, I, 22.

1. O texto começa com uma interrogativa.
1.1. Qual a questão que é posta?
2. De que "auxiliar" se serve o autor para responder à pergunta?
3. Qual o significado da resposta?
4. Faça o levantamento das orações subordinadas do texto e classifique-as.

4. Os valores morais : Virtus, pietas e fides

Virtus, *pietas* e *fides* (disciplina, respeito, fidelidade aos compromissos) constituem a trilogia fundamental que domina a vida do romano (a vida militar e familiar, a economia e a sociedade). Estes eram os principais valores morais, o ideal do romano.

A religião, não sendo o fundamental destas virtudes, vem garanti-las. No pensamento dos romanos, a manutenção da ordem, a prática de leis justas e das verdadeiras virtudes são essenciais para a harmonia da vida, que garante a preservação de uma cidade e evita o seu declínio.

A moral tem, para os Romanos, também um aspecto prático – é a base da sobrevivência. Os romanos acreditavam que com sabedoria e disciplina conseguiam lutar contra as vicissitudes da vida. Esta era a base da manutenção de um *imperium* que procura a integração de todos os seus cidadãos, originários de povos tão diferentes, num mesmo sistema de direitos e deveres.

Em que consistia, então, cada um destes valores?

4.1. A *uirtus*

Virtus, Albino, é atribuir o verdadeiro preço
às coisas no meio das quais nos encontramos, com que vivemos,
virtus é para um homem saber o valor de cada coisa,
virtus é saber o que para o homem é recto, o que é útil, honesto,
o que é bom, como o que é mau, o que é inútil, feio, desonesto;
virtus é saber marcar o termo e medida ao ganho,
virtus é ser capaz de fixar o valor das riquezas,
virtus é dar aquilo que por si só é devido à honra,
ser adversário e inimigo dos homens de costumes maus,
e, ao invés, defensor dos homens e costumes bons,
a estes prezá-los, a estes querer-lhes bem, ser seu amigo;
e, além disso, pôr em primeiro lugar o bem da pátria,
em segundo o dos pais, e, em terceiro e último, o nosso.

Lucílio (séc.II a.C.) – trad. de Maria Helena da Rocha Pereira, *Romana*.

A *uirtus*, qualidade própria do *uir*, tornava o homem respeitado em vida e recordado na morte. Era um conjunto de virtudes das quais sobressaía a coragem, posta à prova, por exemplo, pelo guerreiro, tantas vezes experimentada pelos romanos ao longo das suas guerras de conquista e de defesa. O Triunfo dos generais vencedores era a celebração dessa *uirtus* e as *imagines* dos antepassados que as famílias tinham nas suas casas pretendiam perpetuar essas virtudes dos seus maiores.

4.2. A *pietas*

A **pietas** manifestava-se para com os deuses, a família, a cidade, os semelhantes. Era a atitude que consistia em observar os ritos sagrados, era o respeito para com os deuses, que separa o divino do humano, o mundo material e o imaterial, colocando cada um no seu lugar.

Mas, a *pietas* é também o respeito do filho pelo pai a quem deve obediência. Mais tarde, este sentido de *pietas* alarga-se à própria cidade e a todos os seres humanos. É a base do *ius gentium* que impõe deveres mesmo para os estrangeiros.

Eneias e Anquises
(c. séc. V a.C.)

Eneias é o exemplo máximo. Ele é ***religiosus*** e ***pius*** porque honra todos os deuses (mesmo Juno), porque obedece, fielmente, à vontade divina e nada faz sem consultar os deuses. Por isso chega ao fim da sua missão. Ele, que nunca esquece o agradecimento aos deuses, é ajudado por eles porque cumpre todos os preceitos que lhes são devidos: oferece libações, sacrifícios e frequentemente os invoca.

A *pietas* de Eneias manifesta-se também em relação ao pai Anquises pois é em torno do *paterfamilias* que tudo gira: o amor, o respeito, o dever de protecção e ajuda. Eneias é, pois, o herói superior, pelo seu valor guerreiro, pela sua *uirtus* , pela sua *pietas*, pelo seu amor por todos os seus. Ele que põe o dever acima dos interesses pessoais, os interesses de todos acima dos particulares, ele que estima, em alto grau, o valor da família, da pátria, dos deuses. Em Eneias se concentram as virtudes e os ideais do povo romano.

Textos

1.

"Que os deuses – se os numes têm cura dos piedosos, se algures
existe a justiça e a consciência do bem,
te dêem o merecido prémio.... "

Eneida, I, 603-605 (trad. de Maria Helena da Rocha Pereira, *op.cit.*).

2.

"Então o pio Eneias rasga a veste que tem aos ombros,
clama por auxílio dos deuses e ergue os braços:
– Júpiter omnipotente, se não tens ódio aos Troianos
até ao último de todos, se a tua piedade de outrora olha
pelo humano penar, deixa que as chamas agora
abandonem a armada, e livra da morte os parcos bens dos Teucros"

Eneida, V, 685-690 (trad. de Maria Helena da Rocha Pereira, *op.cit.*).

Veja também, para além de outros textos, na pág. 173, o encontro de Eneias com o pai Anquises, nos Infernos.

3.

No *Somnium Scipionis* (veja pág. 72) Paulo Emílio exorta Cipião a cultivar as virtudes maiores dos Romanos:

Sed sic, Scipio, ut auus hic tuus, ut ego, qui te genui, iustitiam cole et pietatem, quae cum magna in parentibus et propinquis, tum in patria maxima est; ea uita uia est in caelum et in hunc coetum eorum, qui iam uixerunt et corpore laxati [1] illum incolunt locum, quem uides, (erat autem is splendidissimo candore inter flammas circus elucens), quem uos, ut a Graiis [2] accepistis, orbem lacteum [3] nuncupatis [4]; ex quo omnia mihi contemplanti praeclara cetera et mirabilia uidebantur.

Cícero, *Somnium Scipionis*, III.

Notas:

[1] *corpore laxati* : libertos da prisão do corpo;

[2] = *Graecis*; *Graius* é forma poética e utilizada com a ideia de respeito e veneração;

[3] a Via Láctea: segundo Plutarco, era devida ao reflexo do calor da terra; para Possidónio, à emanação do calor celeste; Teofrasto vê nela a conexão das duas partes do globo celeste;

[4] vide *nuncupo* (de *nomen* – *capio*): designar pelo nome, denominar, chamar.

1. Explicite o conceito de *pietas* aqui presente.

1.1. Transcreva a expressão mais significativa.

2. Para além dessa exortação, que outro aspecto dos ideais romanos está presente no texto?

2.1. Justifique a resposta anterior com expressões do texto.

4.3. A fides:

A **fides** era uma das manifestações da *pietas*, era o respeito pelos compromissos. A *Fides* era mesmo uma divindade com templo no Capitólio – *Fides Populi Romani* (a Boa-Fé). Ela era essencial nas relações sociais, era a garantia da ordem e da união dos povos. Faltar ao compromisso abala todos os fundamentos. A *Bona Fides* presidia aos contratos entre os cidadãos ou entre os povos.

Texto

O historiador Salústio retrata deste modo as virtudes dos antigos romanos:

"Na paz e na guerra cultivavam-se os bons costumes; a concórdia era máxima, e mínima a avareza; entre eles, o direito e o bem não valiam mais pela força das leis do que pela da natureza. Disputas, discórdias, rixas, exercitavam-nas com os inimigos; os cidadãos lutavam uns com os outros em valor; nas acções de graças aos deuses eram magníficos, parcos em casa, leais para com os amigos. Com estas duas qualidades, a audácia na guerra, a justiça, quando a paz sobrevinha, cuidavam de si e do Estado. De tais factos tenho eu as maiores provas, a saber: que na guerra foram mais vezes castigados aqueles que haviam lutado com o inimigo contra as ordens, e aqueles que haviam tardado a retirar-se do combate, apesar de chamados, do que os que tinham ousado desertar ou, forçados, abandonaram o seu posto; porém, quando em paz, o facto de exercerem a sua autoridade mais pelos benefícios do que pelo medo, e, quando recebiam uma ofensa, preferirem perdoar a perseguir."

Salústio, *Catilina* , IX, 1-5 (trad. de Maria Helena da Rocha Pereira, *op.cit.*).

1. Destaque do texto transcrito as virtudes dos romanos.
2. De que modo se manifestavam essas virtudes?
3. Analise as frases que se seguem e faça-as corresponder à tradução:
   a) domi militiaeque boni mores colebantur;
   b) ciues cum ciuibus de uirtute certabant;
   c) in suppliciis deorum magnifici [erant];
   d) beneficiis magis quam metu imperium agitabant;
   e) ignoscere quam persequi malebant.

3.1. Explicite a construção presente em *domi militiaeque*.
3.2. Identifique a forma verbal *malebant*.

5. O *mos maiorum*

Mas, sobretudo, a vida espiritual dos romanos pautava-se pelo respeito devido às tradições dos seus antepassados, o ***mos maiorum***. Mesmo aceitando todas as influências externas, nunca puseram de parte a tradição.

Textos

1.

"A melhor das heranças que os pais podem deixar aos filhos, mais valiosa do que todo o património, é a glória da sua virtude e dos seus feitos, glória à qual deve ter-se por crime e injúria maculá-la."

Cícero, *Dos Deveres* (trad. de Maria Helena da Rocha Pereira, *op. cit.*).

2.

As virtudes ancestrais

"Eu logo desde o começo gastei toda a minha adolescência na frugalidade, na dureza e no labor, trabalhando nos campos, nas rochas da Sabina, limpando-os de pedra e semeando-os."

Catão – século III-II a.C. (trad. de Maria Helena da Rocha Pereira)

Leitura

"Muitas reformas de Augusto, tanto políticas como religiosas, respondem a esta concepção do homem excepcional, encarregado de uma missão pela divindade e desejoso de assegurar o equilíbrio ameaçado pelos excessos que surgem de todo o lado. Assim, Augusto esforçou-se por restaurar os antigos valores morais, por restringir o luxo dando ele próprio o exemplo da simplicidade, por restituir solidez ao casamento ameaçado pelo mau comportamento generalizado e pela prática abusiva do divórcio, dignificando os velhos cultos caídos em desuso e protegendo Virgílio que pregava a santidade da vida rústica, asilo de pureza e de simplicidade. O principado de Augusto surge como uma tentativa de retrocesso, mas justificando por todos os meios possíveis a restauração daquilo que, no passado, não fora mais do que instinto e feliz destino dos Romanos."

Pierre Grimal, *op. cit.*

6. Família, Estado, Religião

O que vimos sobre o culto da tradição mostra como os romanos apreciavam a segurança, a estabilidade e a permanência de todas as coisas. A família era a base da sociedade. Por isso o Estado se apoiava na estabilidade familiar. É na família que o cidadão inicia a sua educação, é aí que ele aprende a respeitar os valores do passado, no respeito pelo *paterfamilias*, no culto aos deuses domésticos a que este presidia. A primeira educação pertence ao pai. A organização do Estado parte desta organização familiar.

A união das *familiae* constitui a *gens* e destas sairão as *curiae* governadas pelo *rex*, o chefe de todos. O rei era, ele também, o chefe da religião oficial. (Recorde o que estudou em *Latim 1* e em *Latim 2* sobre a Organização do Estado e sobre a religião). O povo participa nas decisões através dos seus órgãos representativos, os *comitia*. Deste modo, Familia e Estado estavam sempre ligados.

A religião estava presente em todos os actos oficiais. Nada se começava sem oferecer sacrifícios aos deuses, os áugures eram consultados antes de tomar qualquer decisão. O calendário religioso era um elemento importante na vida da cidade. A religião tinha lugar em todas as manifestações particulares ou oficiais. Os cônsules eram sacerdotes e áugures. Estes eram os intérpretes da vontade divina em relação aos assuntos públicos. Os sacerdotes *fetiales* estavam encarregados de cumprir as formalidades ligadas aos tratados de paz bem como à declaração de guerra.

O próprio Augusto foi áugure e preocupou-se com a restauração de alguns cultos, com a construção de templos, com a realização de jogos e festas religiosas. Família, Estado, Religião constituíam uma trilogia com laços muito estreitos entre si. O poder era considerado sagrado e instituiu-se o culto imperial, símbolo da união e do respeito devido à pátria e àquele que a representava – o imperador. Já Júlio César foi objecto de um verdadeiro culto e, depois da sua morte, foi-lhe mesmo consagrado um templo. Roma, com a sua organização, as suas leis, apresenta-se ao mundo como um símbolo. Tal organização era, além disso, a segurança das fronteiras contra as investidas dos bárbaros. E Roma foi também divinizada, foi-lhe consagrado um templo.

Augusto, nas *Res Gestae* afirma "ter restituído a liberdade ao Estado oprimido pelo domínio das facções" e fundamenta toda a sua actividade e o seu principado sobre a *libertas*. Como símbolo máximo inscreve no frontão do novo regime o termo mágico da *grauitas* romana – o *mos maiorum*.

Em 27 a.C., o Senado oferece-lhe um escudo de ouro onde estão gravadas as virtudes do *princeps*: *uirtus*, *clementia*, *iustitia*, *pietas*.

No século II d.C. o culto ao imperador atingiu o auge. Ele considerava-se *dominus et deus* e apresentava-se como a imagem do deus Sol. Com o cristianismo a Igreja ganhou predomínio sobre o Estado pois os reis exerciam o seu poder por graça de Deus. (cf. *Latim 12.º* – DGES)

Augusto e Roma.
Camafeu (c. 25 a.C.)

Leituras

A divinização do Imperador

"Por instigação de Lívia, Augusto fez criar, pelo Senado, duas novas divindades, a deusa Roma, que personificava o princípio do Império Romano, e o semideus Júlio, o herói guerreiro, a apoteose de Júlio César. Ainda em vida deste lhe haviam prestado honras divinas no Oriente: o não havê-lo recusado foi uma das causas da sua morte. Augusto sabia que a religião estabelece entre as províncias e a cidade um elo muito mais forte do que o temor ou o reconhecimento. Após uma longa estada nô Egipto e na Ásia Menor, sucedia, mesmo, aos Romanos porem-se a adorar os deuses que por lá encontravam e esquecer os seus. Por outro lado, Roma erigira magníficos templos, na cidade, a divindades estrangeiras, tais como Ísis ou

Cíbele. Nada mais justo que, por sua vez, ela implantasse nas cidades conquistadas alguns dos seus deuses.

Restavam os habitantes das províncias que não tinham a sorte de ser cidadãos romanos. Lívia fê-los enviar delegações a Roma, para reclamar um deus romano a que eles tivessem o direito de adorar. A conselho de sua esposa, disse Augusto ao Senado, num tom meio sério, meio jocoso, que não se podia admitir àquela pobre gente que adorasse divindades superiores, como Roma e Júlio, mas que, por outro lado, não se lhe podia negar, absolutamente, qualquer espécie de deuses. Neste ponto, Mecenas, um dos ministros de Augusto, propôs: "Dai-lhes um deus que os proteja bem: dai-lhes o próprio Augusto". Augusto tomou um ar de quem se sentia sumamente confuso ante tais palavras, mas reconheceu que a ideia de Mecenas não era má. Porque não adoptar em proveito dos Romanos o costume oriental de prestar aos chefes de Estado honras divinas? "

Robert Graves, *Eu, Cláudio Imperador*. Livraria Bertrand, 1979.

Robert Graves (1895-1985): grande poeta britânico que, nesta obra, considerada uma obra-prima do romance histórico, reconstitui o ambiente que caracterizou os reinados de Augusto e de Tibério.

Os presságios e a política

"Há muitos outros presságios, veneráveis Senadores. Referi apenas aqueles que se verificaram nos dias em que as leis de Marco Lívio Druso foram promulgadas ou ratificadas. Mas dar-vos-ei agora uma nova lista.

Um raio danificou a estátua de Júpiter Lacial, no monte Albano: um presságio terrível. No último dia dos *ludi romani*, recentemente realizados, uma chuva de sangue caiu sobre o templo de Quirino e em mais nenhum sítio. Que tremendo sinal este! As lanças sagradas de Marte mexeram-se. Um tremor de terra derrubou o templo de Marte, em Cápua. A fonte sagrada de Hércules, em Ancona, secou pela primeira vez, e não há seca na região. Uma ravina de fogo abriu-se de repente numa das ruas de Putéolos. Todos os portões das muralhas da cidade de Pompeia fecharam-se sozinhos, súbita e misteriosamente.

E há mais, veneráveis Senadores, *muitos* mais sinais da ira dos deuses! (...)

Reparem os deuses que se manifestaram! A deusa Piedade, a deusa da lealdade e dos deveres familiares. Quirino, o deus das assembleias dos homens *romanos*. Júpiter Lacial, que é o Júpiter latino. Hércules, o protector do poder militar romano e patrono dos generais romanos. Marte, deus da guerra. Vulcano, que controla os lagos de fogo que existem sob a terra italiana. (...)

– Tu não acreditas nos deuses, Marco Emílio? – perguntou Cévola, apavorado.

– Sim, sim, claro que acredito! mas não acredito nas maquinações e nas interpretações de homens que afirmam agir em nome dos deuses! Nunca encontrei um presságio ou uma profecia que não pudesse ser interpretada de duas formas diametralmente opostas!"

Colleen McCullough,
O Primeiro Homem de Roma – Coroa de Erva, Difel, 1992.

Colleen McCullough nasceu em Wellington, na Austrália. Jornalista, professora, segue, depois, a sua verdadeira vocação, a medicina. Dedica-se agora apenas às letras. Mário e Sila são os protagonistas deste "romance" sobre a política da Roma republicana.

Faça um comentário aos textos que acabou de ler.

7. O passado e o presente: tradição e inovação

Leia os textos que se seguem:

7.1.

"O sistema educativo organiza-se de forma a:

a) Contribuir para a defesa da identidade nacional e para o reforço da fidelidade à matriz histórica de Portugal, através da consciencialização relativamente ao património cultural do povo português, no quadro da tradição universalista europeia e da crescente interdependência e necessária solidariedade entre todos os povos do Mundo." (*Lei de Bases do Sistema Educativo* – Princípios Organizativos).

7.2.

"Formar, a partir da realidade concreta da vida regional e nacional, e no apreço pelos valores permanentes da sociedade, em geral, e da cultura portuguesa, em particular, jovens interessados na resolução dos problemas do País e sensibilizados para os problemas da comunidade internacional". (*Lei de Bases do Sistema Educativo* – Objectivos do Ensino Secundário).

1.1. Confronte as ideias aqui expostas em relação à educação actual com o que leu antes sobre os valores dos Romanos e aponte os pontos de contacto e de continuidade encontrados.
2. Parece-lhe que há uma permanência de valores, no nosso tempo?
3. Acha que têm razão os que afirmam haver uma *crise de valores*? Justifique a sua resposta.
4. Enuncie os valores que são, na sua opinião, os ideais do tempo presente.

Sugestão: sobre este tema poderá organizar um debate.

9. A *gloria*

No final do *De Republica – Somnium Scipionis* – (ver pág. 72-73), Cícero fala do desejo de glória, uma ambição que o homem sempre teve e que o leva a praticar feitos heróicos, façanhas que o tornem conhecido e o imortalizem. Todos desejam a imortalidade através das letras. Por isso mesmo, os generais tinham sempre consigo um poeta, um cultor das letras que pudesse contar os seus feitos e perpetuá-los.

Diz Cícero, no seu discurso *Pro Archia poeta*:

"Os próprios filósofos, até naqueles opúsculos que escrevem sobre o desprezo da glória, inscrevem o seu nome: no mesmo lugar onde desdenham do elogio e da fama, eles querem ser enaltecidos e nomeados." (tradução de Louro Fonseca in *Sic itur in Vrbem*) – ver pág. 84

A imortalidade era também procurada através da poesia. Também ao homem de letras era devida a honra de ficar para sempre lembrado pelos seus feitos (ver o poema de Horácio, pág. 208)

Era isto a glória, segundo Cícero:

"Ora a glória suprema e perfeita consta destas três coisas: ser amado pela multidão, ter a sua confiança [1], ser admirado e julgado digno de honrarias [2]."

Cícero, *Dos Deveres* (trad. de Maria Helena da Rocha Pereira, *op.cit.*)

Notas

[1] fides.
[2] honor.

Para mais informação, leia: C.A.Louro Fonseca, *Sic itur in Vrbem*, págs. 339-346.

9.1. Textos

1. A glória do poeta

Se fosse lícito aos imortais prantear os mortais,
as divinas Camenas chorariam o poeta Névio.
Depois que foi entregue ao tesouro do Orco,
já não sabem em Roma falar a língua latina.

Epigrama de Névio (trad.da Maria Helena da Rocha Pereira)

2.

Vereis amor da pátria, não movido
De prémio vil, mas alto e quase eterno;
Que não é prémio vil ser conhecido
Por um pregão do ninho meu paterno.

Camões, *Os Lusíadas*, I, 10.

E ainda, Ninfas minhas, não bastava
Que tamanhas misérias me cercassem,
Senão que aqueles que eu cantando andava
Tal prémio de meus versos me tornassem:
A troco dos descansos que esperava,
Das capelas de louro que me honrassem,
Trabalhos nunca usados me inventaram,
Com que em tão duro estado me deitaram !

id.,ib., VII, 81.

1. Faça um comentário aos textos que acabou de ler, pondo em destaque as diferenças e os pontos de contacto entre o *sentir* dos dois autores.

Pausa...

Avalie os seus conhecimentos:

1. Quais eram as virtudes principais para o povo romano?
2. O que entende por *pietas* ?
2.1. Indique exemplos concretos extraídos dos textos estudados.
3. Em que consistia a *uirtus* ?
3.1. Explicite o valor actual do vocábulo *virtude*.
4. Que significado tinha para os romanos o *mos maiorum* ?
5. Recorde o que foi dito no capítulo anterior sobre a influência grega em Roma e mostre se o *mos maiorum* foi posto em causa.
6. Especifique o conceito de ***gloria*** para o romano e destaque a glória que se alcança pelas letras.
6.1. Dê exemplos extraídos dos textos dos autores estudados.

2. Leia atentamente o texto seguinte:

"Coimbra, 22 de Agosto de 1993 – É optimista. E acredita num Portugal a sair vencedor de todos os atropelos que estão a ser feitos à sua existência real. Confia no génio dos escritores a afirmarem-lhe a língua, na sabedoria do povo a lê-los e a ter consciência dos seus valores espirituais, no patriotismo dos políticos a servi-lo por verdadeiro amor, na preservação da paisagem, na lição da História, a ser ensinada e aprendida. E oponho-lhe todas as dúvidas. O idioma degradado, a população abúlica e cada vez mais inculta, os governantes corruptos e traidores, o meio poluído, o passado inteiramente esquecido por mestres e alunos. Fica na dele. É um dos beneficiários de todos os bens terrenos. Tem saúde, ganha bem, triunfa em cada hora do ano. E a minha visão catastrófica da pátria, onde só colhe mel, não quadra no seu nirvana existencial. Tem a felicidade organizada. Leva-se a sério. Das tantas às tantas, moureja; nas restantes, come, dorme e narcisa-se.

Sofrer, só por acidente. E, até que o céu enegreça de vez, nada de prever e temer trovoadas. Infelizmente, a trovoada armou-se por artes diabólicas, e, quando dermos conta, troveja e caem raios. Já não temos fronteiras marcadas e respeitadas, nem alfândegas de autoridade a verificar o que entra e sai, nem poder de decisão, nem voz própria, nem mesmo liberdade de semear e colher. Nem vontade de trabalhar e viver à nossa custa, e não de mão estendida, como pedintes desavergonhados, de todo esquecidos do que sempre fomos, esforçados, autónomos, remediados, e ufanos da nossa mediania. E ricos, sim, de humanidade e sonho de aventura. E de tudo abrimos mão. Que mais nos falta perder?"

Miguel Torga, *Diário XVI*, Coimbra, 1993.

1. Que valores lusos se estão a perder, na opinião do nosso escritor?
2. Tem a mesma opinião que o autor, ou também é optimista? Justifique a sua resposta.
3. Extraia do texto elementos linguísticos nos quais seja nítida a presença da língua e da cultura latinas.

* * *

Noli longĭus ire. Credo te Romanam uirtutem adhuc non cognouisse.

(in *Saluete*! 4e)

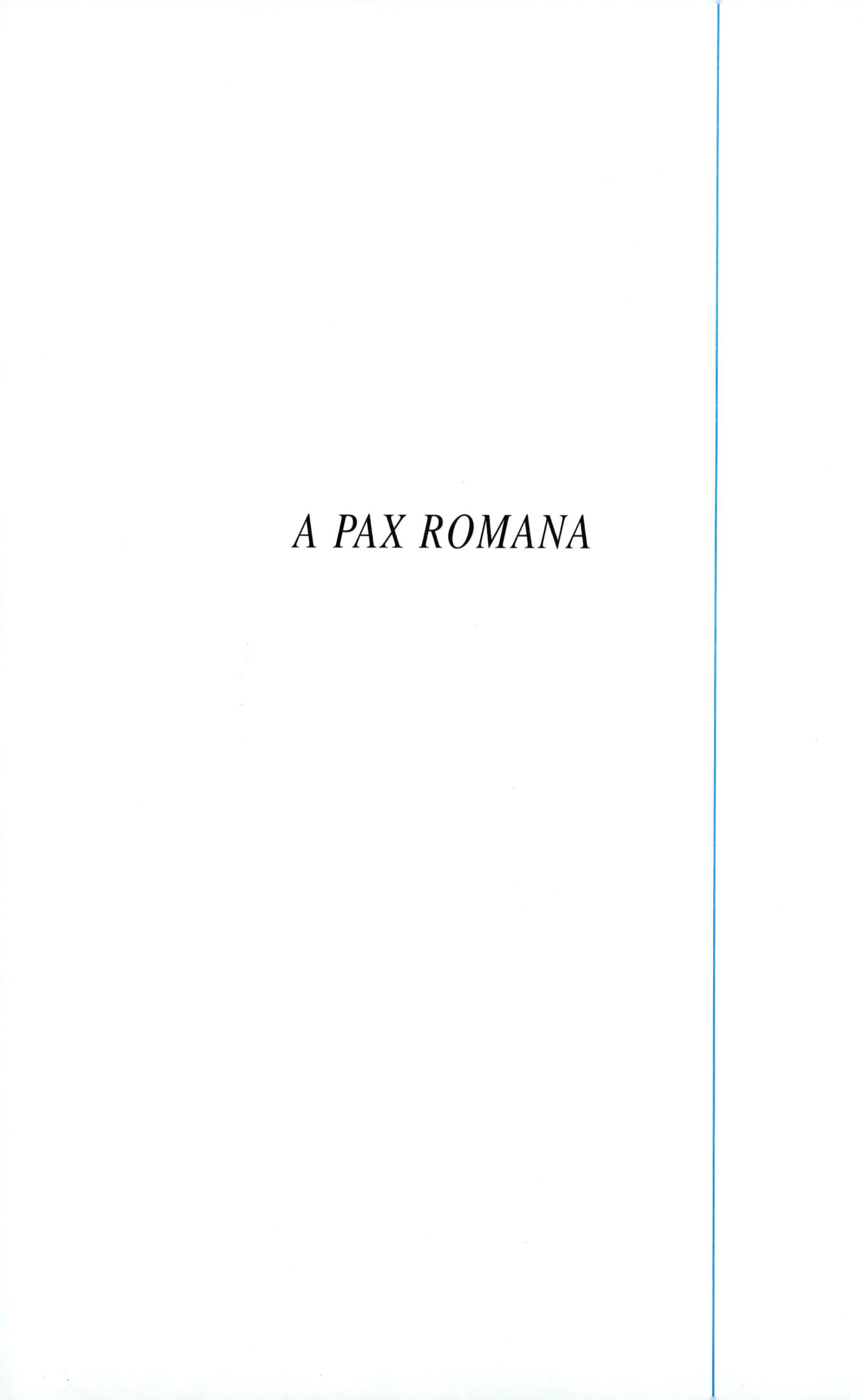

A PAX ROMANA

25

I. a ***pax romana.***

II. a ***humanitas.***

III. a cultura romana e o pensamento cristão – papel do cristianismo na transmissão da cultura clássica.

IV. a ***romanitas.***

I. A Pax Romana

O povo romano foi desde o início um povo de guerreiros. Desde a sua fundação, Roma procura manter-se e expandir-se e, para isso, tem de defrontar os povos vizinhos. Desse modo vai alargando o seu poderio, primeiro na Península Itálica, depois para além dela, até alcançar um vasto império. Vimos como foi longo o percurso de expansão, de dificuldades e de lutas nem sempre bem sucedidas, por vezes com derrotas humilhantes, mas culminando sempre com o triunfo (cf. *Latim 1* e *Latim 2*).

Tirando partido dos contactos com os povos submetidos, os romanos foram enriquecendo a sua cultura com as influências dos outros povos, extraindo dos seus usos e costumes os que achavam convenientes e não punham em causa a tradição dos seus antepassados. Mas, ao mesmo tempo que se deixavam influenciar pelos povos vencidos, não deixavam de insuflar neles as suas tradições, procurando espalhar a civilização pelo que consideravam o mundo da barbárie. Desse modo se foram fundindo e enriquecendo mutuamente os povos, a tal ponto que geraram uma nova civilização feita desta fusão, original e única, entre vencidos e vencedores e que deu origem à nossa civilização ocidental, uma civilização rica de costumes, de tradições, porque síntese de uma cultura feita de culturas várias.

Porém, foi longo o percurso para atingir a paz. O templo de Jano, símbolo da paz e da guerra, tinha as suas portas quase sempre abertas, significando que a cidade estava em guerra. E, para além das guerras externas, Roma tinha de defrontar-se, muitas vezes, com revoltas internas.

É, no entanto, com Júlio César que a cidade parece estar a caminhar para a paz. César procura reorganizar o Estado, depois da desorganização provocada pelas guerras civis, dá direitos de cidadania a outros povos romanizados. Mas, novas convulsões se geram que levam ao assassinato do próprio César. A missão por ele iniciada vai caber a Octaviano, o seu sucessor, aquele que há-de ficar conhecido como Augusto, o primeiro imperador.

Restabelecida a paz interna, pacificadas as fronteiras, Augusto é o motor da organização de uma nova Roma, de prosperidade, de desenvolvimento cultural, artístico, de união entre os povos. As cidades embelezam-se com obras de arte que glorificam a paz, os poetas cantam esta nova era (veja-se Horácio e Virgílio), os deuses estão ao lado da cidade e protegem-na.

"Roma confiara-se à direcção dos deuses, que, segundo uma velha crença, a haviam conduzido de vitória em vitória para formar um vasto império de abundância e bem-estar, onde os homens podiam viver uma vida estável, sob o governo romano, onde se circulava livremente, através da magnífica rede de estradas que esse governo construíra e por onde afluíam os bens materiais e culturais. Tal era a *pax romana* . Esta aparecia como a realização mais completa da missão sagrada de Roma." (in *Latim 12.º*, DGES).

O século de Augusto é, assim, a época de ouro do restabelecimento da paz, do nascimento de uma nova sociedade feita de expressões culturais várias, de restauração das antigas tradições romanas e de fusão das influências várias do exterior no mesmo espírito romano. Era, como o anunciava Virgílio na Bucólica IV, uma nova Idade do Ouro. Havia, por vezes, algumas vozes discordantes em relação a esta confiança na missão civilizadora de Roma, oráculos da desgraça que anunciavam dias maus, o declínio do poderio de Roma, mas isso não abalava a consciência geral da grandeza de um Império e de uma civilização universal por ele confirmada. A própria filosofia dominante, o estoicismo, proclamava a excelência de um Estado dominado por homens sábios, um monarca esclarecido que governava com justiça e igualdade.

A paz e a prosperidade estendiam-se a todas as regiões e é isso que faz do Império greco-romano uma unidade civilizacional frente aos bárbaros. Os habitantes das províncias romanizavam-se voluntariamente. Havia o sentimento de uma comunhão civilizacional que levava a Grécia, por exemplo, a imitar os costumes romanos tal como Roma tinha feito em relação à cultura grega.

Trajano continua esta obra de pacificação, de tranquilidade e segurança dos povos submetidos que está bem patente no *Panegírico de Trajano*, de Plínio o Moço e na coluna triunfal do Forum com o nome do mesmo imperador Trajano.

Os imperadores seguintes, com algumas excepções, continuam a obra iniciada por Augusto. O reinado de Antonino marca o auge da prosperidade e do equilíbrio. (Veja *Latim 2* , págs. 213 e 241).

"O 'poder romano' é uma realidade abstracta de essência jurídica e espiritual, simbolizada, a partir do século I da nossa era, pela "divindade" de Roma, à qual se junta, mas só numa segunda fase, a de Augusto. (...)

Daí resultou, e muito antes do cristianismo, que Roma tivesse sido a mais maravilhosa terra de humanidade que o mundo até então conhecera. A história do direito apresenta muitos exemplos, mas é sobretudo a literatura que fornece mais testemunhos, desde o célebre verso de Terêncio ("sou homem e penso que nada de humano me é estranho") até à invocação do gaulês Rutílio Namaciano que dizia, quando o Império se encontrava ameaçado por todos os lados:

De diferentes nações fizeste uma só pátria;
Os maus, sob o teu domínio, aceitaram a derrota;
Proporcionando aos vencidos a partilha das tuas leis,
Fizeste uma cidade daquilo que até então era o mundo.

O Império Romano desmoronou-se; o seu esqueleto administrativo não resistiu ao gigantesco processo das invasões, a sua faculdade de renovação deteriorou-se, as suas províncias isolaram-se como reinos, o mundo abriu-se mais para terras então desconhecidas, que romperam o equilíbrio, mas a própria ideia de Roma subsistiu como mito vivificante, o de uma pátria humana cuja história mostrou não ser um sonho impossível."

P. Grimal, *op. cit.*, p. 279.

II. A humanitas – uma síntese equilibrada das virtudes tradicionais romanas e do humanismo universal grego.

O povo romano, de origem rural, manteve um espírito formado no contacto com o campo e os trabalhos da terra. Por isso, na primitiva sociedade romana, a noção de ideal para o homem andava ligada ao homem do campo, às virtudes próprias do agricultor: a ***grauitas***, a ***seueritas***, a ***parsimonia*** . Estas as virtudes que todo o bom Romano devia procurar alcançar.

Mas, com o passar dos anos, o engrandecimento da Cidade e o contacto com os Gregos, os ideais do Romano foram evoluindo ainda que não tenham desprezado as virtudes ancestrais. Catão, o Censor torna-se um grande defensor dos antigos costumes contra as influências externas. Ele próprio foi militar e homem do campo, austero, trabalhador, lutador incansável contra a corrupção dos costumes cujas causas atribui à influência grega. No entanto, a oposição de Catão e outros não conseguiu impedir o desejo do Romano de se cultivar. Assimilaram a cultura grega e adaptaram-na aos seus próprios costumes.

Assim, apelidavam de ***humanus*** o comportamento do homem educado, bondoso. A ***humanitas*** é, pois, a bondade, a cortesia, a

Templo de Adriano em Éfeso

cultura intelectual. Este é o novo ideal de educação, ainda que não devam pôr-se de lado as antigas virtudes.

No *Pro Archia* , Cícero proclama o valor da cultura, da *humanitas* (a paideia dos Gregos) o que constitui algo de novo e surpreendente, no seu tempo.

No contexto em que Cícero a entende, a cultura tem o seu fundamento na *paideia* grega e abrange as letras, a música e a ginástica. É nestes três campos que se desenvolve a cultura do homem livre. Por isso se chama *humanitas* a estas artes, as *artes humanae* ou *artes ingenuae* ou *artes liberales*. No primeiro ramo, o das letras, estão abrangidas quatro matérias: gramática, retórica, filosofia e poesia – as *optimae artes*. As letras, especialmente a poesia, são os meios de cultivar o espírito, são fonte de inspiração e prometem a glória. No entanto, é também necessária a perfeição moral: a perfeição, a benevolência, a cortesia, o amor, o respeito para com os outros. Estas virtudes levam o homem a procurar, não apenas o seu bem mas também o da sua comunidade. É esta tríplice perfeição – intelectual, moral e política – que constitui, para Cícero a *humanitas* e que ele propõe como ideal educativo.

No ano 60 a.C., Cícero escreve a seu irmão, então governador da Ásia e dá-lhe conselhos sobre o modo como tratar aqueles que lhe estão subordinados (cf. supra p. 122-123). O chefe, diz ele, deve mostrar-se cheio de *humanitas* , não deve ser arrogante nem cruel. Que a sua humanidade leve aos gregos a *humanitas*, de que eles foram os criadores, e assim a sua província viverá na concórdia (Ad Q.Fr.,1, 1). Mais tarde, Plínio o Jovem numa carta a um governador da Bética diz que o governador deve tratar aqueles que estão sob a sua administração com muita familiaridade, com *humanitas*, mas respeitando as desigualdades sociais.

Nesta concepção de cultura, nota-se a influência da filosofia helénica quando se define claramente:

"a concepção de ***humanitas***, a ideia de que o simples facto de pertencer à espécie humana constituía um verdadeiro parentesco, semelhante ao que ligava os membros de uma mesma *gens* ou de uma mesma cidade e criando deveres de solidariedade, de amizade ou pelo menos de respeito. Para nós, a *humanitas* faz a sua aparição nos textos literários, com uma frase famosa de Terêncio que, no *Heautontimoroumenos* (*O Carrasco de Si mesmo*), diz pela boca de uma das suas personagens: "Sou homem e nada do que é humano me é estranho." Talvez Terêncio se limitasse a traduzir um verso de Menandro, seu modelo, mas não é certo. De qualquer modo, é interessante verificar que este dito foi retomado, meditado, comentado por muitos escritores latinos e sempre enriquecido. Transformaram-no na fórmula de uma espécie de justiça universal: a *ciuitas romana* alargou-se para *ciuitas humana* . É legítimo pensar que a fórmula dos filósofos gregos não teria adquirido esta eficácia se os Romanos não lhe tivessem conferido a expressão de um sentimento que traziam dentro de si de forma latente e que subitamente se viu iluminado pela revelação vinda do Oriente."

P. Grimal, *op.cit.*, p. 70.

Leitura

"Sim, Atenas continuava a ser bela e eu não lamentava ter imposto à minha vida disciplinas gregas. Tudo o que em nós é humano, ordenado e lúcido nos vem delas. Mas acontecia-me dizer a mim mesmo que a seriedade um pouco pesada de Roma, o seu sentido de continuidade, o seu gosto pelo concreto haviam sido necessários para transformar em realidade o que continuava a ser na Grécia um admirável conceito do espírito, um belo impulso da alma. Platão escrevera a *República* e glorificara a ideia do Justo, mas éramos nós quem, instruídos pelos nossos próprios erros, se esforçava penosamente para fazer do Estado uma máquina apta a servir os homens, correndo o menor risco possível de os esmagar. A palavra filantropia é grega, mas é o legista Sálvio Juliano e eu quem trabalha para modificar a miserável condição do escravo. A assiduidade, a previdência, a atenção ao pormenor corrigindo a audácia dos panoramas de conjunto tinham sido para mim virtudes aprendidas em Roma."

Marguerite Yourcenar, *Memórias de Adriano*, Lisboa, Ulisseia, 1981

III. O contributo do cristianismo

O contributo do cristianismo para a difusão da língua latina e da cultura clássica foi importantíssimo. Escrevendo em latim, os autores cristãos mantiveram viva a língua e deram-lhe nova vitalidade. Enriqueceram-na com vocábulos novos, com outros valores semânticos, deram-na a conhecer a outros povos e levaram à sua aprendizagem as camadas incultas da população.

Os primeiros escritores cristãos eram educados, como todos os jovens do seu tempo, nas escolas de gramática e de retórica dos romanos, estudavam os autores clássicos Cícero, Virgílio, Horácio, Séneca e outros. É, pois, natural que sejam influenciados pelas suas ideias, mesmo quando as criticam, e as citações clássicas são constantes em autores como S.Jerónimo ou Santo Agostinho.

As polémicas mantidas entre autores cristãos e pagãos mantêm viva essa tradição. Fazem-se traduções do grego para latim e, escritores cristãos são grandes conhecedores da literatura das duas línguas.

"Do esforço conjugado de escritores cristãos e pagãos resultaria não só a conservação da herança cultural e literária, mas também o seu enriquecimento com novas formas e novos conteúdos, de maior espiritualidade, em especial no que se refere aos cristãos.(...) A exigência moral, o sentido da fraternidade universal e igualdade dos homens qualquer que seja o seu estatuto social, a dignificação da pessoa humana, o sentimento de compaixão e o amor do próximo constituem uma mensagem de alto valor e propiciadora duma vida mais justa e mais digna. A certeza do perdão que a doutrina cristã prometia a todos criava a possibilidade de segurança espiritual, particularmente necessária em tempos inseguros e de crise." (*Latim 12.º*, DGES)

Na sua *Cidade de Deus*, Santo Agostinho faz a síntese da cultura antiga com o cristianismo. Esta obra pode ser considerada a última confrontação do cristianismo com a cultura pagã. Santo Agostinho, focando os aspectos mais importantes, faz um relato de toda a história de Roma e das suas relações com as divindades. Num Império já cristão depois da conversão de Constantino, Santo Agostinho faz, no entanto, a distinção entre esta cidade terrena e a cidade celeste que deve ser o ideal a procurar por todos. Em relação à religião pagã, considera-a algo pueril, pura invenção dos poetas e legisladores ou obra do demónio. Quanto à filosofia, procura em Platão, Cícero e nos neoplatónicos do seu tempo os pontos de contacto com o cristianismo que considera como o culminar de tudo aquilo que os filósofos há muito procuravam. Com Santo Agostinho o cristianismo aceitou a herança da cultura antiga sem, no entanto, abdicar de si mesmo.

E, após a queda do Império, o facto de Roma continuar como sede do mundo cristão vai ser também um elemento de união e sobrevivência cultural, a continuidade do poder aglutinador e unificador da Cidade.

IV. A Romanitas

A palavra foi criada por Tertuliano para designar os costumes e tradições do mundo romano, com a religião pagã em oposição ao cristianismo. Tertuliano, que escreveu numa época de perseguição dos cristãos, era um apologeta, um lutador contra as injustiças praticadas contra os cristãos e, por isso, tornou-se também intransigente em relação à cultura romana. Segundo ele, o cristão não devia misturar-se com o mundo dos pagãos, não devia participar na sociedade regida por leis pagãs. Desse modo, afastava os cristãos de qualquer participação social ou política. Atitude diferente tiveram outros escritores cristãos, especialmente no século IV, quando se dá uma certa fusão entre a cultura romana e o cristianismo. Exemplos marcantes são Santo Ambrósio, S. Jerónimo e Santo Agostinho que reconhecem o valor do passado, continuando assim uma característica bem romana, o respeito pelas tradições.

No fundo, a palavras *romanitas*, embora não usada na época clássica, está patente no conceito de *humanitas*. Uma das expressões máximas da romanidade é a *Pax Romana* que tornou possível a difusão da cultura romana por todo o Império.

"Se há domínio em que a grandeza e poder criador de Roma se revelam, esse é o da edificação. Levantando cidades magníficas, com os seus templos, bibliotecas, teatros, anfiteatros, edifícios públicos, pontes e aquedutos, e transformando regiões desérticas em regiões habitáveis, estabeleceram por toda a parte o bem-estar e a segurança. Estas realizações grandiosas tiveram influência decisiva na aceitação do domínio romano pelos outros povos; foi espectacular a adesão deles à romanidade. O acesso aos direitos de cidadania, que progressivamente se concederam às províncias, tornou-as ciosas das suas novas prerrogativas e orgulhosas da sua qualidade romana." (*Latim 12.º*, DGES, 1980).

A *România* é, assim, um vasto Império que tem o Latim como língua de cultura, como principal elemento unificador. Esta união linguística foi um facto determinante de união das províncias e da continuidade cultural greco-romana. As línguas românicas são o resultado do latim falado em toda a România. Mas, as transformações da língua falada afastam, pouco a pouco, o latim falado nas províncias da língua escrita e do latim culto do tempo de Cícero. A fragmentação do Império do Ocidente depois das grandes invasões do século V origina o início da evolução do latim que se falava nas diversas regiões de que vão resultar as línguas românicas modernas. O *Romance* ou *Romanço* é o nome dado ao conjunto de falares das regiões da România nesta fase de transição.

As línguas românicas, com a cultura que representam, são o símbolo duma civilização feita da assimilação de culturas várias mas sempre com um ponto comum, um centro de união, poderoso elemento unificador — Roma.

A TRADIÇÃO CLÁSSICA

Arco Triunfal do Palácio de Seteais, Sintra. (1802).

26

- Sobrevivência da Cultura greco-romana na civilização ocidental.
- As Línguas e a Cultura Clássicas em Portugal ao longo dos tempos.
- Textos em latim:
  - de carácter religioso;
  - de história da Idade Média;
  - dos humanistas portugueses.
- O latim e a cultura clássica na actualidade.

Da permanência da cultura greco-latina ao longo dos tempos até à actualidade já fomos falando sempre que era oportuno referir a influência da literatura, da cultura e civilização. Veja em *Latim 1* e *Latim 2*, bem como no estudo de Plauto, de Cícero, de Virgílio, de Horácio.

A civilização ocidental, herdeira da cultura e civilização greco-latina manifesta em todos os seus aspectos essa herança e, mesmo tendo em conta a evolução dos tempos e outras influências posteriores, a base é sempre greco-romana e é ela que nos identifica.

Na política e na vida privada, na administração pública e na religião, nos costumes e tradições vemos a todo o momento a presença da civilização que um dia dominou o mundo e a ele impôs a sua maneira de estar e de ver a vida.

Abafada durante alguns séculos depois da invasão dos bárbaros, a civilização greco-romana sobreviveu a todas as vicissitudes dos tempos. Nos seus primeiros séculos, o império era bilingue. Qualquer cidadão, mesmo não sendo muito culto, falava o grego como falava o latim. Mas, com a divisão do Império, foram-se acentuando as diferenças entre o Oriente e o Ocidente. Depois de grandes discussões durante os séculos VIII e IX, a Igreja Cristã dividiu-se, em 1054, quando o Papa de Roma excomungou o Patriarca de Constantinopla considerando a Igreja ortodoxa como herética. Entretanto, o Ocidente ia esquecendo o grego. O latim, porém, sobreviveu através das línguas modernas. A língua latina era a língua oficial da Igreja. A Bíblia era lida e estudada em latim, e todos os livros principais da Igreja e os ofícios litúrgicos eram em latim. Desse modo, o latim era estudado pelos monges e sacerdotes. Mas este era já um latim diferente do latim clássico, menos elaborado, com construções e vocabulário próprios.

No entanto, o latim clássico continuou a ser estudado nas escolas e bibliotecas dos mosteiros onde se encontravam os manuscritos que os monges copiavam. O grego tinha, porém, sido esquecido e, por isso, era costume os copistas, quando encontravam algo em grego, escreverem *graecum est non legitur*.

A cultura clássica chegou até nós através dos autores cristãos, formados na escola clássica, que apreciavam sobretudo a filosofia e procuravam no neo-platonismo e no estoicismo os pontos de convergência com a doutrina cristã.

Carlos Magno restabeleceu o título de imperador romano na Europa Ocidental (ano de 800), com o seu Sacro Império. Ele ordena também o estudo do latim, que se conservou como língua oficial.

Também em Portugal o latim é a língua oficial, e todos os documentos são escritos em latim até ao reinado de D. Dinis, o primeiro rei que ordena que os documentos oficiais sejam escritos em português. Nas escolas, porém, continua a estudar-se o latim pois durante este período de formação das línguas românicas era a gramática latina, eram os textos latinos a base do estudo.

MARCI TVLLII CICERONIS ORATIO PRO Q. ROSCIO AMERINO INCIPIT FELICITER.
CREDO EGO VOS IVDICES MIRARI QVID SIT QVOD CVM TOT

Pagina das *Orações* de Cicero (séc. XV)

O conhecimento da literatura latina perdurou durante a Idade Média. Ovídio era muito apreciado pelos poetas medievais que cantavam o amor. Virgílio era considerado como o maior poeta de todos os tempos. E, com o florescimento das Universidades, o latim e a cultura clássica tiveram um grande "renascimento". Os estudantes falavam latim, discutiam em latim, a língua latina era o veículo de transmissão de ideias entre os povos europeus. O estudo dos autores clássicos ia aumentando nas bibliotecas dos mosteiros pois cada vez se descobriam mais manuscritos. O direito romano era estudado nas Universidades.

Durante o Renascimento Italiano os educadores serviram-se de Quintiliano, os autores de teatro inspiraram-se em Plauto e Terêncio e os arquitectos em Vitrúvio, contemporâneo de Augusto. Por outro lado, os achados de arquitectura e de escultura que a toda a hora encontravam em Roma e noutras partes de Itália contribuíram para a inspiração e aprendizagem dos artistas do Renascimento.

O espírito do Renascimento espalhou-se por toda a Europa. A prosa e a poesia são impregnadas de latinidade. Não é já o latim eclesiástico mas o latim clássico que os ecritores cultivam, procurando igualar, em eloquência e perfeição de estilo, autores como Cícero, poetas como Horácio, Virgílio ou outros. Séneca é apreciado como filósofo e como dramaturgo e os estudantes exercitam-se escrevendo peças de teatro inspiradas nos temas clássicos. Quer escrevendo em latim, quer na língua românica, os escritores renascentistas inspiram-se nos temas dos autores gregos e latinos. Veja-se o que já foi dito a propósito de Plauto, de Cícero, de Virgílio e de Horácio.

Também o grego foi estudado durante o Renascimento, principalmente com o contributo de alguns eruditos que vieram para o Ocidente quando os Turcos se preparavam para tomar Constantinopla. Cosme de Médicis (séc.XV), o Papa Nicolau V (1447-1455), o criador da Biblioteca do Vaticano, foram grandes impulsionadores dos estudos de cultura clássica.

A literatura enriquece-se com o recurso à mitologia, as formas literárias da literatura latina e grega são adoptadas pelos escritores do Renascimento, a história e a cultura greco-romana continuam a ser fonte de inspiração para os artistas de todos os tempos. Veja-se, na literatura portuguesa, para além do Renascimento do século XVI, o século XVII e o neo-classicismo do século XVIII. É muito extensa a produção literária em latim no nosso século XVI. Poemas de maior ou menor extensão, epigramas de circunstância, cartas, discursos laudatórios dirigidos ao Rei ou a algum príncipe na sua chegada a uma cidade, orações de sapiência na abertura das aulas da Universidade, relatos históricos relacionados com as viagens ao Oriente, com embaixadas a Roma, etc. constituem um vasto património literário em latim, que contém, por vezes, informações de grande utilidade para o conhecimento da nossa história. Poetas como André de Resende, Jorge Coelho, Diogo Pires ou Inácio de Morais, historiadores como D. Jerónimo Osório, autor do *De Rebus Emmanuelis Gestis*, são apenas alguns exemplos dos muitos escritores em língua latina do nosso século XVI.

Leitura

"A paixão dos humanistas pela Antiguidade Clássica leva-os a gizar, com base nela, um sistema de valores de marca vincadamente pessoal e que afectará profundamente o estilo de vida no tempo. O homem, no pleno desenvolvimento das suas virtualidades e empenhado na acção – um dos modos mais flagrantes da realização da individualidade – constitui o centro do seu interesse. A história, a pedagogia e a filosofia antigas serão estudadas, assim, com vista à elaboração de uma doutrina do individualismo, que ficará como um dos traços dominantes da Renascença. E neste ponto estão os humanistas em franca oposição com a Idade Média, que inseria o homem numa escala hierárquica, soldada por elos de dependência feudal. (...) O saber e o comando da forma dos humanistas (*sapientia et eloquentia*) surgem-lhes como o dom mais valioso do seu tempo. (...)

À ideia medieval do *rex justus* irá opor-se a do príncipe soberano, e a própria defesa do conceito de *humanitas* será feita por Poggio (1380-1459) em contraposição com o de *nobilitas*. A *humanitas* implica a rejeição de todo e qualquer privilégio de casta e sangue, pois ela encerra um saber geral de verdades aplicáveis à humanidade inteira. Baseia-se ainda numa ética da iniciativa e do esforço individuais (*studium*), degrau necessário para a elevação do homem até à *virtus*, expressão plena da realização da personalidade. O talento e o trabalho são, portanto, a forma mais alta da dignidade humana e o único pergaminho de nobreza no mundo nascente."

Luís de Sousa Rebelo, "Humanismo", *Dicionário de Literatura Portuguesa*.

Também os românticos recorrem à mitologia e às tradições do passado. Os artistas plásticos, com incidência nos escultores e pintores retomam, da cultura clássica, o mistério das histórias dos deuses, as lendas, os mitos.

Na actualidade é o retorno ao romance histórico, inspirado nos temas da antiguidade, não só na literatura portuguesa como noutras literaturas, mesmo de línguas germânicas. Recordemos as obras citadas em *Latim 2* e ao longo deste livro, que tratam temas como a guerra de Tróia, Cassandra, as questões políticas do tempo de Mário e Sila, as Memórias de Agripina, de Adriano, do Imperador Cláudio ou as aventuras na Península Hispânica do tempo de Viriato ou já da época cristã.

Não podemos esquecer também o uso do latim como língua das ciências.Os grandes cientistas e filósofos escreveram em latim, como Copérnico, Newton, Descartes, Espinoza. Ao latim e ao grego recorrem sempre que as descobertas da ciência e da técnica exigem a criação de neologismos para designar novos objectos, fenómenos, produtos, factos.

A Igreja Católica, embora o latim tenha deixado de ser a língua de culto, continua a usá-lo nos documentos pontifícios. Os documentos do Concílio Vaticano II *Lumen Gentium* e a Constituição *Gaudium et Spes* (1965), a Encíclica de Paulo VI *Humanae Vitae* (1968) e a Exortação Apostólica do mesmo papa *Evangelii Nuntiandi* (1975), a Proclamação *Tertio Millenio Adveniente* de João Paulo II e a Exortação Apostólica *Familiaris Consortio* são apenas alguns exemplos.

O latim e a cultura clássica são utilizados pelos publicitários, pelos políticos, com o intuito de chamar a atenção, de mostrar erudição, ou como elemento de cómico, quando deturpado. Na comunicação social, em notícias ou reportagens, ou em artigos de opinião, é frequente lermos e ouvirmos frases latinas, referências mitológicas ou históricas.

Se percorrermos as ruas das nossas cidades e vilas com atenção, encontraremos inscrições, de épocas várias, em latim, nos fontanários, nas igrejas e capelas, nos edifícios civis.

O latim e a cultura clássica continuam presentes. Os nossos princípios, no campo intelectual e espiritual são o contributo da civilização greco-romana.

Não será o humanismo actual seguidor da *humanitas* romana? Leia atentamente este texto do filósofo contemporâneo Edgar Morin:

"Enfim, nesses anos 60-70 que assistiram simultaneamente ao surto da ciência e da consciência ecológica, ao surto das ciências da Terra, à perda do absoluto e da salvação terrestre, à consciência, enfim, da itinerrância humana, as descobertas astrofísicas fazem-nos vislumbrar um cosmos inaudito, onde a Via Láctea já não é mais que uma pequena galáxia de arrabaldes, onde a própria Terra já não é senão um mícron perdido. A história humana, no planeta Terra, já não é teleguiada por Deus, a Ciência, a Razão, as Leis da história. Ela leva-nos a reencontrar o sentido grego da palavra "planeta": astro errante.

Sabemos agora que o pequeno planeta perdido é mais que um *habitat*: é a nossa casa, *home* , *Heimat* , é a nossa mátria e, mais ainda, é a nossa Terra-pátria. (...)

É de ora avante nesta Terra perdida no cosmos astrofísico, nesta Terra "sistema vivo" das ciências da Terra, nesta biosfera-Gaia, que pode concretizar-se a ideia humanista da era das Luzes, a qual reconhece a mesma qualidade a todos os homens, e esta ideia humanista pode aliar-se ao sentimento da natureza da era romântica, que reencontrava a relação umbilical e nutridora com a Terra-Mãe. Ao mesmo tempo, podemos fazer convergir a comiseração budista por todos os viventes, o fraternalismo cristão e o fraternalismo internacional, herdeiro laico e socialista do cristianismo, numa nova consciência planetária de solidariedade que deve ligar os humanos entre si e à natureza terrestre."

Edgar Morin, *Os Problemas do Fim de Século*, Editorial Notícias,1991.

I. O Latim da Igreja:

1.

In principio creavit Deus caelum et terra.

Terra autem erat inanis et vacua, et tenebrae erant super faciem abyssi, et Spiritus Dei ferebatur super aquas.

Dixitque Deus: Fiat lux. Et facta est lux. Et vidit Deus lucem quod esset bona: et divisit lucem a tenebris. Appelavitque lucem Diem, et tenebras Noctem: factumque est vesperae et mane, dies unus.

Liber Genesis, 1.

2.

Pater noster, qui es in caelis: sanctificetur nomen tuum: adveniat regnum tuum: fiat voluntas tua, sicut in caelo, et in terra.

Panem nostrum quotidianum da nobis hodie: et dimitte nobis debita nostra, sicut et nos dimittimus debitoribus nostris. Et ne nos inducas in tentationem. Sed libera nos a malo. Amen.

II. A Idade Média em Portugal

1. Texto do Documento da fundação da Universidade portuguesa:

Universis ad quos praesentes litterae pervenerint, Dionysius Dei Gratia Rex Portugaliae et Algarbii, Salutem.

Scientiae thesaurus mirabilis qui, dum plus dispergitur, incrementum maioris suscipit ubertatis, mundum spiritualiter et temporaliter dignoscitur illustrare, quoniam per ejus adquisitionem nos omnes catholici Deum creatorem nostrum cognoscimus, et in eiusdem Filii Domini nostri Iesu Christi nomine fidem catholicam amplexamur, cum etiam Nobis, ipsius ministris, ac aliis Principibus a subditis obeditur, ex quorum obedientia vita ipsorum ministerio iustitiae traditae per ipsam scientiam informatur. Hanc itaque, ut cum propheta loquamur, *petiimus a Domino, hanc requiremus, ut in domo Domini habitemus* .

Eius autem pretioso cupientes Regna nostra ditare, apud Ulixonensem civitatem regiam, ad honorem Dei, et Beatissimae Virginis Matris eius, necnon Beati Martyris Vincentii, cuius sanctissimo corpore dicta civitas decoratur, Generale Studium duximus ordinandum, quod, non solum copia doctorum in omni Arte munimus, sed etiam multis privilegiis roboramus. (...)

III. Os Humanistas Portugueses:

1. Conimbricae encomium

Adde, quod et populum laetis Conimbrica ludis
  Exhilarat, crebro quos celebrare solet.
Nam quoties quisquam studiis sua praemia poscit,
  Et lauri emeritum cingere fronde caput:
Antiquo canitur laetus de more triumphus,
  Pergit et ad doctas ordine pompa Scholas.
Incedit rector, comitatus fascibus aureis.
  Atque comes sequitur densa caterua uirum.
Turba it doctorum, redimitaque tempora sertis,
  Textaque quisque suo tincta colore gerunt.
Plebs stupefacta ruit studio diffusa uidendi,
  Et reboant festo tympana pulsa sono.
Miscet et alterno strepitu tuba rauca sonorem,
  Argutos fundunt et caua buxa modos.

Inácio de Morais

Tradução:

Elogio de Coimbra

Acrescente-se que também Coimbra distrai o seu povo com alegres festejos que celebra com frequência. Assim, todas as vezes que alguém solicita o prémio dos seus estudos e que lhe cinjam gloriosamente a cabeça com o ramo de louro, canta-se, à maneira antiga, o alegre triunfo e um cortejo se encaminha ordenadamente às doutas Escolas.

Vai à frente o Reitor, acompanhado de áureos feixes, e segue-o multidão espessa de varões. Vai a comitiva dos doutores, com as têmporas coroadas e os trajos tingidos cada um da cor que lhe pertence.

A multidão cheia de espanto corre de todos os lados na ânsia de ver, e reboam os tambores tocados em festivo modo. E a rouca trombeta mistura, com alternado estrépito, o som e juntam as flautas ocas seus finos ritmos.

(trad. de Américo da Costa Ramalho,
Latim Renascentista em Portugal, Coimbra, INIC, 1985)

2. Retrato de D. João II

Fuit enim uir ille clarus et excelsus, infestus improbis, bonis propitius, iustitiae cupidus et in omni genere uirtutis admirandus.

Fortes uiros amabat, usque adeo ut quidam reliquas uitae maculas nomine uirtutis militaris elueret.

Ignauos [uiros] autem atque desides ita contemnebat, ut homines non duceret.

Ex omnibus tamen uirtutibus quibus illum praeditum fuisse commemorant nulla fuit admirabilior singulari quodam pietatis et religionis studio, quo mirifice flagrabat.

Jerónimo Osório, *De Rebus Emmanuelis Gestis*.

3.

Epigrama a D.João III louvando-o por ter mandado construir o Aqueduto da Água da Prata (inaugurado em 1537), na cidade de Évora, resolvendo assim o problema da falta de água naquela cidade.

Ad Ioannem Regem inuictissimum

Quam bene Lysiadum Rex inuictissime Gentis
  Arenti populo fluminis addis opem.
Exuperas Phoebum, propriae dum consulis [1] urbi:
  Natura auspiciis uincitur ipsa tuis.
O utinam aeterno potiaris [2] nectaris haustu:
  Qui longam exhausta pellis ab urbe sitim.

Jorge Coelho (Georgius Coelius) – 1540.

Notas:

[1] vide *consulo*: ocupar-se de (com dativo);
[2] vide *potior*: gozar (com ablativo).

4.

Lopo Serrão, escreveu um longo poema sobre a velhice, *De Senectute et aliis utriusque sexus aetatibus et moribus*. Publicado em 1579, este poema, dividido em 14 livros, sofre a influência dos clássicos gregos e latinos com especial relevo para Cícero e o seu *Cato Maior*. Vejamos alguns versos:

Ordior ingratos morbos uariosque labores
  qui te discruciant, mox moriture senex.
  (...)
Est nihil in uita tutum, sed plena labore
  omnia comperies, omnia plena malis.
Accipe tu laeta, quando mors certa propinquat,
  mente diem, noli te cruciare, senex.
  (...)
Vita breuis, mors certa manet uentura nec eius
  effugiet quisquam frigida tela manu.
  (...)
Vir Cato cum placidos et multos uixerit annos,
  auxilio Romae praesidioque fuit.
Praefuit ingenio rebus grauitate gerendis
  imperiumque auxit, Roma superba, tuum.
  (...)
Sed iam tempus erit doceatur florida pubes
  ingenuis senibus qualis habendus honor.

Lopo Serrão, *De Senectute*, I, 1-2; 133-136; 163-164; IV, 189-192; VII, 1-2.

IV. HOJE COMO ONTEM:

BIBLIOGRAFIA

ALBUQUERQUE, Maria M. Barroso et al., *Latim, 1.º vol.*, Colecção de Textos Pré-Universitários, 1979.

ANDRÉ, Carlos Ascenso, "Morte e Vida na *Eneida*", *A Eneida em Contraluz*, Coimbra, Instituto de Estudos Clássicos, 1992.

ARIÈS, Philippe e DUBY, Georges (dir.). *História da vida privada. I. Do Império Romano ao ano mil*. Lisboa, Círculo de Leitores, 1989.

ASCENSÃO, A. e PINHEIRO, J., *Selecta Latina I*, Porto, Livraria Apostolado da Imprensa, 1956.

BARCELOS, Ema, *Horácio Odes Escolhidas*, (ed. bilingue) Porto Editora, 1975.

BARCELOS, Ema, *Catulo Tomo I*, (ed. bilingue) Porto Editora, 1975.

BAYET, Jean, *Litterature Latine*, Paris, Armand Colin, 1969.

BERARDINO, Angelo di (dir.), *Diccionario Patristico y de la Antiguedad Cristiana*, Salamanca, Ediciones Sigueme, 1991,1992.

BROCH, Hermann, *A morte de Virgílio*, Lisboa, Relógio d'Água Editores, 1987.

CAMÕES, Luís de, *Os Lusíadas*.

CARCOPINO, Jérôme, *A vida quotidiana em Roma no apogeu do Império*. Lisboa, Livros do Brasil, s.d..

CÍCERO, I, *As Catilinárias, Defesa de Murena, Defesa de Árquias, Defesa de Milão*, trad. de A.Costa Ramalho, C.A.Louro Fonseca, Ana Paula Q. Sottomayor e S. Tavares de Pinho, Lisboa, Verbo, 1974.

COELHO, Jacinto do Prado (dir.), *Dicionário de Literatura*, Porto, Figueirinhas, 1978.

CORDON, Juan Manuel Navarro e MARTINEZ, Tomas Calvo, *História da Filosofia – os filósofos, os textos1.º vol.*, Lisboa, Edições 70, 1985.

DUBY, Georges (dir.), *A Civilização Latina Dos Tempos Antigos ao Mundo Moderno*, Lisboa, Pulicações Dom Quixote, 1989.

ERNOUT, A., *Morphologie historique du Latin*, Paris, Ed.Klincksieck, [2]1972.

ESTUDOS SOBRE A ENEIDA, Publicações da Revista CLASSICA, Lisboa, 1990.

FIGUEIREDO, J. Nunes e ALMENDRA, M. Ana, *Compêndio de Gramática Latina*, Porto, Porto Editora.

FREIRE, A., *Gramática Latina*, Braga, Liv.Apostolado da Imprensa, [5]1992.

GAILLARD, J., *Introdução à Literatura Latina. Das Origens a Apuleio*, trad. e notas de Cristina Pimentel, Lisboa, Ed. Inquérito, 1992.

GAMBRA, Rafael. *Pequena história da filosofia*, 3.º vol., Porto, Livraria Tavares Martins, 1978.

GIARDINA, Andrea (dir.), *O Homem Romano*, Lisboa, Editorial Presença, 1991.

GONÇALVES, M. Isabel Rebelo, "O Mito de Anfitrião na dramaturgia portuguesa", *Revista da Faculdade de Letras,* 13-14 (1990) 375-389.

GONÇALVES, M. Isabel Rebelo, "Uma Nuvem sobre a Cama. Outro Anfitrião Português", *Humanitas*, 45 (1993) 335-345.

GRIMAL, Pierre, *A Civilização Romana*, Lisboa, Edições 70, 1988.

HAMILTON, Edith, *A Mitologia*, Lisboa, Publicações Dom Quixote, 1983.

HOWATSON, M.C., *Diccionario de la Literatura Clasica*, Madrid, Alianza, 1991.

LATIM 12.º ano, Ministério da Educação, DGES, 1980.

LOURO FONSECA, C.A., *Sic itur in Vrbem Iniciação ao Latim*, Coimbra, Instituto de Estudos Clássicos, [5]1991.

LVDOVICI CAMONII, *Lusiadae, Clemente de Oliveira, O. P. interprete*, Editio Secunda, Olisipone, MCMLXXXVIII.

MARMORALE, Enzo, *História da Literatura Latina*, Lisboa, Estúdios Cor, 1974.

MARTIN, René (ed.), *Énée & Didon naissance, fonctionement et survie d'un mythe,* Paris, Éditions du Centre National de la Recherche Scientifique, 1990.

MEDEIROS, Walter de, "A outra face de Eneias", *A Eneida em contraluz,* Coimbra,1992.

MORIN, Edgar, *Os Problemas do Fim de Século*, Editorial Notícias,1991.

NIEDERMANN, M., *Phonétique historique du Latin*, Paris, Ed.Klincksieck, 1959.

PARATORE, Ettore, *História da Literatura Latina*, Lisboa, Fundação Calouste Gulbenkian, 1987.

PEREIRA, Maria Helena da Rocha, *Romana Antologia da Cultura Latina*, Coimbra, Instituto de Estudos Clássicos, [3]1994.

PEREIRA, Maria Helena da Rocha, *Hélade Antologia da Cultura Grega*, Coimbra, Instituto de Estudos Clássicos, [4]1982.

PEREIRA, Maria Helena da Rocha, *Estudos de História da Cultura Clássica. II vol. Cultura Romana*, Lisboa, Fundação Calouste Gulbenkian, 1984.

PIERRARD, Pierre, *História da Igreja*, Edições Paulistas, 1986.

PINHEIRO, J., *Selecta Latina II*, Porto, Livraria Apostolado da Imprensa, 1951.

PINHO, Sebastião Tavares de, *Lopo Serrão e o seu Poema Da Velhice*, Coimbra, INIC, 1987.

PLAUTO, *Anfitrião*, Introdução, versão do latim e notas de C.A.Louro Fonseca, Coimbra, INIC, [2]1986.

RAMALHO, Américo da Costa, *Latim Renascentista em Portugal (antologia)*, Coimbra, INIC, 1985.

REIS, João da Encarnação, *A Face Latina da História de Portugal,* Porto Editora, 1993.

ROCHA, A. Crabbé, *As Aventuras de Anfitrião e outros Estudos de Teatro*, Coimbra, Almedina, 1969.

RODRIGUES, Manuel dos Santos, "O episódio de Dido na *Eneida* ", *Estudos sobre a Eneida*, CLASSICA, Lisboa, 1990.

RODRIGUES, M. Idalina Resina, *O Teatro de Camões*, Cadernos FAOJ, n.º 13, 1982.
RONCONI, A. e POSANI, M.R., *Storia e antologia della Letteratura Latina*, Firenze, Le Monnier, [14]1990.
SÁ DE MIRANDA, *Poesias escolhidas*, Editorial Verbo,1969.
SALLES, Catherine, *Lire à Rome*, Paris, Les Belles Lettres, 1992.
VERBO, Enciclopédia Luso-Brasileira de Cultura, Lisboa, Editorial Verbo (artigos vários).
WACHER, John (ed.), *Il Mondo di Roma Imperiale Economia, Società e Religione*, Roma, Editori Laterza, 1989.
ZEHNACKER, H. e FREDOUILLE, J.Claude, *Littérature Latine*, PUF, 1993.

Edições dos textos Clássicos:

CICERONE, M. Tullio, *Somnium Scipionis,* Milano, Carlo Signorelli Editore, 1966.
CICÉRON, *Correspondence I*, texte établi et traduit par L.A. Constant, Paris [4]1950.
CICÉRON, *Pro Archia et Correspondence* (extraits presentés par Pierre Tabard), Paris, Hachette, 1969.
HORACE, *Oeuvres*, par F.Plessis et P. Lejay, Paris, Hachette.
HORACE, *Odes et Épodes*, Paris, Ed. "Les Belles Lettres".
HORATIUS VATES, Torino, G.B.Paravia & C., 1951.
HORÁCIO, *Arte Poética*. Edição bilingue. Lisboa, Clássicos Inquérito, 1984.
NISARD,M., Collection des Auteurs Latins.
PLAUTE, *Amphitruo*, texte établi par A. Ernout, Paris, Les Belles Lettres, 1941.
SALLUSTIO, *La congiura di Catilina,* Milano, Carlo Signorelli Editore, 1959.
VIRGILE, *Oeuvres*, par F.Plessis et P. Lejay, Paris, Hachette.
SAN AUGUSTIN, *Obras*, Biblioteca de autores cristianos, Madrid.

ÍNDICE GRAMATICAL

FONÉTICA

MORFOLOGIA

SINTAXE

MÉTRICA

ÍNDICE GERAL